SUZHOU DAXUE XUEWEI YU YANJIUSHENG JIAOYU JIANSHI

苏州大学学位与研究生教育简史

苏州大学研究生院 编

苏州大学出版社
Soochow University Press

图书在版编目(CIP)数据

苏州大学学位与研究生教育简史 / 苏州大学研究生院编. —苏州:苏州大学出版社,2018.12
ISBN 978-7-5672-2695-1

Ⅰ.①苏… Ⅱ.①苏… Ⅲ.①苏州大学-学位-教育史②苏州大学-研究生教育-教育史 Ⅳ.①G649.285.33

中国版本图书馆 CIP 数据核字(2018)第 289095 号

书　　名:	苏州大学学位与研究生教育简史
编　　者:	苏州大学研究生院
责任编辑:	周建国
装帧设计:	吴　钰
出版发行:	苏州大学出版社(Soochow University Press)
出 版 人:	盛惠良
社　　址:	苏州市十梓街1号　邮编:215006
印　　刷:	宜兴市盛世文化印刷有限公司
网　　址:	www.sudapress.com
邮　　箱:	sdcbs@suda.edu.cn
邮购热线:	0512-67480030
开　　本:	787mm×1092mm　1/16　印张:15.5　字数:330千
版　　次:	2018年12月第1版
印　　次:	2018年12月第1次印刷
书　　号:	ISBN 978-7-5672-2695-1
定　　价:	58.00元

凡购本社图书发现印装错误,请与本社联系调换。
服务热线:0512-67481020

前言 Preface

苏州大学研究生教育始于东吴大学时期，历经风雨沧桑，已逾百年。与我国学位与研究生教育迅速发展的形势一样，近年来，苏州大学的学位与研究生教育事业发展极其迅猛。经过多年的发展，学校已经拥有了一支力量雄厚、结构合理的师资队伍，积极探索并建立了一批高水平的学术团队。目前，苏州大学有博士生导师891人，硕士生导师1 810人，专业学位硕士生导师953人。研究生招生培养规模日新月异。2018年，苏州大学在校全日制硕士研究生10 153人，博士研究生1 697人，非全日制硕士研究生1 805人，在职专业学位研究生1 726人，各类在校研究生总规模达到17 922人。研究生培养质量正在稳步提高。至今，苏州大学有6个产学研基地入选"江苏省产学研联合培养研究生示范基地"，21门课程被确定为"江苏省优秀研究生课程"，1 111名研究生获"江苏省研究生创新计划"项目资助，71个江苏省学位与研究生教育发展研究课题立项，获批江苏省研究生工作站243家，获得省级优秀博士学位论文72篇，优秀硕士学位论文184篇，全国优秀博士论文3篇，全国优秀博士论文提名奖8篇，4部教材入选全国研究生教学推荐用书。

2018年是我国恢复学位与研究生教育40周年。40年来，随着我国经济和社会的迅猛发展，苏州大学学位与研究生教育事业也取得了长足的进步。近年来，特别是实施"211工程"建设以来，随着学校对学科带头人的培养和引进，以及大量的经费投入和"学术大师+创新团队"战略的实施，学科建设取得了快速发展。当前，苏州大学的特色学科更具特色，优势学科更具优势，形成了独具优势和特色的学科品牌，学科水平明显提高，学术影响力初步显现。截至目前，苏州大学共获得51个一级学科硕士点，24个专业学位硕士点；28个一级学科博士点，1个专业学位博士点，29个博士后流动站；学校现有4个国家重点学科，20个江苏高校优势学科，15个"十三五"江苏省重点学科；化学、物理学、材料科学、临床医学、工程学、药学与毒理学、生物与生物化学、神经科学与行为科学、分子生物与遗传学共9个学科进入全球基本科学指标（ESI）前1%，化学、材料科学2个学科进入全球基本科学指标（ESI）前1‰。硕士、博士学位授权学科覆盖了除军事学以外的12个学科门类。

回顾苏州大学学位与研究生教育的发展脉络，令人振奋；分析几十年来的工作数据，让人奋进。出于记录历史，研究得失的初衷，我们收集资料编写了这本《苏州大学学位与研究生教育简史》。回顾过去，是为了更好的展望未来。当前，研究生教育已经迈进新时代，加强内涵建设，提升研究生培养质量，已经成为当今研究生教育面临的根本任务。面对学校学位与研究生教育的新形势，我们深深地体会到了身上的历史责任感和时代紧迫感。今后，我们将更进一步明确工作思路，突出重点，以博士研究生教育综合改革为突破点，进一步深化研究生教育改革，始终围绕"服务需求，提高质量"的主线，提高管理科学化、规范化水平，推动研究生教育工作取得新的更大突破。

我们相信，苏州大学已经驶入了高速发展的轨道，在全体师生员工的共同努力下，苏州大学的学位与研究生教育也必将呈现蓬勃发展的大好局面。我们将继续在校党委校行政的领导下，与全校师生共同努力，开拓创新，为早日将我校建设成为国内一流、国际知名的研究型大学而努力奋斗。

目录 Contents

第一章 研究生教育的奠基与规范（1901—1949年） / 1

第一节 东吴大学研究生教育的历史背景 / 1
一、国外研究生教育的起始 / 1
二、中国古代精英教育传统 / 3
三、清末研究生教育的萌发 / 5

第二节 东吴大学研究生教育的开端（1901—1927年） / 7
一、民国初年的研究生教育 / 7
二、东吴大学研究生教育的初创 / 11

第三节 东吴大学研究生教育的推进（1927—1949年） / 15
一、研究生教育制度的确立 / 15
二、东吴大学研究生教育的成熟 / 17

附录一 私立东吴大学法律学研究所章程 / 23
附录二 私立东吴大学法科研究所研究生研究工作规则 / 24
附录三 私立东吴大学法科研究所法律学部招考研究生规则 / 26
附录四 1943年、1944年东吴大学法学研究所概况表 / 27
附录五 东吴大学法学院法科研究所历届毕业生一览表 / 28
附录六 东吴大学法学院法科研究所部分教授一览表 / 30

第二章 研究生教育的中断与恢复（1949—1980年） / 31

第一节 中国研究生教育发展概况 / 31
一、初创新型研究生教育时期（1949—1956年） / 31
二、研究生教育的曲折发展时期（1957—1965年） / 32
三、研究生教育中断时期（1966—1976年） / 32
四、研究生教育的恢复时期（1977—1980年） / 32

第二节 新中国学位制度诞生 / 33
　　一、1954—1957 年第一次尝试 / 33
　　二、1961—1964 年第二次尝试 / 34
　　三、《中华人民共和国学位条例》的诞生 / 34
第三节 东吴大学研究生教育的调整（1949—1952 年） / 35
　　一、中华人民共和国成立后研究生教育政策的调整 / 35
　　二、东吴大学研究生教育的调整 / 35
第四节 江苏师范学院时期研究生教育的中断与恢复 / 37
　　一、江苏师范学院的诞生 / 37
　　二、江苏师范学院首次招收研究生 / 37
　　三、江苏师院研究生教育的中断 / 40
　　四、江苏师院研究生教育的全面恢复 / 40

第三章 研究生教育的稳步提升与积极发展时期（1981—1998 年） / 44

第一节 研究生教育的稳步发展时期（1981—1985 年） / 44
　　一、概述 / 44
　　二、第一、第二次学位授权点申报 / 45
　　三、制度的完善 / 46
　　四、招生与培养规模稳步发展 / 47
　　五、管理工作日益完善 / 49
　　六、1978—1985 年研究生教育管理工作评价 / 50
第二节 研究生教育的改革与调整时期（1986—1991 年） / 51
　　一、概述 / 51
　　二、第三、第四批学位点申报 / 52
　　三、招生与培养由快速发展进入调整时期 / 53
　　四、研究生管理工作的改革 / 59
第三节 研究生教育深化改革与积极发展时期（1992—1998 年） / 65
　　一、概述 / 65
　　二、学位与研究生教育改革的深入 / 67
　　三、学位与研究生教育的积极发展 / 80

第四章 苏州蚕桑专科学校、苏州丝绸工学院、苏州医学院先后并入苏州大学 / 89

第一节 苏州蚕桑专科学校并入苏州大学 / 89

目录

第二节 苏州丝绸工学院研究生教育的回顾 / 91
　一、苏州丝绸工学院的历史沿革 / 91
　二、苏州丝绸工学院研究生教育的基础 / 91
　三、苏州丝绸工学院研究生教育的诞生 / 92
　四、苏州丝绸工学院研究生教育的稳定发展 / 94
　五、研究生培养的质量保障措施 / 99
　六、高校调整改革，研究生教育的新起点 / 100
第三节 苏州医学院研究生教育回顾（1912—1999年）/ 105
　一、研究生教育的探索（1912—1977年）/ 105
　二、乘改革之风快速发展（1978—1988年）/ 106
　三、再创辉煌迎接新世纪（1989—1999年）/ 113

第五章 新世纪研究生教育的飞跃发展（1999—2009年）/ 129

第一节 研究生教育发展概述（1999—2009年）/ 129
第二节 研究生教育的跨越式发展（1999—2005年）/ 130
　一、研究生培养规模持续扩张 / 130
　二、第一次申请试办研究生院 / 131
　三、学位点建设与首轮学科评估 / 133
　四、导师队伍的快速增长 / 135
　五、学位评定委员会的改革 / 136
　六、研究生教育管理工作的加强 / 138
第三节 稳定增长时期（2006—2009年）/ 141
　一、研究生培养规模进入稳定时期 / 141
　二、学位点建设与第二轮学科评估 / 143
　三、精心打造一流的导师队伍 / 144
　四、全力开展研究生教育培养质量工程 / 146
　五、名誉博士工作 / 151
第四节 积极实施"江苏省研究生培养创新工程" / 152
　一、"江苏省研究生培养创新工程"实施背景 / 152
　二、苏州大学"江苏省研究生培养创新工程"项目的总体实施情况 / 154
　三、苏州大学创新工程管理运行机制及具体实施措施 / 154
　四、苏州大学结合省级创新工程所采取的配套创新举措 / 155
　五、苏州大学历年获得"江苏省研究生培养创新工程"资助的详细情况 / 155

第五节　专业学位研究生教育（1999—2009年）　/ 168
　　一、我国专业学位教育发展历程　/ 168
　　二、苏州大学专业学位教育的快速发展　/ 171
　　三、苏州大学专业学位研究生人才培养方案　/ 174
　　四、苏州大学的专业学位教育　/ 175
　　五、小结　/ 179

第六章　研究生教育的内涵发展时期（2009年至今）　/ 180

第一节　概述　/ 180

第二节　规范过程管理和初步改革阶段（2009—2013年）　/ 182
　　一、学位点建设与第三轮学科评估　/ 182
　　二、研究生院成立　/ 186
　　三、导师学院成立　/ 187
　　四、规范过程管理和初步改革（2009—2013年）　/ 189
　　五、第八届学位评定委员会成立　/ 192

第三节　研究生教育进入质量时代：深化研究生教育改革时期（2013年至今）　/ 194
　　一、2013年：研究生教育进入质量时代的标志　/ 194
　　二、苏州大学研究生教育深化改革的主要举措（2013年至今）　/ 194
　　三、积极参与江苏省博士研究生教育五项改革　/ 200
　　四、积极参与江苏省深化专业学位研究生教育改革　/ 204
　　五、承担教育部博士研究生教育综合改革试点任务　/ 209
　　六、江苏省研究生创新工程建设　/ 213
　　七、学位点建设与第四轮学科评估　/ 221
　　八、导师学院建设成效　/ 224
　　九、第九届学位评定委员会成立　/ 226

第四节　专业学位研究生教育的改革与发展　/ 228
　　一、我国专业学位研究生教育发展概况　/ 228
　　二、苏州大学专业学位研究生教育的改革与发展　/ 231

后记　/ 239

第一章
研究生教育的奠基与规范(1901—1949年)

第一节 东吴大学研究生教育的历史背景

研究生教育作为高等教育的高端领域,自形成之日起,便成为世界各国高素质人才诞生的重要源泉。东吴大学的研究生教育,发端于大学建立十余年之后,并一直在近代中国的高等教育界处于领先地位,为当时百废待兴的国家提供了各式各类的高端人才,成为近代中国重要的人才摇篮。东吴大学之所以能够取得如此辉煌的成绩,一方面缘于其教会大学的身份,让她拥有了吸收国外先进研究生教育理念的先天优势;另一方面也得益于中国这片凝聚了深厚教育传统的古老土地,为她提供了推动高端教育的内在动力。同时,近代的中国历经磨难,动荡多变,虽然因为国家发展对各类人才十分渴求,但是没有长期的教育规划和稳定的教育投入,也为高等教育的发展制造了瓶颈。东吴大学的研究生教育正是诞生于此种局面之下,并通过一代一代东吴人的不懈努力,持续发展,结出累累硕果的。

一、国外研究生教育的起始

研究生教育是各国高等教育发展到一定阶段之后的产物,是随着世界资本主义生产的发展,科学技术和高等教育对高素质人才提出了更进一步的要求,才在欧洲逐步催生了这一教育形式。

英国作为产业革命后率先发展的资本主义强国,于13世纪便首先建立了研究生院。英国牛津大学和剑桥大学的学生经过四年学习获得学士称号后,再学三年可以获得硕士称号。但是,此时的硕士称号只能算是一种高级学位教育形式,并不具备研究性目的,不能等同于现代意义上的研究生教育,之后"随着中等教育与大学教育的分化以及中等教育的发展,学士学位逐渐变成了大学的第一级学位,并成为大学教育的重心。同时,硕士学位日渐没落"①。因此，英国的研究生教育虽然早早起步，但是南辕北辙，未能形成真正的研究生教育体系，而真正率先对研究生教育进行了全面规划与建设的是德国。

德国最早的研究生教育理念可以追溯到1809年，当时的普鲁士公共教育大臣威廉·封·洪堡在建立柏林大学时，提出"科学研究与教学统一"的原则，指出"大学教师不再是教师，学生不再只是学习，而学生自己进行科研，教师只指导和支持他的科研"②。这成为德国建设大学的指导思想和培养高水平学者的有效途径。随后，柏林大学在原有的大学教育基础上，按照教学与科研相统一的原则，实行授予博士学位的制度，这被看作德国具有现代意义的研究生教育的开端。其后，柏林大学的博士生教育引进了科研和论文工作，这不仅促进了现代博士学位制度的形成，而且促使在新设立的大学研究所里，博士生要进行研究工作。同时，在申请博士学位前需要接受有关专业和论文的笔试与口试，学位论文完成后，再参加院系组织的论文答辩，答辩合格者，由学校举行仪式授予博士学位。这一方面大大推动了当时德国大学本科生教育水平的迅速提高，另一方面也为后来各国研究生教育的实行提供了模板。之后，德国大学的办学模式和研究生教育的方法成为各国的榜样。德国也凭借着高端人才培养模式的优先建立，取得了领先于各国的人才培养优势，并在随后的半个多世纪内成为世界举足轻重的经济发达国家，同时，其科学技术也得到空前的发展，成为当时世界科学技术的中心。

面对德国在研究生教育领域的创新发展，英、美两国的大批青年纷纷前往德国留学。他们回国后又都以德国为榜样，改革本国大学的教育，推动本国的研究生教育发展。1860年，英国的伦敦大学开设理学院；1862年，伦敦大学公布了理科博士学位制；1878年，达勒姆大学提出理科硕士学位制。当时英国教育主管部门规定，学生只有在取得学士学位以后，经过一段时间学习和研究，并且必须是在大学的研究室里接受导师的专业指导，开展难度更大的专题学习和研究，在学位论文通过答辩或笔试之后，才能获理科硕士学位，从而也为英国建立了现代意义上的研究生教育体系。

美国现代意义上的研究生教育是从学习德国大学的办学思想和模式开始的。18世纪末开始留学欧洲尤其是德国的留学生们深感美国高等教育的落后，立志要按德国大学的模式改革美国的大学。1826年，哈佛大学为已经获得学士学位并愿意继续学习的毕业生开设了硕士研究生课程，这是美国研究生教育的开端。1847年，耶鲁学院（1887年改名为耶鲁大学）最早开设博士生课程。该校新建一个哲学与人文科学系，并仿照德国的大学，建立了附属于这个系的应用化学研究所。1861年开始授予哲学博士学位。在哈佛大学的影响下，康奈尔大学经过准备也于1872年开始授予哲学博士。同年，哈佛大学成立研究生部，翌年开始授予哲学博士和理学博士。南北战争之后，国家的统一大大加快了美国资本主义的发展。经济的高速增长刺激了研究生教育的发展，1876年，霍普金斯大

---

① 赵梦成. 英国研究生教育发展概述 [J]. 宁波大学学报（教育科学版），1998（4）.
② 张继平，董泽芳. 德国研究生教育发展探析 [J]. 江苏高教，2009（3）.

学创建,其在实践教育理念方面完全比照德国大学的培养模式,并将自身定位于研究生院的高端平台,全部的教育重心也放在研究生教育方面,标志着美国现代化大学的研究生教育进入新的发展时期。原来已经开设研究生课程的哈佛、耶鲁、康奈尔等大学都纷纷仿效霍普金斯大学,先后成立研究生院以加强研究生的教育工作。1892年,芝加哥大学成立时就明确宣布把发展研究生教育和科学研究放在首位。这个时期美国的大学,一方面开设研究生课程,另一方面要求学生独立完成研究任务,同时对硕士、博士学位的要求逐步正规化、标准化。在以后的近百年时间里,美国的研究生教育经历了发展和大发展的时期。美国大学的研究生教育注重基础科学的教育和跨学科科研与教学,特别把研究生大量参加各种类型的科研工作放在突出的地位,从而使美国的研究生教育不仅在数量上居于世界首位,而且以著名大学为代表的研究生教育的质量也居于世界领先地位。"到1900年,美国已有150所左右的高校开始进行研究生教育,其中有25所可以授予博士学位,这一年全美博士学位授予量在250个左右。"①

日本的研究生教育开始于明治维新之后。1880年,东京大学开始在法学、文学及理学各部设立研究科。森有礼就任文部大臣后于1886年颁布《帝国大学令》,明确规定"帝国大学由大学院和分科大学组成……帝国大学是学术研究的场所"②。《帝国大学令》的颁布和实行,标志着日本研究生教育的开始。这一时期日本主要由帝国大学研究生院承担博士研究生的培养。1899年日本实行教育改革,将招收研究生的权限交给帝国大学分科大学的教授会,从而拓展了研究生教育的规模,为之后的研究生教育大发展奠定了基础。在当时,是否具有研究生教育成为一所学校在学术界的地位和社会声望高低的标志,以后随着研究生教育的不断深化,日本研究生的招收和培养逐步发展到著名的私立大学。日本研究生教育虽然起步晚于欧美各国,但是作为具有相似文化传统和特殊地理位置的邻邦,其研究生教育的发展形式对中国近代的研究生教育发展产生了十分重大的影响。

二、中国古代精英教育传统

中国作为五千年的文明古国,有着源远流长的教育传统,在《孟子》中便有"得天下英才而教育之"③ 之说,充分说明了教育这个概念在中国的悠久历史。在这其中高等教育也随着教育发展的积淀而逐步成熟,并随之发展形成国家精英教育的培养模式,成为中国古代灿烂文明形成的重要组成部分。

汉代是我国中央政府明令设置高等教育机制的创始时期,它为中国官立高等教育奠定了基础。汉代所设立的中央官学中的最高学府是太学。"太学的本义就是儒家经典中所

---

① 刘少雪. 美国研究生教育发展中的若干关键问题 [J]. 复旦教育论坛,2010 (5).
② 麻生诚,等. 教育与日本现代化 [M]. 刘付忱,译. 人民教育出版社,1980:14.
③ 杨伯峻. 孟子译注 [M]. 北京:中华书局,1962:309.

说的大学","大学泛指高等层次的教育,太学专指全国最高学府而言",其所培养的太学生便是全国各地优秀学生的代表。汉武帝元朔五年"初立太学时,只有弟子50人……昭帝时将博士弟子员扩大1倍,为100人。宣帝时再翻一番,为200人"。王莽时期,太学内正式编制的太学生就已经超过了万人,发展到东汉桓帝时竟高达3万人,"在公元初年有这等规模的高等学府,在当时可谓世界之最了"①。汉代中央除设立太学之外,还于东汉光和元年(178年)在洛阳建起了中国最早的一所文学艺术学院——鸿都门学,专门集中培养文艺人才,它也是世界最早的专门学院。

唐代中央设立的高等教育机构,有国子监直辖的"六学二馆",即国子学、太学、四门学、书学、算学、律学、弘文馆、崇文馆。还在中央各业务部门——太医署、司天台、太仆寺、太卜署等之下分别设立医学、天文历算、兽医、卜筮等专科学校②,已经初步"形成了经学、实科、职业三大教育系统",并且"确立留学生制度"③。这一时期的高等教育不但规模更大,而且明确划分出专业领域,为之后进入国子监的优秀学生继续细化培养创造了条件。

宋代中央设立的太学仍是精英教育的主要场所,它的教学活动和管理制度经过长时间的发展,已经形成和完善,并达到制度化的程度。其中不但规定了太学生的学习年限和听讲日限,要求成绩合格才能毕业;还在太学里推广宋代著名教育家胡瑗创造的分斋教学法。"所谓'分斋',就是分科教学,是根据学生的知识水平和专业兴趣,设置课程,因材施教……这种课程设置的模式,对于中国传统学校课程的改革和专业化程度的提高,都具有示范性、创造性的意义。"④ 太学还实行王安石创造的"三舍法"⑤,即刚入学为外舍生,学习成绩合格升入内舍,内舍成绩合格再升上舍,上舍成绩合格才能毕业。实际上就是按学生学业程度编班,依考试成绩升级。"分斋教学法"和"三舍法",是世界教育史上最早出现的按专业、班级授课的教学制度。

明清时期的中央官立高等学校因为受到政治和学术思想的制约,无论是学校设置还是教学内容都不及唐宋时期发达,国家设立的国子监已经逐步废弛而徒具形式。但是,各地蓬勃发展的书院,则成为具有高等教育性质的地方学院,继续推动着中国古代高等教育的发展。明清时期的书院往往是由一些著名的学者创建或主持的、以学术研究为主要目的的教育机构。它们重视学术的交流和争辩,盛行"讲会"制度,允许不同学派共同讲学。书院还重视学生自学和教师个别辅导,学生对教师的指导讲解要做笔记。像

---

① 李国钧,王炳照. 中国教育制度通史(第1卷)[M]. 济南:山东教育出版社,2000:327-328.
② 熊明安:中国高等教育史[M]. 重庆:重庆出版社,1983:186-190.
③ 李国钧,王炳照. 中国教育制度通史(第2卷)[M]. 济南:山东教育出版社,2000:293-294.
④ 李国钧,王炳照. 中国教育制度通史(第3卷)[M]. 济南:山东教育出版社,2000:160.
⑤ 熊明安:中国高等教育史[M]. 重庆:重庆出版社,1983:186-190.

《朱子语类》一书就是由学生笔记整理编成的。当时全国著名的书院有白鹿洞、岳麓、嵩阳、茅山、石鼓等。张栻、朱熹、吕伯恭、陆九渊等人便以书院为讲学之所。

诚然，中国古代的高等教育及发展成熟后形成的精英教育，与现代意义上的研究生教育还有本质上的差距，但是其在招生规模、专业设置、培养形式、考试方式和研究内容等方面都在不断发展，为日后培养高端性、专业性、研究性的高层次人才提供了历史积淀。近代以来，面对前所未有的冲击，中国的高等精英教育在融合了西方先进的教育理念之后，逐步发展出了更高层次的教育形式。

三、清末研究生教育的萌发

清朝末年，古老的中国遭遇了前所未有的冲击，特别是甲午战败之后，要求革新之声愈发强烈。于是，中国不同阶层的仁人志士相继发动了洋务运动、戊戌维新、太平天国运动、义和团运动等各种不同形式的斗争，各自探索革新之路，虽都以失败而告终，却成为之后改革实现的层层基石。1901年，面对八国联军入侵后的空前危机，以慈禧太后为首的清廷统治者被迫开始推行新政，希冀延缓清王朝灭亡的速度。在涉及多项内容的革新中，教育自然也是非常重要的组成部分，其中一些近似于研究生教育体系的建设开始初露端倪。

1902年，清政府首先颁布《钦定学堂章程》，"拟定《京师大学堂章程》，并《考选入学章程》，暨颁发各省之《高等学堂、中学堂、小学堂章程》各一份……《蒙学堂章程》一份，共六件"①。这是中国第一个比较系统、比较完备的由政府公布的学制。其中虽没有明确提出有关研究生教育的各项规章，但是在《钦定京师大学堂章程》中说道："今定大学堂全学名称：一曰大学院，二曰大学专门分科，三曰大学预备科。……大学院为学问极则、主研究不主讲授、不立课程。"② 由此可见，《钦定学堂章程》已经提出开设"大学院"这一以研究为主的最高等级的教育形式，具备了研究生教育的雏形。虽然《钦定学堂章程》受时局所限并没有得到真正实施，但它标志着中国研究生教育在学制建设上取得了开端。次年，张百熙、张之洞、荣庆三人重新拟定了建立新式教育体系的《奏定学堂章程》，在《大学堂章程》中附设《通儒院章程》，自此中国的研究生教育有了属于自己的相对完整的培养体系。《奏定学堂章程》由清政府公布施行于1904年1月13日（旧历1903年即农历癸卯年11月26日），又称《癸卯学制》。

在通儒院的办学宗旨和目的方面，随之颁布的《奏定学务纲要》中规定："通儒院意在研究专门精深之意蕴，俾能自悟新理，自创新法，为全国学业力求进步之方。"③ 也就是说，进行专门性研究是通儒院教育的首要宗旨。同时，在办学目的上，《奏定学堂章

---

① 朱有瓛. 中国近代学制史料（第二辑上册）[M]. 上海：华东师范大学出版社，1987：64.
② 朱有瓛. 中国近代学制史料（第二辑上册）[M]. 上海：华东师范大学出版社，1987：754.
③ 朱有瓛. 中国近代学制史料（第二辑上册）[M]. 上海：华东师范大学出版社，1987：80.

程》规定:"通儒院以中国学术日有进步,能发明新理以著成书,能制造新器以利民用为成效。"这就是说,通儒院的研究要能以新的理论得出成果,并运用到实际的生产过程之中,将科学研究尽可能转化为实际功效。通儒院作为国家最高学术研究机关,不但要进行专门性的学术研究,更要"制造新器以利民用",成为一个"研究各科学精深义蕴,以备著书制器之所"①。

在招生对象和方式上,《奏定学堂章程》规定,通儒院招收分科大学毕业生,入院研究学术。凡分科大学毕业生欲入通儒院者,"当具呈所欲考究之学艺",并经过该分科大学教员会议讨论,然后呈请京师大学堂总监督核定;而非分科大学毕业生欲入通儒院者,要经过该分科大学教员会议选定,再由京师大学堂总监督考验,"视其实能合格者"②,方准升入通儒院。

在培养方式上,通儒院招收分科大学毕业生,以五年为限,入院"研究学术"。其上课方式"不上堂,不计时刻","但在斋舍研究,随时请业请益,无讲堂功课"③,是一种以学生自行研究为主、以教师进行指导为辅的培养形式。清末确定的这种学徒式的培养方式,一直影响到了中华民国成立以后的研究生教育。

在毕业要求上,通儒院学生"以能发明新理、著有成书,能制造新器足资利用"为毕业条件。第五年期末上交所写论著,由教员会议审查,审查合格者可以毕业,并可"报明总监督咨呈学务大臣会同奏明,将其论著之书籍图器进呈御览,请旨给以应得之奖励"④。

在奖励和文凭颁发上,《各学堂奖励章程》中对通儒院学生毕业奖励的有关规定为:"通儒院毕业奖励,自应遵照奏定游学日本章程大学院毕业者予以翰林升阶……其间应如何分别等差,或比照翰林升阶分用较优之京官外官,以便即时任用;抑或于奖以翰林升阶之后,并即破格任用之处,俟届通儒院设立之时再行体察情形。"⑤

《钦定学堂章程》和《奏定学堂章程》的颁布,标志着中国研究生教育形式上的开端,尽管其作为一种教育形式仅仅局限于学制上,未能付诸实践。但是相关办学宗旨、招生对象、培养方式、毕业考察和奖励等事项的设立,已经为中国新生的教育体系植入了研究生教育的萌芽,等到和煦春风吹来之后,便可以破土而出,开花结果了。

---

① 朱有瓛. 中国近代学制史料(第二辑上册)[M]. 上海:华东师范大学出版社,1987:770.
② 朱有瓛. 中国近代学制史料(第二辑上册)[M]. 上海:华东师范大学出版社,1987:819.
③ 朱有瓛. 中国近代学制史料(第二辑上册)[M]. 上海:华东师范大学出版社,1987:770.
④ 朱有瓛. 中国近代学制史料(第二辑上册)[M]. 上海:华东师范大学出版社,1987:820.
⑤ 朱有瓛. 中国近代学制史料(第二辑上册)[M]. 上海:华东师范大学出版社,1987:118.

第二节 东吴大学研究生教育的开端（1901—1927年）

一、民国初年的研究生教育

1. 研究生教育制度的草创

辛亥革命之后，随着国家各项制度的建设完成，教育系统中的研究生教育体系也在不断地完善中。1912年颁布的《大学令》和1913年颁布的《大学规程》中，民国政府对研究生教育做了系统的规定，"大学为研究学术之蕴奥，设大学院"①，不再规定学业期限。着重强调研究生教育的研究性，"大学院为大学教授与学生极深研究之所"②，而将功利性的教育宗旨去除了，规定大学院毕业后授予学位，废除出身奖励，等等。1913年北洋政府教育部颁布的《大学规程》规定："大学院以本门主任教授为院长，由院长延其他教授或聘绩学之士为导师……大学院不设讲座，由导师分任各类，于每学期之始提出条目，令学生分条研究，定期讲演讨论。"③ 因此，这个时期的研究生教育模式基本上还是以学生自学和研究为主，以讲演讨论为辅，它是清末培养方式的继续，这种重视以学生研究为主的导师制，也成为之后中国研究生教育的主要模式。

另外，研究生教育逐步成熟的显著特征就是废除出身奖励，同时相应地引入学位制度。1912年政府颁布的《大学令》规定："大学院生在院研究，有新发明之学理或重要之著述；经大学评议会及该生所属某科之教授会认为合格者，得遵照学位令授以学位。"④ 随后，《大学规程》对此做了更具体的规定："大学院生自认研究完毕、欲受学位者，得就其研究事项提出论文，请求院长及导师审定，由教授会议决，遵照学位令授以学位……如有新发明之学理，或重要之著述，得由大学评议会议决，遵照学位令授以学位。"这两个法令的颁布使研究生教育开始与学位制度相衔接，虽然在制度建设上仍欠规范，但学位制度的引入可谓是中国研究生教育现代化模式建立的一个决定性转变。

---

① 璩鑫圭，唐良炎. 中国近代教育史资料汇编·学制演变[M]. 上海：上海教育出版社，2007：673.
② 璩鑫圭，唐良炎. 中国近代教育史资料汇编·学制演变[M]. 上海：上海教育出版社，2007：722.
③ 璩鑫圭，唐良炎. 中国近代教育史资料汇编·学制演变[M]. 上海：上海教育出版社，2007：722.
④ 璩鑫圭，唐良炎. 中国近代教育史资料汇编·学制演变[M]. 上海：上海教育出版社，2007：674.

1915年1月，北洋政府在《特定教育纲要》中对学位制度做出了专门的规定和解释："学位除国立大学毕业，应按照所习科学给予学士、硕士、技士各字样外，另行组织博士会，作为审授博士学位之机关，由部定博士会及审授学位章程暂行试办。"对于学位的作用，《特定教育纲要》认为："学位所以证明学问之成就，与科举出身视为授官之阶梯者，性质为有不同。"① 这就将学位制度与封建社会之科举出身区别了开来，并组织了博士会，作为"审查学术及授与学位之机关，以期奖进高等之学术"②。1922年的《国立大学条例》规定："国立大学设大学院，大学校毕业生及其具有同等程度者入之。大学院生研究有成绩者，得依照学位规程，给予学位。学位规程另定之。"但是，由于学位规程迟迟未出台，国家层面上研究生教育与学位制度的结合始终未能实现。因此，在民国初年的研究生教育中，国内各大学大多根据自身特点，自主制定培养方式、考核办法和学位授予颁发办法，呈现出多样化发展的新特点，其中北京大学、清华大学和一些深受国外影响的教会大学更是将研究生教育逐步建设成熟起来。

2. 研究生教育实践的多样化

北京大学和清华大学作为我国历史最为悠久、实力最为坚实的两所大学，在各自的研究生教育领域初步形成了带有各自风格的培养体系，实现了国内大学在研究生教育上富有开创性的探索。

北京大学1918年成立文、理、法三类共计9个研究所，1918—1919年仅一年时间就招收研究生148人。此外，还制定了一系列校级的规章制度。1918年7月刊出的《研究所总章》，是我国研究生教育史上由学校制定的第一个较为全面具体的研究生教育章程。《研究所总章》③ 中规定：① 各分科大学中各专业都应设立研究所；② 研究所教师有各专业教员担任，也可外聘教师；③ 毕业生和大学高年级学生均可以进入研究所学习；④ 外校具有同等学力人员，经校长和本专业研究所主任同意，也可以进入研究所；⑤ 研究员自行选择题目，自行研究，可随时请教本专业的教师。所得研究成果，以一年之内作为论文，有本专业教师评定是否合格。合格者，由学校发给研究所成绩证明，并将所收授之论文交付大学图书馆保存。从《研究所总章》中可以看出，北京大学研究所既是大学各门教员研究学问之机构，亦为研究生深造、学习、进修之场所。

1920年7月30日，北京大学又颁布了《研究所章程》，进一步明确了研究所的性质以及研究学科的范围。1921年12月，北京大学召开了第三次评议会后，再次公布《国立北京大学研究所组织大纲》，决定对原设研究所进行改组，内容可概述如下：① 将原

---

① 璩鑫圭，唐良炎. 中国近代教育史资料汇编·学制演变 [M]. 上海：上海教育出版社，2007：770.

② 璩鑫圭，唐良炎. 中国近代教育史资料汇编·学制演变 [M]. 上海：上海教育出版社，2007：770.

③ 璩鑫圭，唐良炎. 中国近代教育史资料汇编·高等教育 [M]. 上海：上海教育出版社，1993：389.

第一章 研究生教育的奠基与规范（1901—1949年）

设备各科研究所合而为一，由校长兼任研究所长；②研究所下设自然科学、社会科学、国学和外国文学4门，各门设主任1人，由校长于本校教授中指任，任期2年；③各门研究之问题与方法，由相关各系之教授共同商定；④规定每门设立奖学金学额2名，助学金学额6名，以奖助研究有得或家境清贫者。

1922年1月，北京大学研究所国学门正式挂牌设立，受聘为国学门的导师有：王国维、陈垣、陈寅恪等。此期研究生的选拔，学历要求有所提高，但依旧不设专门考试，通常由导师提出研究课题并公布，有兴趣者直接与导师联系，导师同意即可入所研究，这是中国规范的研究生教育所迈出的正式一步。同样，在此方面清华大学也做出了杰出贡献。

1925年2月，清华大学在增设大学部的同时，成立了研究院国学门（通称国学研究院）。经过筹备，国学研究院和大学部于是年9月同时开学。此后的清华大学由预备部、大学部、国学研究院三部分合组，研究生教育成为其最高教育形式。清华国学研究院旨在培养国学研究人才。研究方向包括中国历史、哲学、文学、语言、文字学等。招生对象除国内外的大学毕业生、各大学的教师和学术机关科研人员外，还特别规定具备传统国学功底的人员也可进入研究院学习。研究院的教学方式采用中国旧式书院与英国研究院培养模式相结合的导师制，即以自修读书为主，教师随时予以指导。所以，课程以专题研究为主，由研究者在导师熟悉的学科范围内择定课题，自主地进行探讨并提交论文；所辅的讲课，每周安排1~2次，要求全体研究生参加，由导师轮流讲解国学基本知识、自学方法或治学心得。研究期限一般定为1年，若获指定导师首肯，可延展2~3年，以3年为限。清华国学研究院的首任主任是吴宓，之后又聘请王国维、梁启超、陈寅恪和赵元任4人任导师。同年9月，招得研究生30余名如期开学。清华国学院的招生考试也颇有特色。在分列的经学、中国史、中国文学、中国哲学、外国语、自然科学、普通语音学等8种考试科目中，考生只需选择3门应考，不设必考科目。当时入学考试的程序一般为面试、普通笔试、科目笔试和复试①。

由上可知，清华大学国学研究院在培养研究生过程中注重一定的教学，即"讲课"与"专题研究"相统一。清华大学研究生培养模式有别于北京大学的研究生培养模式之处在于，前者不仅重视科学研究在研究生培养过程中的重要作用，也强调相关学科的基本知识的教学；而后者仅仅重视学生的自由独立的研究活动，不重视课程的教学。很明显，北京大学和清华大学研究生培养模式分别是模仿当时国外大学流行的两种主要研究生培养模式，即德国的学徒式和美国的专业式。这也说明了中国研究生培养模式从其产生以来就受到国外大学模式的影响，是多元的而不是一元的。另外，这一时期萌生的有关学位制度的构想较清末更为明晰，而且最终摆脱了科举功名的影响，具有了直接效法西方的意向。在研究生教育方面，北京大学和清华大学先后开始试行并各自确立了相关

---

① 清华大学校史研究室. 清华大学史料选编[M]. 北京：清华大学出版社，1991：56.

的培养制度，为培养专门学术人才做出了有益的尝试。尽管这一时期的研究生教育尚未与学位制度配套，但由于有知名学者担任导师，加之培养对象少而精，因而培养出了一批在后来颇有影响的学者。

北京大学和清华大学作为国内大学的佼佼者，在研究生教育方面率先发展，成为当时研究生教育模式的引领者。它们各自倡导的教育方式清晰地反映出欧美研究生教育的先进模式。与它们相比，当时中国高等教育界活跃一支特殊的教育力量，它们凭借着与国外先天所具有的密切联系，在研究生教育方面具有得天独厚的优势，因此在此方面始终领先于北京大学和清华大学以及其他国家公立大学。它们便是包括东吴大学在内的遍布华夏大地的各所教会大学。

教会大学是近代中国高等教育的一个特殊组成部分。20世纪20年代以前创办的中国教会大学有8所。1901年，东吴大学创办于苏州，在美国田纳西州注册。1903年，震旦大学创办于上海，1912年在罗马教廷立案登记。1906年，圣约翰大学创办于上海，在美国哥伦比亚特区注册。1908年，沪江大学创办于上海，1917年在美国弗吉尼亚州注册。1911年，金陵大学创办于南京，获美国纽约州认可。1915年，金陵女子大学创办于南京，获美国纽约州认可。1917年创办的齐鲁大学和1918年创办于福州的福建协和大学，在美国纽约州注册。上述大学之中有研究生教育相关记载的，除东吴大学外，还有圣约翰大学、震旦大学、齐鲁大学和沪江大学。①

1913年，圣约翰大学"开设大学院（即研究生院），开始时仅限于文科。1920年，魏良声、董志柔、赵以信三人首先获得文科硕士学位"②。据此，圣约翰大学的研究生教育始于1913年。另据《圣约翰大学西学科先后卒业生（1895—1911）姓名职务全录》，该校毕业生谭以礼为"本校1908年医学博士"，刁信德为"本校1908年医学博士，笨西斐泥亚大学1913年卫生学博士"，俞庆恩为"本校1908年医学博士，笨西斐泥亚大学1913年卫生学博士"，吴任之为"英国鲜斐尔特大学1907年工科学士，1908年工科硕士，1916年本校理科博士"。③ 据此，圣约翰大学早于1908年即有硕士研究生毕业，1913年即有博士研究生毕业。

1905年，震旦大学"组织董事会，筹办复活，于八月（阴历七月）间继续授课。至一九一二年夏，举行第一次毕业，得硕士文凭者十二人；同时，由马良代向教育部请求立案，奉电准暂予立案。翌年，教育部主办的中央学会成立，规定会员须有国立大学文凭，并有选举、被选举权。嗣咨送各省的中央学会选举人三百五十名中，震旦第一次毕

---

① 王国平. 中国最早的研究生教育［J］. 江海学刊，2007（1）.
② 徐以骅，韩信昌. 海上梵王渡：圣约翰大学［M］. 石家庄：河北教育出版社，2003：21.
③ 朱有瓛，高时良. 中国近代学制史料（第四辑）［M］. 上海：华东师范大学出版社，1993：447.

业的十二硕士,完全列入。是教育部已无形承认该校和国立大学有同等程度了"①。1908年,震旦大学"采用了一套强化课程,以法国的学士学位教程为楷模,提出一套包括三年制预科和三年制高级教程教学体制,预科讲授法语、英语、历史、哲学、地理、初等数学、物理及其他自然科学,完成了预科课程并考试合格后,可进入高级教程的学习,该教程分人文科学、法学、医学和理学四大类(后来震旦在此基础上形成文学院、理工学院、医学院及法学院),完成高级教程后,震旦的学生可获得相当于法国硕士学位的证书。……1912年起震旦开始颁发硕士学位证书"。

1917年秋季,齐鲁大学的招生情况为:文理学院预科24人、文理科60人、医前期24人、师范科16人、特别生8人、研究生2人,合计134人。另外,神学院51人、医学院118人。全校总计303人。② 其中已经出现了新招收的2名研究生。

1917年冬,"美国弗吉尼亚州的教育部授权沪江大学颁发学位,承认沪大毕业生获得的学士学位。从此凡读完大学课程而平均分数得三分的,均能获得文学士或理学士学位。凡要得硕士学位的,第一必须先获得学士学位,第二必须至少读完二十八个学分,且平均分数不得在二分以下,第三必须写一篇论文,五月一日以前送交教授会审定"③。

由此可见,各所教会大学的研究生教育继承欧美的研究生教育传统,在20世纪的第一个十年里便开始在中国结出硕果,其中圣约翰大学更是于1908年便培养出了中国的研究生,其对中国研究生教育的贡献自然不言而喻。当时的东吴大学作为教会大学中的代表,也在此领域展现着亮丽特色。

二、东吴大学研究生教育的初创

东吴大学于1901年在美国田纳西州注册,是美国基督教新教重要差会之监理会在中国设立的第一所大学,各项教学工作均得到美国监理会的鼎力支持。学校首任校长孙乐文先生为学校的创立投入了极大的热情和心力,在他的领导下,东吴大学开设了包括文学、理学、神学、医学等学科在内的比较完整的学士学位课程,和博习医院合作开办了东吴大学医学院。孙乐文先生重视中国传统文化,提倡学生学习中国传统文化。同时,为学校发展不断募集资金,为理科教学添置仪器设备,努力为具备资质的学生开设包括机械、热学、电学等方面的高级课程,并为纯应用科学研究提供理论依据,从而保证了东吴大学在文理科方面均取得了均衡的发展。1911年,葛赉恩继任校长之后,将中西书院并入东吴大学,合并后东吴大学的师资力量和办学规模都大大增强,中西书院的财务

---

① 朱有瓛,高时良. 中国近代学制史料(第四辑)[M] 上海:华东师范大学出版社,1993:405.

② 郭查理. 齐鲁大学[M]. 陶飞亚,鲁娜,译. 珠海:珠海出版社,1999:128.

③ 朱有瓛,高时良. 中国近代学制史料(第四辑)[M]. 上海:华东师范大学出版社,1993:632.

盈余也缓解了东吴大学的财务困难,并组建了东吴大学文理科,为之后东吴大学研究生教育得以起步打下了坚实的基础。

根据王国平先生近几年来的研究①,反映东吴大学早期研究生教育的最早的原始文献有三种,其一为1917年2月10日出版的东吴大学学报《东吴》所刊《纪事》。《纪事》载:"硕士学位自本学期始,校务部议定给发硕士学位。刻下陈君调父、徐君景韩已择定理化科之专习。陈君专究钢铁及铜类合金;徐君研究水门汀之制造。异日当为我校理科之翘楚也。"②

其二为1917年东吴大学的年度报告。这份报告以校长葛赉恩的名义,呈交监理会年议会,刊载于1918年印行的《美国监理会年度报告》(Annual Report of the Board of Missions of the M. E. Church, South)。报告中相关内容为:"毕业典礼日,7月3日,毕业生如下:文学硕士,2名;文学学士,5名;理学硕士,6名;总数,13名。中学,27名。合计,40名。"原文为:"On Graduation Day, July 3, the gradu-ates were as follows: Master of Arts, 2; Bachelor of Arts, 5; Master of Science, 6; total, 13. Middle School, 27. Grand total, 40."③

其三为1918年东吴大学的招生启事和1919年发行的《东吴大学实录》。"本校……学级一曰大学,内分文科理科,中西学并重。……一曰中学,授以普通学科,亦中西并重。……大学、中学各以四年毕业。毕业中学科者给以证书,俾得升入大学连续肄业。毕业大学科者给以文凭。大学毕业后专习理科二年得以硕士学位。"④ "本科毕业后再读二年加给硕士文凭,所读之课至少须有主课一、辅课三,各课成绩须有八十分方为合格,又须有毕业论文以发明主课之学理。至认明之课须由该委办商定。"⑤

辅助以其他文献史料作佐证,王国平先生的以下结论可以得到证实:第一,东吴大学最早授予硕士学位的时间是1917年。佐证文献如:《东吴》(季刊)(The '22 New Atlantis)中《东吴大学大事记》载:"……此间理科则重设大学院(1917),颁给硕士学位以期深造。"⑥ 同期中 "Important Dates of Soochow University" 载: "1917——The Master's Degree conferred upon graduate students the first time."⑦

文乃史著《东吴大学》称:"龚士博士指导的研究生工作……是东吴大学的第一个硕士学位(1917)。"文乃史原书注明,"迄今为止能够确定的全中国第一个化学硕士"

---

① 王国平. 中国最早的研究生教育 [J]. 江海学刊, 2007 (1).
② 纪事 [J]. 东吴季刊 (The '22 New Atlantis), 1917, 3 (1).
③ Printed at the Publishing House, M. E. Church, South, Nashville, Tenn, 1918.
④ 葛赉恩. 东吴大学校说略 [J]. 东吴季刊 (The '22 New Atlantis), 1918, 1 (3).
⑤ 《东吴大学实录》,苏州大学档案馆馆藏,档案号3-150(永)。
⑥ 东吴大学大事记 [J]. 东吴季刊 (The '22 New Atlantis), 1918, 1 (13).
⑦ Important Dates of Soochow University [J]. 东吴季刊 (The '22 New Atlantis), 1918, 1 (3).

的评论出自窦维廉著《中国化学研究的开始》。①

第二，东吴大学最早获得硕士学位者中包括分析化学专业毕业的徐景韩、陈调甫。佐证文献如陈歆文著《从制碱元老到油漆大王的陈调甫》，文章称陈调甫于"民国成立后，进入苏州东吴大学化学系学习，听着老师讲的理论，结合自己在家中小试所得的经验，更觉兴趣大增。1916 年毕业，专门从事铜合金分析和纯碱的试制。1917 年，获化学硕士学位"②。

图 1-1 东吴大学硕士陈调甫

图 1-2 徐景韩的硕士学位证书

第三，东吴大学的研究生教育可能起始于 1915 年或 1916 年。按东吴大学当时施行的学制，研究生学制为 2 年，东吴大学的研究生教育应始于 1915 年。以化学硕士陈调甫的实际经历看，存在研究生一年毕业的可能性，这就是说，东吴大学的研究生教育也可能始于 1916 年。

另外，根据戴蘇的不完全统计，在东吴大学早期，理科专业取得硕士学位的学生包括分析化学：徐景韩、陈调甫、徐作和潘履洁；生物学中植物学：施季言、王志稼、沈毓凤；昆虫学：胡经甫、陶心怡、季琮池、胡梦五；寄生虫学：吴光；脊椎动物学：郑思；细胞学：刘承剑。③

这些东吴大学早期的硕士后来大多发展成为国内一流的专家学者，享有很高的声誉。其中，徐景韩一生贡献于东吴大学，是东吴大学的主要教授之一，长期担任化学系系主任一职，后担任东吴大学教务长。陈调甫从东吴大学获得硕士学位后到美国深造，回到中国后即在天津塘沽开设塘沽苏打厂，利用当地的海盐作为原料生产当时所紧缺的化学药品。抗战爆发后，天津陷落，陈调甫又在南京浦口开设了一个更好的工厂并扩展到生产其他产品，是当时著名的化工企业家。1919 年，祁天锡的两位研究生毕业，均被授予硕士学位。其中的一位是施季言，他的毕业论文是有关豆类的研究。他不仅是东吴大学

---

① 文乃史. 东吴大学 [M]. 王国平，等，译. 珠海：珠海出版社，1999：46. 原书注："中国化学研究的开始."窦维廉 (W. H. Adoph). 中国化学研究的开始 [J]. 自然史公报，1950，18 (3).
② 陈歆文. 从制碱元老到油漆大王的陈调甫 [J]. 纯碱工业，2000 (4).
③ 文乃史. 东吴大学 [M]. 王国平，等，译. 珠海：珠海出版社，1999：44.

的第一个生物学研究生，也是全国第一个生物学硕士。他对当地的粮食作物进行了系统集中的研究，并于1919年在美国的《美国水稻杂志》上发表了研究成果，在当时引起包括美国科学家和农业部专家在内的广泛关注。另一位硕士胡经甫先生，在昆虫学方面的研究对中国昆虫学也做出了杰出的贡献。胡经甫从东吴大学毕业后，到美国康奈尔大学留学，师从昆虫学家James G. Need-ham，获得博士学位。1920年起担任东吴大学生物系系主任，1926年转到燕京大学任生物系系主任。

与此同时，东吴大学法科也进行了法学研究生的教育培养和学位授予工作。上海中西书院并入东吴大学之后，大批预备班的学生仍留在上海上课，后重组为东吴大学第二中学。之后，面对国内对各种法律人才的渴求，当时东吴大学第二中学的主持者兰金先生利用东吴大学第二中学的教师开办起一个夜校形式的法律学校，中文校名为"东吴法律专科"。东吴法科的主要目的是培养学生通晓三种不同的法律体系，让学生在比较中掌握法律制度的基本原则，在课程设置上则注重中国法的教学和研究。东吴法科效仿美国著名法学院的做法，招收的学生至少须有2年大学学历，法律课程学制为三年，学成后授予法学学士学位。1918年6月，第一届学生毕业，7人获得法学学士学位。其后毕业的大部分人均出国深造，并成为日后中国法学界的知名人士。[①] 其后，为提高东吴法学在中国社会上的地位，他们还援引了美国大学的习惯，由该校自行授予博士学位。如于1923年授予对东吴法学创建贡献尤多的美国驻华法院法官罗炳吉（Charles S. Lobingier）博士学位（Honorary Degree of L L. D.）；1924年又授予长期服务于该校的董康和王宠惠博士学位。[②] 这是东吴法学院院史上仅有的两次授予博士学位，虽然只是法学荣誉博士称号，却是对上述三位贡献与付出的肯定，名副其实，同时也扩大了东吴法学在全国的影响。这在近代中国法学教育史上是极为罕见的。1926年，东吴法科开设法学硕士班，开始了其正规的法学研究生教育，并随着法科的不断发展而日益完善，成为东吴大学研究生教育体系中最为成熟的果实。

综上所述，在评价东吴大学早期研究生教育在近代教育史上的地位时，王国平先生得出了如下结论[③]：

其一，20世纪20年代以前，共有圣约翰大学、震旦大学、东吴大学、齐鲁大学、沪江大学5所大学有研究生学位授予权的明确记载，曾经授予研究生硕士或博士学位的大学只有3~4所，其先后顺序为：圣约翰大学（1908）、震旦大学（1912）、东吴大学（1917）、齐鲁大学（1917以后）。由于圣约翰大学、震旦大学均已不复存在，东吴大学（现苏州大学）则是中国现存大学中最早授予研究生学位的大学。

其二，鉴于此前圣约翰大学所授学位仅涉医学、文学、理科，且为博士学位，震旦

[①] 王国平. 东吴大学简史 [M]. 苏州：苏州大学出版社，2009：64 - 65.
[②] 《东吴大学法学院历届教职员暨毕业同学名录》，苏州大学档案馆馆藏，档案号3 - 48（永）。
[③] 王国平. 中国最早的研究生教育 [J]. 江海学刊，2007 (1).

第一章 研究生教育的奠基与规范（1901—1949年）

大学所授硕士学位很可能为医学学科，则1917年获得化学硕士学位的东吴大学研究生确实可以视为"迄今为止能够确定的全中国最早的化学硕士"；1919年获得生物学硕士学位的东吴大学研究生也应该是"迄今为止能够确定的全中国最早的生物学硕士"。祁天锡和龚士所开创的东吴大学早期的研究生教育是他们对东吴大学的最大贡献。东吴大学早期的研究生教育是中国高校研究生教育园地一朵早早绽放的奇葩。

第三节 东吴大学研究生教育的推进（1927—1949年）

一、研究生教育制度的确立

1927年，南京国民政府逐步掌握了对全国的控制，中国开始进入了一个相对稳定的时期，教育等相关领域的法规建设开始得到重视，为研究生教育的良性发展提供了规范化的保障。

1928年6月，南京国民政府拟订《训政时期施政大纲》，预定从第一年起"制定大学严格考试条例及学位授予条例"，从第二年起"实行大学考试条例及学位授予条例"①。随后，教育部详细研究了高等教育中各种主要法规，拟定《学位条例草案》。《学位条例草案》共11条，规定"学位分学士、博士两级。学士学位，由大学授予之；博士学位，由国家授予之"。至此，相关研究生教育的各项法律法规相继出台，并将研究生教育和学位授予有机地结合起来，形成了一整套相对完善成熟的教育制度体系。

在研究生教育管理方面，1929年7月，南京国民政府颁布了《大学组织法》《专科学校组织法》。8月颁布了《大学规程》，将高等教育机构分为：大学、独立学院、专科学校和研究院四种，规定大学须设研究院。其中，《大学组织法》是我国近代高等教育领域的第一次正式立法，它以法律的形式保障了研究生教育的发展。

1934年5月，南京政府颁布《大学研究院暂行组织规程》，规定"大学为招收大学本科毕业生研究高深度学术，并供给教员研究便利起见，设研究院"。研究院分文、理、法、教育、农、工、商、医科研究所等，凡具备三个研究所以上者，始得称研究院。大学和独立学院设研究所，研究所下设若干学部，研究期限为2年。还对设置研究所的大学必须具备的条件进行了明确规定，并以此核准全国公、私立高等学校。在招生方面规定，招收研究生时，录取国立、省立及立案私立大学与独立学院的毕业生中经公开考试及格者，并不得限于本校毕业生，国外大学本科毕业者亦得应前项考试。

---

① 训政时期施政大纲[J].大学院公报，1928（8）.

1938年，南京政府教育部公布《修正大学研究院暂行组织规程》，规定研究院分文、理、法、师范、农、工、商、医各研究所，凡具备三个研究所以上者称研究院，研究生修业二年以上，修毕学分，通过论文，得授予硕士学位；同时，特拨经费，一方面令原有的研究院所恢复招生，另一方面酌情增设新的院所。到抗战后期，"设立研究院所之学校已达25校，凡86个学部"。研究院的发展使各校的硕士学位授予工作得以正常进行。

在学位授予方面，1931年4月，南京政府颁布了《学位授予法》。《学位授予法》规定：学位分学士、硕士和博士三级，特种学科仅设二级或一级。硕士学位候选人考试合格，并经教育部复核无异者，由大学或独立学院授予硕士学位。取得硕士学位，在研究院或所继续研究两年以上，经考试合格并经教育部审查许可者，则为博士学位候选人。另外，在学术上有特殊著作或发明者，或曾任公私立大学、独立学院教授三年以上者也可成为博士学位候选人。博士学位候选人经博士学位评定会考试合格者，由国家授予博士学位。硕士学位及博士学位候选人均须提出研究论文。《学位授予法》是我国关于学位制度的第一个正式立法，它解决了研究生学位问题，此后，各大学开始根据要求设立研究院（所）来招收研究生。研究生教育特别是硕士教育开始有了较大的发展。随后，教育部便着手拟订各学位开始授予之时期。"学士学位：凡依本法有权授予各种学士学位之学校，得自民国二十四年七月一日起，依本法开始授予各种学士学位；硕士学位之开始授予时期，应于硕士学位考试细则中定之；博士学位开始授予之时期，应于博士学位考试细则中定之。"①

为配合《学位授予法》的具体实施，教育部于1935年5月制定和颁布了《学位分级细则》与《硕士学位考试细则》等一系列法令，将学士、硕士、博士三级学位的授予，皆分为8个学科：文科、理科、法科、教育科、农科、工科、商科和医科，硕士学位的授予权归大学或独立学院。以后教育部又逐次颁布了《大学毕业证书应加载依照〈学位授予法〉第三条之规定授予某学士学位》《博士学位评定组织条例》《博士学位考试审查及评审细则》《名誉博士学位授予条例》《名誉博士学位授予条例实施细则》等一系列通知、法令、法规，分别就学位课程考试、学位论文审查答辩和学位授予等程序做了明确规定，并制定了详尽的标准，初步形成了一套系统完整的学位制度。

《学位授予法》颁布当年，学士学位的授予就开始进行。国民政府于1937年举行了第一届硕士学位考试。1946年《大学研究所暂行组织规程》将全国研究生院或学部全部废除，一律改称研究所，做到系所合一，减少开支。至此，一个全国性的研究生教育及学位授予体系得以建立，中国的研究生教育终于步入正轨，东吴大学的研究生教育也乘势而上，发展成带有自身特点的成熟的现代教育模式。

---

① 训政时期施政大纲[J]. 大学院公报，1928（8）.

第一章 研究生教育的奠基与规范（1901—1949 年）

二、东吴大学研究生教育的成熟

全国性研究生教育体系的建立，为东吴大学的研究生教育发展提供了规范，使得东吴大学的研究生教育取得了长足的进步。1937 年 4 月，东吴大学设立淡水生物研究所，"于四月廿三日在该校科学系举行淡水生物研究所成立大会，并举行科学展览会。是日开会如仪后，首由校长杨永清博士致开会辞，略谓'学以致用'，本校此次成立淡水生物研究所，即本此意，愿全国生物学专家共同努力，以期有所贡献。继由该校生物学系教授刘承钊博士报告成立经过，及对中国之需要、设立之宗旨，述之甚详。继由中央大学生物系主任伍献文博士做学术演讲，听者无不极感兴趣"①。新研究所的成立，标志着东吴大学的研究生教育在不断进步和完善。但是由于随后经历了长期的战乱，大量的史料遭到毁损，东吴大学文、理、医等学科的研究生教育情况无法清楚地展示，我们只能通过窥一斑而知全豹的形式，对东吴大学法学研究所的招生对象和规模、培养形式、课程设置、考试形式等方面进行相对全面的描述，以便展示同时代东吴大学研究生教育的实际情况。

东吴大学法科于 1926 年开设的法科硕士班仅仅开办一期，便"继即中断，以至本院卒业而欲国内再事研究高深法学者，实无此相当学术机关"。"屡经毕业生请求，审时势之需要，乃于十八年秋季起，开办硕士班一级"，至 1930 年有 17 人入学②。1931 年，东吴法学院将硕士班改为研究院。1935 年，经南京国民政府教育部批准，东吴大学正式成立法科研究所。抗战爆发前共计有 8 届 14 人毕业获得法学硕士学位。全面抗日战争爆发后，东吴大学法科研究所的招生与教学一度中断。该校迁到重庆后，情况有所好转，并与沪江大学、之江大学成立了联合法商工学院。1944 年，东吴大学法科研究所得以恢复，由吴经熊担任所长。抗战胜利后，由于东吴大学迁往上海又中断了教学，1946 年恢复招生，直到 1952 年全国院系调整后结束招生。抗战期间，东吴大学研究所有 1 人在 1944 年毕业。1947—1951 年共计 16 位毕业生，其中 1948 年 7 人毕业，创历史新高。1951 年 7 月，东吴法学院最后两名法学硕士毕业。因此，东吴法学院历史上共授予过 31 人法学硕士学位。其有关概况如下。③

1. 研究宗旨与组织机构

该所以比较法为教学宗旨，即"以比较方法研究法律上各种专门问题"。内设有一个法律学部，设所主任、部主任各一人，指导教授若干人。同时设有所务会，由所主任、部主任及指导教授组成，以所主任为主席，讨论并议决所内一切行政事项。该所实行导

---

① 东吴大学淡水生物研究所成立 [J]. 教育生活·教育文化消息，1937，4（11）.
② 王国平. 东吴大学简史 [M]. 苏州：苏州大学出版社，2009：129.
③ 孙伟，王国平. 中国最早的法学研究生教育——东吴大学法学研究生教育 [J]. 苏州大学学报（哲学社会科学版），2008（2）.

师负责制,"本所研究生之研究工作应于教授之指导下为之,指导教授由所务会议就学生登记之题目推定之"①。

2. 招生对象

东吴大学法科研究所招收大学法学院法律系本科毕业学生,报考学生必须具备以下条件:"(一)国立、省立或已立案之私立大学法学院或独立法学院之法律系毕业,得有法学士学位者;(二)在教育部认可之外国大学法律科或系毕业者。具有前项各款资格之人,并经本所公开入学考试及格始得入所。肄业研究生招考规则另定之。"② 1943年10月,研究所法学部新修改的招考规则又增加了关于学习能力的两项入学要求,即"(二)对于基本之社会学科有充分之准备,且能以中文做明确畅达之文章,并能阅读所习学术之外国文书籍及有直接听外国语演讲之能力者;(三)于大学毕业时操行列在中等以上,学业成绩总平均分在□十分以上及体格健全者"③。

3. 招考事项和考试科目

东吴大学法科研究所的入学考试每年举行一次。报考者在报名时要呈缴下列各件:"甲、大学或独立学院毕业证书(如系本年毕业尚未领得正式毕业证书者,以毕业证明书代之);乙、证明文件,原校历年成绩单及所属学院院长或学系主任之介绍书等;丙、报名费二元;丁、最近四寸半身照片六张。"④ 应考者假如有论文或其他著述的话,也应于报名时一并附缴。如科考试的科目主要为:"一、普通科目:国文、英文、政治学、经济学、社会学、第二外国语(德法俄日任选择一种);二、专门科目:宪法、民法、刑法及其他有关系之重要科目,视其所选学门由本所所务会议议决之。"⑤

4. 学制要求

东吴大学研究所实行两年肄业制,修业期满,授予法学硕士学位。"研究期满各项成绩均经本所所务会议审核及格而又品行端正者得为硕士学位候选人。依照硕士学位考试细则考试合格,并经教育部复核无异者,由本校依学位授予法第四条第二项之规定授予法学硕士学位。研究生研究期满尚未完成指定工作或经考核成绩不及格者,如所务会议认为有特殊理由,得准予延长研究期限半年或一年。"⑥

---

① 《私立东吴大学法学院一览》(1936年秋—1937年夏),苏州大学档案馆馆藏,档案号3-155(永),第28页。
② 《私立东吴大学法律学研究所章程》,上海档案馆馆藏,档案号Q245-1-154-37。
③ 《私立东吴大学法科研究所法律学部招考研究生规则》,上海档案馆馆藏,档案号Q245-1-154-37。
④ 《私立东吴大学法学院一览》(1936年秋—1937年夏),苏州大学档案馆馆藏,档案号3-155(永),第31页。
⑤ 《私立东吴大学法学院一览》(1936年秋—1937年夏),苏州大学档案馆馆藏,档案号3-155(永),第31-32页。
⑥ 《私立东吴大学法律学研究所章程》,上海档案馆馆藏,档案号Q245-1-154-37。

第一章 研究生教育的奠基与规范（1901—1949 年）

5. 课程设置与研究内容

东吴法学院法科研究生的学习是全日制的。第一年须上课，上课时间仍循旧制，置于周一至周六下午的六时至八时之间，以便学员日间钻研法律；第二年则专写论文。必修课大致有：英美民法、法国民法、瑞士民法、苏俄民法、国际公法、国际关系等项。① 对于一些学习硕士课程发生困难的学生，研究所还要求他们补习大学本科阶段的部分课程，"研究生如愿选习或补习大学本科课程之一部分，应经部主任之同意。如部主任认为有必要时，亦得令研究生修习或补习本科课程之一部分"②。

研究生日常的研究工作包括："一、阅读，研究生应于各部主任教授所制定之必读书籍十数种、选读书籍数十种，于限定时间内各自阅读，并于一定之期限内将阅读之结果报告之。二、论文，研究生应于二学年内将其关于某一专题研究之结果作成论文报告。三、讨论学课，研究生应依规定参加各种专门问题之讨论，讨论学课之指导由本所聘请校内外专家担任之。"③ 阅读的必读书籍一般为中西方的法学名著，1937 年 6 月毕业考试中提供的阅读书籍报告显示，研究生的必读书籍为：Stephen's history of the criminal law of England 和 Ludwig's History of Continental Criminal Law，选读书籍为《唐律名例》等中西名著，同时要求翻译外国刑事法典一部④。对需要外出考察或者实习的学生，经研究所"所务会议之许可，于指定时限内出外调查或实习"⑤。

6. 学分制度与学费缴纳

凡成绩优异、主要课程及论文均列甲等并修毕本院所定之学程，得由本大学依据章程授予法学硕士或法学博士学位。研究所课程开班与否须视学生人数多寡再定课程种类，于每学年终结前三个月布告之一切章程，除另有规定外，适用本章程。⑥

（1）课程学分

表 1-1　东吴大学法学院法科研究生课程学分表

年级	学期	必修课主科		必修课副科		选修课程	
		名称	学分数	名称	学分数	名称	学分数
一年级	上学期	课程另订	十学分	第二外语	三学分		
	下学期	课程另订	十学分	第二外语	三学分		

---

① 《东吴大学法律学院一览》（1933 年秋—1934 年夏），苏州大学档案馆藏，档案号 3 - 155（永），第 72 - 73 页。
② 《私立东吴大学法律学研究所章程》，上海档案馆藏，档案号 Q245 - 1 - 154 - 37。
③ 《私立东吴大学法学院一览》（1936 年秋—1937 年夏），苏州大学档案馆藏，档案号 3 - 155（永），第 28 页。
④ 《东吴大学为举行硕士学位考试呈请教育部司法院核定考试委员会及派员监试的来往文书》，上海档案馆藏，档案号 Q245 - 1 - 8。
⑤ 《私立东吴大学法律学研究所章程》，上海档案馆藏，档案号 Q245 - 1 - 154 - 37。
⑥ 《东吴大学法律学院一览》（1933 年秋—1934 年夏），苏州大学档案馆藏，档案号 3 - 155（永），第 51 - 53 页。

续表

年级	学期	必修课主科		必修课副科		选修课程	
		名称	学分数	名称	学分数	名称	学分数
二年级	上学期	课程另订	四学分				
	上学期	课程另订	四学分				
三年级	上学期					论文	十学分

补：① 各生应修两种以上外国文，在毕业之前照常考试，给予学分。② 选修课学程，凡拟在研究所毕业得受法学硕士或博士学位者，须读满三年并得有四十学分。第一、二学年应在校上课修习，第三学年专做论文毋庸上课，惟选课无学分或学分不足者应于第二学年补满之。

（2）分数等级（详见学则章内）

A. 论文及必修课主科以甲等为合格分数。

B. 必修课副科及选修课程以乙等为合格分数。

（3）学费缴付

学费规定为两百元，第一学期先缴一百元，第二学期再缴一百元，其他各种费额悉照普通章程缴纳。

7. 日常学习考核

法科研究所建立严格的管理体制，采取严格的学术考核，对在读研究生实行一定程度的淘汰。研究所的研究生"每隔三个月应将研究之工作、读书之心得报告于指导教授。指导教授认为成绩不良者，应报告于所主任提出所务会议予以警告。警告逾两次者，应即令其退学"①。"本所研究生在第一学年内对于指定之研究工作认为毫无成绩者，得由本所所务会议议决，转请大学校长令其退学。"② 与鼓励本科生在课余时间兼职的政策大不相同，研究所为了让研究生能安心搞好科研，规定他们不能兼任校内职务。

8. 毕业考试

东吴大学法科研究所的毕业考试包括学科考试和论文答辩两部分。"论文占百分之六十，学科占百分之四十。论文及必修课成绩以八十分及格，选修课以七十分及格。"③

学科考试的范围"以研究生所习课程、指定阅读及讨论问题为范围"④。"研究期满，各项成绩均经本所所务会议审核及格，得为硕士学位候选人。该项候选人依照硕士学位考试细则考试合格并经教育部复核无异者，由本校依学位授予法第四条第二项之规定，授予法学硕士学位。研究生研究期满，尚未完成指定工作或经考核成绩不及格者，如所

---

① 《私立东吴大学法律学研究所章程》，上海档案馆馆藏，档案号 Q245-1-154-37。

② 《私立东吴大学法学院一览》（1936年秋—1937年夏），苏州大学档案馆馆藏，档案号 3-155（永），第27页。

③ 《私立东吴大学法科研究所研究生研究工作规则》，上海档案馆馆藏，档案号 Q245-1-154-37。

④ 《私立东吴大学法科研究所研究生研究工作规则》，上海档案馆馆藏，档案号 Q245-1-154-37。

第一章 研究生教育的奠基与规范（1901—1949 年）

务会议认为有特殊理由，得准予延长研究期限半年或一年。"

学生的毕业论文，必须在第一学期结束后确定选题，并"至部主任处登记，经部主任审核后认为满意分发各教授负责指导"①。毕业论文要求用汉语撰写，要在毕业考核前三个月呈缴指导老师，指导教师满意后，"缮正研究论文及论文提要各两份于考试前一个月呈送所务会议。由所务会议组织审查委员会审查"②。论文审查合格后，须进行毕业答辩，由论文考试委员会当场面试，甚至在必要的情况下，可以进行笔试考核，"研究生之论文通过与否应依审查报告及口试及笔试结果定之"③。研究生的论文如果在两年之内不能完成，则最多可以延长一年的时间。如果一年之后仍无法完成或不及格，则以退学论处。

9. 毕业答辩

1937 年 6 月，东吴大学法科研究所进行了抗战爆发前的最后一次毕业答辩④，通过这次毕业答辩的具体内容，可以让我们对此时东吴大学的研究生教育有一个更加直观的认识。

此次参加答辩的硕士研究生候选人有陈晓（美国艾奥瓦大学哲学博士）、程修龄（东吴大学法学士）、贝鸿昌（东吴大学法学士）、杨葆澄（东吴大学法学士）、周荣（东吴大学法学士），5 人均为 1935 年入学的硕士研究生。他们所撰写的毕业论文分别是：陈晓《刑事责任之比较研究》、程修龄《读〈唐律疏议·名例篇〉感想》、贝鸿昌《中国刑法与意大利刑法之比较》、杨葆澄《中日刑法总则部分之比较研究》、周荣《中国刑法与英美刑法总则部分之比较研究》。参加毕业论文答辩的考试委员会成员分别为：研究部主任萨贲德；教授姚启胤；校内委员盛振为、刘世芳；校外委员杨鹏、乔万选。其中校外委员为上海地方法院的法官，是学校特地邀请来参加答辩的。从这些基本情况中，可以明显地体现出东吴大学法学院法科研究所的教育特点。首先，研究所招收的研究生以本校毕业生为主，在本次毕业的 5 人中占到 4 人；其次，有 4 位毕业生所选论文题目为通过比较方式研究法律问题，体现了研究所"以比较方法研究法律上各专门问题"的教育宗旨；最后，参加毕业论文答辩的考试委员会邀请现任法官担任校外委员，体现了研究所重视法律实践的教育理念。

---

① 《私立东吴大学法科研究所研究生研究工作规则》，上海档案馆馆藏，档案号 Q245 - 1 - 154 - 37。

② 《私立东吴大学法科研究所研究生研究工作规则》，上海档案馆馆藏，档案号 Q245 - 1 - 154 - 37。

③ 《私立东吴大学法科研究所研究生研究工作规则》，上海档案馆馆藏，档案号 Q245 - 1 - 154 - 37。

④ 《东吴大学为举行硕士学位考试呈请教育部司法院核定考试委员会及派员监试的来往文书》，上海档案馆馆藏，档案号 Q245 - 1 - 8。

正是伴随着我国研究生教育体制的确立，东吴大学的研究生教育体系也得到了前所未有的完善。从20世纪30年代东吴大学法学院法科研究所的研究生教育模式可以看到，不管是在招生对象、部门组织、课程设置、考核管理方面，还是在研究内容、教学方式、学位授予等方面，东吴大学的研究所已经建立起一整套完备的教育体系，从而开始为社会各界批量培养高层次的人才队伍。虽然这种良好的发展态势被战火所阻断，但是一种良好的传统一旦形成是很难被湮灭的，凭借着如此完备的教育基础，东吴大学的研究生教育昂首迈入了新的时代。

附录一

私立东吴大学法律学研究所章程

第一条，本所定名为私立东吴大学法科研究所。

第二条，本研究所依照大学研究第一条之规定招大学法学院法律系本科毕业学生，以比较方法研究法律上各专门问题为宗旨。

第三条，本研究所设立法律学部一部。

第四条，本研究所设立一部以后，按照经费、物资及设备情形呈请教育部核准增设两部。

第五条，本研究所设所主任、部主任各一人，指导教授若干人。

第六条，本研究所设一所务会，由所主任、部主任及指导教授组织之，以所主任为主席，讨论并议决所内一切行政事项。

第七条，本研究所招收研究生，系按照大学研究院暂行组织规程第七条之规定，以具备左列资格者为限：（一）国立、省立或已立案之私立大学法学院或独立法学院之法律系毕业，得有法学士学位者；（二）在教育部认可之外国大学法律科或系毕业者。具有前项各款资格之人，并经本所公开入学考试及格始得入所。肄业研究生招考规则另定之。

第八条，研究生在研究期中应研究之工作、修习之课程与提出之论文或□告等其细则另定之。

第九条，本研究所研究期限暂定为两年。研究期满各项成绩均经本所所务会议审核及格而又品行端正者得为硕士学位候选人。依照硕士学位考试细则考试合格，并经教育部复核无异者，由本校依学位授予法第四条第二项之规定授予法学硕士学位。研究生研究期满尚未完成指定工作或经考核成绩不及格者，如所务会议认为有特殊理由，得准予延长研究期限半年或一年。

第十条，本所研究生在第一学年内对于指定之研究工作认为毫无成绩者，得由本所所务会议议决，转请大学校长令其退学。

第十一条，本所研究生应习之科目及论文或工作，由本所另定之。

第十二条，研究生不得兼任校内职务。

第十三条，研究生□□□□□□□□□□□□□□□□其名额与金额之多寡由所务会议另定之。

第十四条，本章程自呈奉教育部核准之日施行。①

---

① 《私立东吴大学法律学研究所章程》，上海档案馆馆藏，档案号 Q245-1-154-37。

附录二

私立东吴大学法科研究所研究生研究工作规则

第一条，本所研究生研究之工作应于教授之指导下为之，指导教授由所务会议就学生登记之题目推定之。

第二条，研究生之研究工作应依□□程序进行：（一）阅读：研究生应于各部主任、教授所指定之必读书籍十数种、选读书籍数十种，于限定时间内各自阅读，并于一定之期限内将阅读之结果报告之。（二）论文：研究生应于二学年内将其关于某一专题研究之结果作成论文报告。（三）讨论学课：研究生应依规定参加各种专门问题之讨论，讨论学课之指导由本所聘请校内外专家担任之。

第三条，研究生如愿选习或补习大学本科课程之一部分，应经部主任之同意。如部主任认为有必要时，亦得令研究生修习或补习本科课程之一部分。

第四条，研究生关于研究范围内事项，指导教授或部主任认（为）有出外调查或实习之必要时，得依所务会议之许可，于指定时限内出外调查或实习。

第五条，研究生每隔三个月应将研究之工作、读书之心得报告于指导教授。指导教授认为成绩不良者，应报告于所主任提请所务会议予以警告。警告逾两次者，应即令其退学。

第六条，研究生学习期满应参加学科考试，考试以研究生所习课程、指定阅读及讨论问题为范围。

第七条，研究生学科考试之成绩应与前条所规定之成绩报告，一月平均之。

第八条，研究生应于第一学期终结前将论文题目至部主任处登记，经部主任审核后认为满意分发各教授负责指导。

第九条，研究生之论文须用本国文字撰作，至迟应于考核前三个月面呈指导教授审阅。指导教授审阅认为满意者，然后缮正研究论文及论文提要各两份于考试前一个月呈送所务会议。由所务会议组织审查委员会审查，其指导教授为审查委员会当然委员。

第十条，研究生之论文经所务会议审查合格者，由论文考试委员会定期举行口试，□□关于该论文之内容必要时并得举行笔试，关于学科考试、论文审查及考试，均须遵照硕士学位考试细则第七、第八两条之规定办理。

第十一条，研究生之论文通过与否应依审查报告及口试或笔试结果定之。

第一章 研究生教育的奠基与规范（1901—1949 年）

第十二条，研究生论文如于两年内不能完成或完成后经审查委员会审查认为不合格，如需延长研究期限者，应缮具理由书请求所务会议特许，但延长期至多以一年为限。前项研究生不论上述延期之请求或请求后经所务会议许可若犹不能于许可之期限日提出论文，或所提出之论文仍不及格者，以退学论。

第十三条，考试成绩之核算：论文占百分之六十，学科占百分之四十。论文及必修课成绩以八十分及格，选修课以七十分及格。

第十四条，学科考试于每学年终结举行之，论文考试均于毕业学期举行之。

第十五条，研究生学科考试成绩及格，而论文亦经通过者，即认为修习成绩完全合格。

第十六条，本规则经本大学校务会议议决施行。①

---

① 《私立东吴大学法科研究所研究生研究工作规则》，上海档案馆馆藏，档案号 Q245 - 1 - 154 - 37。

附录三

私立东吴大学法科研究所法律学部
招考研究生规则

（民国三十二年十月二十六日）

第一条，凡投考本学部者应具备左列两项资格：（一）国立、省立及已立案之私立大学法学院或独立法学院法律系毕业并有法学学士学位者；（二）对于基本之社会学科有充分之准备，且能以中文做明确畅达之文章，并能阅读所习学术之外国文书籍及有直接听外国语演讲之能力者；（三）于大学毕业时操行列在中等以上，学业成绩总平均分在□十分以上及体格健全者。

第二条，研究生入学考试每年举行一次，于本院举行之。

第三条，本所每年招考之研究生名额应于其上年度结束前公布之。

第四条，凡应研究生入学考试者，应于报名时呈缴左列各件：甲、大学或独立学院毕业证书（如系本年毕业尚未领到毕业证书者，以毕业证明书代之）；乙、证明文件：如原校历年成绩单及所属学院院长或学系主任之介绍书等；丙、报名费二元；丁、最近四寸半身照片六张。

第五条，应考者若有论文或其他著述得于报名时附缴。

第六条，应考生试验时需随带笔墨，其试卷由本所发给之。

第七条，研究生入学时应试科目如左：（一）普通科目：国文、英文、政治学、经济学、社会学、第二外国语（德法俄日任选择一种）；（二）专门科目：宪法、刑法、民法及其他有关系之重要科目，视其所选学门由本所所务会议议决之。

第八条，本规则未规定事项适用本大学法学院招考规则。

第九条，本规则经本大学校务会议议决施行。[①]

---

① 《私立东吴大学法科研究所法律学部招考研究生规则》，上海档案馆馆藏，档案号 Q245-1-154-37。

附录四

1943年、1944年东吴大学法学研究所概况表①

所名	部名	时间	所长及部主任姓名	教员数/名					研究生数/名								
				共计	专任		兼任	女	共计			第一学年			第二学年		
					一	二			共	男	女	共	男	女	共	男	女
法科研究所	法律专门部	1943年第一学期	盛振为	5		1	4		6	5	1	6	5	1			
		1943年第二学期	盛振为	9	2	2	5		7	6	1	4	3	1	3	3	
		1944年第一学期	吴经熊	5	1		4		15	14	1	7	7		8	7	1
		1944年第二学期	吴经熊	5	1		4		15	14	1	7	7		8	7	1

---

① 《私立东吴大学法学研究所调查表》，上海档案馆馆藏，档案号Q245-1-154-33。

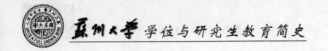

附录五

东吴大学法学院法科研究所历届毕业生一览表

毕业年份	姓名	籍贯	学习经历及社会职务
1928 年	金兰荪	浙江平湖	该校第八届法学士（1925 年春季），约翰大学文学硕士，曾任复旦大学教授兼执行律师。
1929 年	张天荫	浙江上虞	该校第八届法学士（1925 年春季），曾任上海公共租界工部局律师。
	徐国伟	江苏江宁	该校第八届法学士（1925 年春季），曾任上海执业律师。
1930 年	陈文藻	江苏武进	该校第十届法学士（1927 年春季），曾任文化学院教授，兼任上海执业律师。
	贺圣鼎	浙江镇海	该校第十届法学士（1927 年春季），曾在司法行政部法官训练所任事。
1931 年	艾国藩	江苏江都	该校第十一届法学士（1928 年春季），曾任瑞士驻沪总领事署法律顾问，兼执业律师。
	王亢侯	江苏常熟	该校第十二届法学士（1929 年春季），曾任上海执业律师。
1932 年	何秉伦	广东高要	该校第十二届法学士（1929 年春季），文学士，曾任上海执业律师。
1933 年	经长庚	浙江上虞	该校第十三届法学士（1930 年春季），文学士，曾任上海工部局华文公报编辑。
	郑保华	浙江慈溪	该校第十四届法学士（1931 年春季），商学士，曾任该校职员，兼任上海执业律师。
1934 年	王永钟	山东黄县	该校第十五届法学士（1931 年秋季），文学士，曾兼任上海执业律师。
1937 年	贝鸿昌		该校第十八届法学士（1935 年）。
	陈 晓	广东番禺	非该校毕业生，获美国爱荷华大学哲学博士后转入该所。
	杨葆澄	江苏吴江	该校第十七届法学士（1934 年），曾任俞承修律师帮办。
1944 年	刘家骥		该校第二十三届法学士（1940 年）。
1947 年	吴天荫		该校第二十四届法学士（1941 年）。
	林拯民		该校第二十七届法学士（1944 年）。
	徐传桐		该校第二十四届法学士（1941 年）。
	陶启朋		非该校毕业生，其他不详。

续表

毕业年份	姓名	籍贯	学习经历及社会职务
1948 年	朱耐齐		非该校毕业生,其他不详。
	沈景德		该校第二十七届法学士(1944 年)。
	周生乐		该校第二十四届法学士(1941 年)。
	郁去非		该校第二十九届法学士(1946 年)。
	俞伟奕		该校第二十七届法学士(1944 年)。
	傅季重		该校第二十六届法学士(1943 年)。
	潘汉典		该校第二十七届法学士(1944 年)。
1949 年	朱永璋		该校第二十届法学士(1937 年)。
	陈忠诚		非该校毕业生,其他不详。
	刘应吕		该校第二十六届法学士(1943 年)。
1951 年	吴大业		非该校毕业生,其他不详。
	聂昌颐		该校第三十二届法学士(1949 年)。

资料来源:《东吴大学法学院教职员、毕业生、研究生名单》,苏州大学档案馆馆藏,档案号 3 - 194(永);《东吴大学法律学院一览》(1935 年秋—1936 年夏),苏州大学档案馆馆藏,档案号 3 - 155(永)。

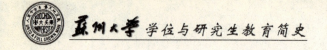

附录六

东吴大学法学院法科研究所部分教授一览表

姓名	别号	籍贯	履历
董 康	授 经	江苏武进	该校荣誉法学博士,曾任大理院院长、司法总长、财政总长、司法行政部法官训练所所长。
姚启胤		江苏上海	该校法学士,美国密歇根大学法学硕士、法学博士,英国皇家学院荣誉学员。
萨赉德		美国	密歇根大学文学士、法学博士,曾任美国驻华法院国家律师,兼上海执业律师。
高侯恩		德国	伦敦大学法学博士,柏林大学讲师。
纳尔生		美国	美国密歇根大学法学博士。
高乐满		波兰	法国法学博士。

资料来源:《私立东吴大学法学院一览》(1936 年秋—1937 年夏),苏州大学档案馆馆藏,档案号 3 - 155(永),第 10 页。

第二章
研究生教育的中断与恢复（1949—1980年）

第一节　中国研究生教育发展概况

从1949年10月中华人民共和国成立到1981年1月学位制度正式颁布，我国的研究生教育大致经历了四个时期。

一、初创新型研究生教育时期（1949—1956年）

这一时期，中国的研究生教育是在学习苏联教育经验、改革旧的教育制度中发展起来的。依靠苏联专家创办新式大学，加强高等学校内部研究部或研究所式的研究工作，参照苏联研究生教育的经验和方法，从培养师资研究生到拟正规培养"副博士"① 研究生，对研究生教育和培养模式进行了有益的探索。1951年开始招收研究生；1953年11月颁布了中华人民共和国成立之后的第一个研究生教育的专门法规《高等学校培养研究生暂行办法（草案）》；1955年8月，国务院通过了《中国科学院研究生暂行条例》，这是我国建立正规研究生教育制度的最初尝试。这段时间依靠苏联专家培养了近万名研究生，成为新中国教学和科研工作中的骨干力量。

表2-1　1949—1956年全国研究生招生、毕业、在校生人数②　　（单位：人）

类别	年份							
	1949年	1950年	1951年	1952年	1953年	1954年	1955年	1956年
招生人数	242	874	1 273	1 785	2 887	1 155	1 751	2 235
毕业人数	107	159	166	627	1 177	660	1 730	2 349
在校生人数	629	1 261	2 168	2 763	4 249	4 753	4 822	4 841

---

① 此为《高等学校培养研究生工作暂行条例（草案）》颁布前对研究生学位名称使用的暂用名。
② 吴镇柔，等. 中华人民共和国研究生教育和学位制度史［M］. 北京：北京理工大学出版社，2001：484.

二、研究生教育的曲折发展时期（1957—1965 年）

1957—1958 年，由于"反右"和"以钢为纲"，造成教学基本停顿，研究生招生人数骤减，两年分别只有 334 人和 275 人。1959—1960 年，又由于教育"大跃进"和"左"的错误思潮，高等学校和招生人数无限扩张，特别是过分强调政治条件而忽视业务基础造成生源和培养质量严重下降，走了一段弯路。1961—1965 年，研究生教育贯彻国家的"调整、巩固、充实、提高"的方针，这一时期，《高教六十条》将研究生教育列入了高等教育的范畴，召开了中华人民共和国成立以来第一次高等学校研究生工作会议，颁行了《高等学校培养研究生工作暂行条例（草案）》，初步建立起了中国的研究生教育制度和全国研究生教育体系（为国家培养了近 5 000 名研究生），研究生教育也进入了从招生、培养、管理有章可循的有序状态，保证了应有的质量。

表 2-2　1957—1965 年全国研究生毕业、招生、在校生人数①　　（单位：人）

类　别	年　份								
	1957 年	1958 年	1959 年	1960 年	1961 年	1962 年	1963 年	1964 年	1965 年
招生人数	334	275	1 345	2 275	2 198	1 287	781	1 240	1 456
毕业人数	1 723	1 113	727	589	179	1 019	1 512	895	1 665
在校生人数	3 178	1 635	2 171	3 635	6 009	6 130	4 938	4 881	4 516

三、研究生教育中断时期（1966—1976 年）

由于"四清"和"文革"，过分强调阶级斗争，研究生教育错误地被视为培养特权阶层的教育而被废止，研究生教育在中国的教育体系作为一个层次中断了十二年之久。

四、研究生教育的恢复时期（1977—1980 年）

"文革"之后，百废待兴，百业待举，现代化建设需要知识和人才，特别是高层次的人才，由于研究生教育中断了十二年，人才培养出现了断层，形势迫切要求迅速恢复招收和培养研究生，由于时间仓促，教育部决定将 1977 年和 1978 年的研究生招生工作合并进行，统称为 1978 届研究生，共招收研究生 10 708 人。由于恢复高考制度招收的本科生尚无应届毕业生，生源主要为在职人员，优秀生源严重不足，1979 年和 1980 年全国研究生的招生计划都没有完成，分别只录取了 8 110 人和 3 616 人。1981 年之后，由于有了首批应届本科毕业生，招生人数才大幅增加。

1978—1980 年，三年共计招收研究生 22 434 人，几乎与中华人民共和国成立后的 17

---

① 吴镇柔，等. 中华人民共和国研究生教育和学位制度史［M］. 北京：北京理工大学出版社，2001：484.

年（1949—1965）研究生的招生数持平（1949—1965，共计招生23 303人）。

表2-3　1977—1980年全国研究生毕业、招生、在校生人数① （单位：人）

类　别	年　份			
	1977年	1978年	1979年	1980年
招生人数	0	10 708	8 110	3 616
毕业人数	0	9	140	476
在校生人数	226	10 934	18 830	21 604

第二节　新中国学位制度诞生

学位制度是国家根据受教育者的不同程度授予相应学术头衔的一种法规。1980年2月12日，《中华人民共和国学位条例（草案）》由全国人大审议通过并经叶剑英委员长签署公布，这标志着我国从此建立起了学位制度。

在1980年建立学位制度之前，中华人民共和国曾经有两次拟订学位条例的尝试。

一、1954—1957年第一次尝试

由于中华人民共和国社会改革和社会主义建设的突飞猛进，国家在科学技术、教育、文化领域取得长足的发展，知识分子在思想上、业务上有了显著的进步，而建立和实行学位制度，是国家鼓励知识分子的创造性劳动，提高科学研究水平的一项重要举措，对社会主义建设具有重大的现实意义。1954年3月，中央在给中科院工作报告的批示中指出，"在我国建立学位制度是必要的"，并"责成科学院和高等教育部提出逐步建立这种制度的办法"。1955年4月，国务院指示由林枫等13人组成一个委员会，负责进行我国学位制度的拟订工作。

1956年6月，委员会拟订《中华人民共和国学位条例（草案）》和《中华人民共和国国务院学位和学衔委员会组织条例（草案）》上报中央审批。这两个条例规定：我国学位分为硕士、博士两级。硕士、博士学位按哲学、数学、物理学、化学等22个学科门类授予。学位的管理和授予由国务院学位和学衔委员会负责。

后因"整风反右"运动的开展，这两个条例（草案）未能出台。

---

① 吴镇柔，等. 中华人民共和国研究生教育和学位制度史[M]. 北京：北京理工大学出版社，2001：484.

二、1961—1964 年第二次尝试

1961 年 7 月,中央发出《关于自然科学工作中若干政策问题的批示》,同意试行《关于自然科学研究机构当前工作的十四条意见(草案)》,此后,科学技术人员的积极性有了很大提高,科学研究氛围和钻研业务的风气日益浓厚。在该意见试行过程中,干部和科研技术人员提出了要求实行学位、学衔制度。为此,中央同意聂荣臻同志于 1961 年 11 月提出的"关于建立学位、学衔、工程技术称号等制度的建议"。1962 年 3 月,国家科委组成了由周培源等 11 人参加的起草小组,于 1963 年 10 月拿出了初稿,经过讨论、修改,定名为《中华人民共和国学位条例(草案)》和《国务院学位委员会组织条例(草案)》,规定:学位称号定为博士、副博士两级。受理学位的高等学校和科学研究机构,由国务院学位委员会提名,报国务院批准。1964 年 4 月,对这两个条例进行修改,并定名为《中华人民共和国学位授予条例(草案)》。

但由于当时"左"的指导思想的影响,认为学位属于资产阶级法权范畴的看法占了上风,因此,该学位授予条例未能完成法律程序而被搁置。

另外,1966 年教育部根据周总理的指示曾经拟订了《关于授予外国留学生学位试行办法》,办法规定:学位名称定为学士、硕士、博士三级。按不同学科门类分别授予哲学、经济学、法学、文学、历史学、教育学、理学、工学、农学、医学等学科的学位。由于"文革"的迅猛发展,此试行办法也未能执行。

三、《中华人民共和国学位条例》的诞生

"文化大革命"的结束,为建立我国自己的学位制度创造了良好的环境和前提。邓小平同志在题为"高级干部要带头发扬党的优良传统"的报告中说,"关于学校和科学研究单位培养选拔人才的问题,要建立学位制度,也要搞学术和技术职称"。1979 年 3 月,以蒋南翔为首的"学位小组"再次开始研究在我国建立学位制度的问题。"学位小组"在吸取了过去两次拟订学位条例的历史经验,调查了当时高等教育的现状,研究了 20 世纪 70 年代以来国外学位制度的发展趋势的基础上,1979 年 12 月,拟订了《中华人民共和国学位条例(草案)》。之后该条例经过多次修改,1980 年 2 月 12 日,第五届全国人大常委会第十三次会议审议通过该条例,由叶剑英委员长签署发布,自 1981 年 1 月 1 日起施行。

《中华人民共和国学位条例(草案)》在学位分级、学术标准、学位授予等方面做了规定,这是我国改革开放后的第一部教育立法,它的出台标志着我国学位制度的建立。这一制度的建立,对我国独立培养、选拔、使用专门人才,特别是高层次专门人才起了重要作用,是促进国家经济、科技、教育和文化发展的一个重大步骤,是新中国教育史上的一个里程碑,标志着我国教育的独立和教育制度的进一步完善。

此后,1980 年 12 月,国务院学位委员会经国务院批准成立;1981 年 5 月,《中华人

民共和国学位条例暂行实施办法》经国务院批准发布；国务院学位委员会又成立了由数百名专家、学者组成的国务院学位委员会学科评议组，有步骤地开展审查批准全国学位授予单位及其学科、专业。从此，我国学位工作有法可依、有章可循，有序展开。

总之，《中华人民共和国学位条例（草案）》的实施，开创了新中国自力更生培养硕士、博士的历史，从根本上改变了我国高等教育的层次结构，促进了我国教育和科学研究事业的发展。

第三节 东吴大学研究生教育的调整（1949—1952年）

一、中华人民共和国成立后研究生教育政策的调整

1949年10月1日，中华人民共和国宣告成立，国家教育制度也随之发生了天翻地覆的变化。12月，教育部主持召开了第一次全国教育工作会议，议决教育改革的方针为："以老解放区新教育经验为基础，吸收旧教育有用经验，借助苏联经验，建设新民主主义教育。"① 今后的各项教育改革包括研究生教育体制的改革也围绕这个方针逐步展开。1950年8月，教育部颁布《高等学校暂行规程》，规定大学及专门学院"得设研究部和研究所"。这是中华人民共和国成立之后有关研究生教育的最早规定。在此后的社会主义改造中，研究生教育逐步恢复并有所发展，学位制度也开始孕育。1951年6月11日，中国科学院和中央教育部联合发出的《1951年暑期招收研究实习员、研究生办法》，标志着我国研究生招生工作开始向统一计划招生制度转轨。

1951年10月1日，国务院颁行《关于改革学制的决定》，用以取代原有学制系统。该文件规定"大学和专门学院设立研究部，修业年限为3年以上，招收大学和专门学院毕业生和同等学力者，与中国科学院及其他研究机构配合，培养高等学校的师资和科学研究人才"。它明确规定了我国当时研究生教育的培养目标、管理机构、招生条件和修业年限。在其公布的"中华人民共和国学校系统图"中，把研究部列为整个学校系统的最高层次，从而确立了研究生教育在整个学校教育的重要地位。与此同时，东吴大学的研究生教育也同样面临着改造的新形势。

二、东吴大学研究生教育的调整

1949年6月，苏州解放之后，东吴大学作为教会大学面临着全新的形势，党和人民

---

① 中国教育年鉴（1949—1981）[M]. 北京：中国大百科全书出版社，1984：684.

政府对于私立学校的方针是"积极维持、逐步改造、重点帮助"①，允许教会学校在行政上维持，同时在维持中改造。东吴大学的研究生教育也反映出此种特点。

根据东吴大学法学研究所最后两名毕业生的成绩证明书存根②，我们可以了解到中华人民共和国成立后东吴大学法学研究所开设的课程情况，其中1949年第一学期开设的课程有：比较法制研究、法律思想史、刑事政策研究、刑事专题研究、法律哲学研究；第二学期开设的课程有：比较法制研究、刑事专题研究、中国革命问题、立法原理与司法政策。1950年第一学期开设的课程有：国际私法例案研究、诉讼法专题研究、比较民法专题研究、马列主义法律理论专题研究；第二学期开设的课程有：国际私法例案研究、新诉讼法原理专题研究、社会发展史、政治讲座、马列主义法律理论专题研究、论文。开课教授分别为盛振为、向哲濬、张毓泉、孙璐、孟云桥等人。在已出版著作栏吴大业列有《苏联刑事政策纲要》《苏联劳动政策纲要》《苏联亲属法要义》《苏联亲属法要义与英美亲属法要则之比较》《英美亲属法要则》，聂昌颐列有《苏联现行司法制度纲要》《苏联刑法与美英刑法本质之比较》《英美刑法要则》。由此观之，中华人民共和国成立后东吴法学院的研究生教育清楚地表现出中华人民共和国成立后教育改造的特征，课程设置上明显增加了中国革命命题、马列主义法律理论专题研究社会发展史等思想改造型课程。同时，研究生的研究方向也逐步向苏联方面转化，苏联的法律成为比较研究的重要对象。

1951年4月18日，华东军政委员会教育部发布通知，要求上海交通大学、同济大学、复旦大学、山东大学、东吴大学、南京大学、浙江大学、厦门大学、金陵大学、东吴大学法学院、金陵女子文理学院立即上报当年研究生招生计划，并要求按照以下原则编制计划，即"招考研究生名额，应密切配合当前国家建设需要，并充分考虑所属研究所现有师资设备的具体条件，非为国家建设急需或师资设备条件不充足的研究所应暂缓招生。（文法方面暂不招）"③。其后，华东军政委员会教育部奉中央教育部指示，以东吴大学"法律学研究所无专任教授，且课程与大学本科无异，条件不够很难办理完善"为由，决定东吴大学法律学研究所"暂停招考新生"④。自此，东吴大学的法学研究生教育工作暂告停顿。

1952年8月，在华东军政委员会教育部和苏南行署教育处的领导下，涉及东吴大学的院系调整正式拉开了帷幕。按照调整方案，东吴大学法学院大部并入华东政法学院，法学院的会计系并入上海财经学院，东吴大学文理学院的三个系科调出：化工系调往华东化工学院，经济系调往上海财经学院，药学专修科调往华东药学院。东吴大学文理学

---

① 王国平. 东吴大学简史 [M]. 苏州：苏州大学出版社，2009：177.

② 《东吴大学法律学研究所正式研究生研究成绩证明书存根》，上海档案馆馆藏，档案号Q245-1-391。

③ 《华东教育部通知东吴大学法学院法律学研究所停招新生及为研究生毕业分配之来往文书》，上海档案馆馆藏，档案号Q245-1-154-37。

④ 《华东教育部通知东吴大学法学院法律学研究所停招新生及为研究生毕业分配之来往文书》，上海档案馆馆藏，档案号Q245-1-154-37。

第二章 研究生教育的中断与恢复（1949—1980年）

院的其他四个系科包括语文系、化学系、生物系和物理系就地移交苏南师范学院。上海方面的东吴法学院停办。10月14日，东吴大学宣告正式结束，东吴大学的研究生教育发展也以一个新的面貌迈进了新时代。

第四节 江苏师范学院时期研究生教育的中断与恢复

一、江苏师范学院的诞生

由于国家建设的需要，全国高等学校进行了有计划、有步骤的院系调整。从1952年到1957年，历时六年基本结束。1952年10月22日，遵循"以培养工业建设人才和师资为重点，发展专门学院，整顿和加强综合性大学"的方针和"以大学文理学院为基础，改组成独立的师范学院"的原则，东吴大学的中国语文系、物理系、化学系、生物系和苏南文化教育学院的语文教育系、工农教育系、艺术教育系、俄文专修科、数理化专修科及江南大学的数理系调整合并建立了苏南师范学院。由于苏南、苏北行政区与南京市合并建立江苏省，12月1日，教育部批准，苏南师范学院改名为江苏师范学院，简称江苏师院。江苏师院诞生时，共设7个系，10个专修科，全校专任教师115人，其中教授34人，副教授21人，讲师21人，助教39人。其后历经三十年的发展，直到1982年6月25日，国务院批准将江苏师范学院改办为综合性大学——苏州大学。

二、江苏师范学院首次招收研究生

从1952年建院到1964年，经过12年的发展，江苏师院的办学力量得到了稳步发展，特别是1961年贯彻《高校六十条》之后，江苏师院的教育和科研工作走上了正轨。至1964年，江苏师院拥有教授19名，副教授18名，讲师97名，专任教师达到了405人，师资和办学力量明显增强，办学质量也有了明显的提高。特别是教学科研方面，建院之初只能做一些教材建设工作，而这一时期（1961—1963年）全院教师发表论文151篇，27篇在省级或全国性杂志上发表。仅1963年，全院共完成科学研究项目91项，这反映了当时江苏师院的科学研究氛围比较浓厚。据物理系周孝谦教授（二级教授）回忆，"（师院的科研）走在了省属高校的前列，在全国也是一个了不起的成就"[①]。当时仅物理系就发表了论文五篇，而周教授就发表了两篇，因而，在此背景之下，物理系及周孝谦教授本人首次招收研究生也就水到渠成。

---

① 2009年12月周孝谦教授接受采访时语。

※ 附：周孝谦教授简介

周孝谦（1916—2016），男，汉族，安徽歙县人。1939年毕业于清华大学物理系。1945年赴美国约翰斯·霍普金斯大学攻读原子核理论。回国后，曾任湖南大学、东吴大学教授。中华人民共和国成立后，历任江苏师范学院教授，苏州大学教授、副校长，中国核物理学会第一、第二届理事。中国民主同盟盟员。1957年加入中国共产党。长期从事原子核物理的教学和研究。撰有论文《$Mg24$ 的转动能级的初步研究》《群表示理论及其在核结构中的应用》，编著《量子力学》。

1964年，经教育部批准，物理系周孝谦教授招收原子核物理专业研究生，这是江苏师院第一次招收研究生，在教师中引起了很大反响，对教师努力攀登科学高峰是一种鼓舞，同时也是对江苏师院建院以来教学科研工作稳步增强的一种肯定。江苏师院也成为当年招收研究生的全国118所高校之一。[①]

1. 1964年招考研究生基本情况

1964年度教育部同意江苏师院物理系周孝谦教授招收原子核物理专业研究生两名。当时共有43所院校的107名考生报名，其中综合性大学14所，师范院校27所，医学院1所，技工学校1所。经审核，有一名报考人员单位不同意其报考，符合条件的106名报考人员中，从成绩表和报考单位的评语中看出，学业成绩优秀的有9人，中上水平的有75人，一般的有20人，较差的有2人。外语考试科目，报考英语的有24人，报考俄语的有82人。综合各方面的材料，出身（成分）好，思想好，学习好，身体好的，符合全面发展的报考学员有21人。[②] 用今天的眼光看，当年的生源质量还是比较好的。这106名报考人员的考试工作委托给了全国30所院校代为办理。从考试结果来看，106名考生的考试成绩不是很理想，应该都在当年最低录取分数标准以下，因为当年教育部有一份文件回复江苏师院同意其"在统一规定的入学考试成绩最低录取分数标准以下"[③] 录取研究生。根据教育部的回复，1964年7月9日江苏师院正式录取了杜亚彬同学，1964年8月8日正式录取了李光仪同学[④]。至此，江苏师院完成了1964年的研究生招生工作。

[①] 1964年全国招生单位有193个，其中高等学校118所，中科院研究所66个，中央业务部内的研究机构9个，各自的招生人数分别占当年招生计划的81%、16.5%、2.5%，合计计划招生1 200名，内部按2 000名安排，仅限于学术水平较高和科学研究工作经验较多的教授、副教授、研究员、副研究员任导师。

[②] 《上报我院招考1964年原子核物理专业研究的考生基本情况》，江教字〔1963〕第235号，1963年12月14日，苏州大学档案馆馆藏，档案号：1963-JX16-6，第26页。

[③] 《批复1964年研究生初步录取名单》，高一辛究字〔1964〕第2576号，1964年7月9日，苏州大学档案馆馆藏，档案号：1964-JX16-10，第12页。

[④] 教育部办公厅以急件方式批转苏州大学，究便字〔1964〕第954号，1964年8月8日，苏州大学档案馆馆藏，档案号：1964-JX16-16，第2页。

第二章 研究生教育的中断与恢复（1949—1980年）

表 2-4　1964 年江苏师范学院研究生录取名单

专业	姓名	性别	年龄	党派	毕业学校	导师	考试科目、成绩/分				
							政治	外语	数学物理方法	原子物理	量子力学
核理论	李光仪①	男	23岁	团员	江苏师院	周孝谦教授	86	47.5（英语）	82	92	53
核理论	杜亚彬②	男	23岁	团员	福建师院	周孝谦教授	87	87（俄语）	70	76	35

2. 江苏师范学院第一份研究生培养方案的制订

1964 年 6 月 3 日，江苏省教育厅签发江教字〔1964〕第 120 号文件，公布了江苏师院历史上第一份研究生培养方案——《江苏师范学院理论物理（原子核理论）专业研究生培养方案》。该方案是根据教育部《高等学校培养研究生工作暂行条例（草案）》和《理论物理专业研究生培养方案（参考方案）》而制订。该培养方案共分八个部分，主要内容为：

第一，培养目标：培养原子核理论方面的科学研究人员和高等学校的师资。

第二，研究方向：原子核理论。

第三，学习年限和时间分配：学习年限规定为三年；课程设置为：政治理论课，学习时限为 160~200 小时；外国语，包括俄语和英语，分别为第一、第二外语，学习时限为 500 小时；专业基础课为"量子力学"，学习时限为 500 小时；专门课程为"原子核理论"，学习时限为 300 小时；选修课程为"数学物理方法"和"高能核物理"，学习时限各为 250 小时。

第四，学年论文，学习时限为 500 小时。

第五，毕业论文，约为 2 900 小时，毕业论文应该进行答辩。

第六，科学报告及讨论，每学期不少于一次。

第七，实习性教学工作，时限为 200 小时，安排在第五、第六学期中进行。

第八，生产劳动，时间为平均每年一个月。

以今天的眼光来看，该方案仍不失为一份内容翔实，主次分明，简洁明了，可操作性强的研究生培养方案，涵盖了研究生培养的各个环节，具有鲜明的时代特点，对研究生培养和保证研究生培养质量具有可靠的指导作用。

---

① 李光仪，男，1941 年生，当年 23 岁，共青团员，江苏师院物理系本科生，在校学习一年半，"文革"前分配至南通无线电器厂工作，1978 年重新考试入校。后回原厂工作，成为总工程师。

② 杜亚彬，男，1941 年生，当年 23 岁，共青团员，福建师范学院物理系本科生，在校学习一年半，"文革"前分配至常州市第二电子仪器厂工作，1978 年重新考试入校。后留校任教。

三、江苏师院研究生教育的中断

从现有资料来看,江苏师院曾经上报教育部"1963—1967年招收研究生的计划"①,在此计划中详细安排了1963—1967年的招生计划、招生专业和招生导师。此计划原定于1965年招收研究生的导师有7人,但是由于情况的改变,在报江苏省教育厅的"1965年招收研究生计划"中做了调整,周孝谦、柴德庚两同志推迟至1966年招收研究生;丁厚昌、凌德洪两同志仍按原计划于1965年招收研究生,他俩分别在理论物理的统计物理和原子光谱方向各招收研究生两名。②

表 2-5 1965 年江苏师院研究生招生计划表

招生专业	研究方向	招生人数	导师	考试科目
理论物理	统计物理	2 人	丁厚昌副教授	① 统计物理;② 量子力学。
理论物理	原子光谱	2 人	凌德洪教员	① 光学;② 量子力学;③ 原子光谱。

但是,由于"四清"运动的发展和"文革"的影响,1965年的招生计划并未执行,而且,和全国大环境一样,研究生工作从此在江苏师院也被迫中断了12年之久。

非但如此,于1964年开始的研究生教学工作也被迫半途中止。据周孝谦教授回忆,由于受国内政治气候的影响,加上他本人受到政治上的冲击,1964年招收的两位研究生李光仪和杜亚彬的教学工作被迫于一年半之后中止,他俩由学校分配了工作。直到"文革"结束之后,1978年恢复招生,两人重新参加考试被录取重回母校学习。那年两人均已经37岁,两年半后毕业,

图 2-1 周孝谦教授(左二)与研究生合影

杜亚彬留校任教,李光仪重回南通无线电厂工作。"文革"对研究生教育在理论上进行否定,在物质条件上进行破坏,对指导教师进行摧残,这于国家、于个人都是莫大的损失。

四、江苏师院研究生教育的全面恢复

"文革"结束后,江苏师院也结束了混乱局面,进入拨乱反正、恢复整顿、逐步发展的历史阶段。经过整顿教学秩序,落实知识分子政策,加强师资队伍建设,逐步恢复

---

① 原件已散失,无从查考,在学校报江苏省教育厅的"1965年招收研究生计划"中有所提及。
② 江苏师院报江苏省教育厅"1965年招收研究生计划"及附件招生计划表,江教字〔1964〕第117号,1964年6月3日,苏州大学档案馆馆藏,档案号:1964-JX12-2,第2页。

和开展科学研究等一系列的艰苦努力,学校各项工作步入了正轨。1978年,江苏师院有专任教师495人,其中,教授13名,副教授24名,讲师81名,为研究生的招生和培养准备了条件。①

1978年江苏师院恢复招收研究生。

1978年江苏师院研究生入学考试由江苏省招办统一组织,学校具体办理。政治、外语公共课由全国统一命题,基础课和专业课由学校组织单独命题。经过选拔考试,物理系核物理专业和激光专业共招收10名硕士研究生,这是江苏师院在"文革"后招收的第一批研究生。从当年的招生总结来看②,在试题比较难的情况下,五门课总得分400分以上的考生有4名,300分以上的考生有16名,最高分为434.5分,有些考生在入学前就已经是单位的科研骨干,由于选拔余地较大,学校将原招生计划6名增加到10名。总体来说,这届研究生大多是经过实践锻炼的本科毕业生,其中有2人(李光仪、杜亚彬)在"文革"前已读过一段时间的硕士课程,这10名研究生基础知识扎实,进步很快,成为学院培养的首批高层次的专业人才。

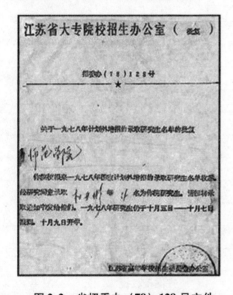

图2-2 省招委办(78)128号文件

图2-3 省招委办(78)125号文件

1979年江苏师院继续招收研究生,但招生专业和招生规模均大为增加,在古代文论、哲学原理、英美文学、现代英语语法、一般拓扑学、核物理、红外物理与技术、物理化学、有机合成、萃取色层10个专业共招收研究生17名。

1981年江苏师院在6个专业招收研究生11名。从招生专业和方向来看,范围较以往又有所扩充,新增了现代英语、有机化学、明清诗文3个专业。

---

① 张圻福. 苏州大学校史[M]. 南京:江苏人民出版社,1992:211.
② 《我院研究生招生工作小结》,江师革〔1978〕第36号,1978年10月19日,苏州大学档案馆馆藏,档案号:院〔1978〕,长35,第36-40页.

表 2-6　1978 年江苏师院研究生录取情况表

招生专业	姓名	性别	指导教师
核物理及核技术	吴华川	男	周孝谦教授
	李光仪	男	
	狄尧民	男	
	杜亚彬	男	
	钱诚德	男	
激光	张橙华	男	凌德洪教授
	王策	男	
	陶世荃	女	
	朱伟利	女	
	朱亚一	男	

表 2-7　1979 年江苏师院研究生录取情况表①

招生专业	姓名	性别	指导老师	学制
古代文论	王英志	男	钱仲联教授	三年
	陈少松	男	钱仲联教授	三年
哲学原理	王金福	男	吴建国副教授	三年
	王朝增	男	吴建国副教授	三年
	惠海鸣	男	吴建国副教授	三年
英美文学	徐贲	男	张劲松教授	三年
现代英语语法	倪钧为	男	沈制平教授	二年
一般拓扑学	张建平	男	高国士教授	三年
	恽自求	男	高国士教授	三年
核物理	荣钟麟	男	周孝谦教授	三年
红外物理与技术	钱霖	女	许国樑教授	三年
	董师润	男	许国樑教授	三年
物理化学	陈恕华	男	许海涵副教授	二年
	陆振荣	男	许海涵副教授	二年
有机合成	胡瑞芳	女	陈克潜副教授	二年
	杨海康	男	陈克潜副教授	二年
萃取色层	曹正白	男	陈克潜副教授	三年

---

① 1979 年共招生 17 人，其中 5 人为二年制研究生，12 人为三年制研究生。苏州大学档案馆馆藏，档案号：院〔1997〕，长 7，第 94 页。

第二章 研究生教育的中断与恢复（1949—1980年）

表 2-8 1981 年江苏师院研究生录取情况表

招生专业	姓名	性别	指导教师
核物理	吴 华	男	周孝谦教授
	董慎行	男	周孝谦教授
激光	郑月明	女	凌德洪教授
现代英语	秦建栋	男	沈制平教授
	丁尔苏	男	沈制平教授
英国文学	马 崱	男	张劲松教授
有机化学	王郁舟	男	陈克潜教授
明清诗文	朱则杰	男	钱仲联教授
	赵杏根	男	钱仲联教授
	刘 诚	男	钱仲联教授
	马亚中	男	钱仲联教授

表 2-9 1978—1981 年江苏师院研究生录取情况汇总表①　　　　（单位：人）

招生专业	1978 年	1979 年	1981 年
核物理	5	1	2
激光	5		1
红外物理与技术		2	
英美文学		1	1
现代英语			2
古代文论		2	
明清诗文			4
有机化学			1
有机合成		2	
萃取色层		1	
一般拓扑学		2	
哲学原理		3	
物理化学		2	
现代英语语法		1	
合计	10	17	11

资料来源：以上四个表格统计资料根据 1978—1981 年江苏师院研究生招生情况统计表整理。

---

① 1980 年江苏师院未招收研究生。

第三章
研究生教育的稳步提升与积极发展时期(1981—1998年)

第一节 研究生教育的稳步发展时期 (1981—1985年)

一、概述

1981—1985年,经过几年的努力,我国高等教育有了较快的发展,研究生教育也随之加快步伐。1981年我国实施学位制度以后,各高等学校努力贯彻"积极发展,保证质量"的方针,加快和加强了硬件与软件建设,积极创造条件,招收和培养研究生。1983年以后,研究生教育发展明显加快,这与我国改革开放后经济和社会发展对人才需求,特别是高层次人才的需求趋势是相适应的。1981—1985年("六五"期间),我国共招收各类硕士研究生102 840人、博士研究生3 599人;毕业授予硕士学位38 393人、博士学位357人。

表3-1 1981—1985年全国研究生招生授予学位情况表① (单位:人)

类 别	年 份				
	1981年	1982年	1983年	1984年	1985年
硕士	9 363	11 080	15 470	222 689	44 238
博士	0	302	172	492	2 633
出国预备研究生	1 100	1 300	1 000	850	750
授学位情况	共授硕士学位38 393人、博士学位357人				

注:1984—1985年硕士招生含研究生班学员6 528人。

---

① 吴镇柔,等. 中华人民共和国研究生教育和学位制度史[M]. 北京:北京理工大学出版社,2001:484,486.

第三章 研究生教育的稳步提升与积极发展时期（1981—1998年）

在此背景下之，江苏师院（1982年始称苏州大学）研究生教育也渐渐走上了正轨，步入了稳步发展时期，研究生招生、培养规模逐渐扩大，教学、管理的各项规章制度日益完善，培养质量明显提高。1981—1985年，学校共招收各类硕士研究生115人，博士生4人；毕业授予硕士学位53人；博士学位授权点1个，硕士学位授权点8个。

二、第一、第二次学位授权点申报

第一批学位点申报。1981年3月，江苏师院共申报博士学位授权点1个，硕士学位授权点10个，11个方向。11月3日，国务院学位委员会正式批准江苏师院为江苏省首批博士学位授予单位，专业为中国古代文学，指导教师为钱仲联教授。同时获批硕士学位授权点7个，分别为：辩证唯物主义与历史唯物主义、中国古代文学、中国文学批评史、光学、原子核物理及核技术、物理化学、有机化学。①

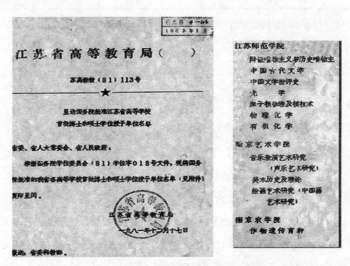

图3-1 江苏省高教局转发国务院批准江苏师院博士和硕士学位授予点的文件及附件

第二批学位点申报。1983年5月，苏州大学共申报博士学位授权点1个，为理学的原子核物理及核技术，指导教师为周孝谦教授。硕士学位授权点2个，6个方向，分别为：基础数学，指导教师为吴国生、沈树根、吴利生三位副教授；英语语言文学，指导教师为张劲松教授、宋文林副教授、沈制平副教授。② 经过评审，1983年12月，基础数学被批准为第二批硕士学位授权点（见表3-2）。

---

① 《呈送国务院批准江苏省高等学校首批博士和硕士学位授予单位名单》，苏高教教〔1981〕第113号，1981年12月17日，苏州大学档案馆馆藏，档案号：院〔1981〕，长21，第1—90页。
② 《申请我校第二批专业学位授予权》，苏大科〔1983〕第8号，1983年5月24日，苏州大学档案馆馆藏，档案号：政〔1983〕，长59，第54—118页。

表 3-2 1981 年、1983 年江苏师院（苏州大学）申请研究生学位授予点及获批专业

学位点申报及获批	1981 年（第一批）		1983 年（第二批）	
	申报数	获批数	申报数	获批数
博士学位授予点	1 个	1 个	1 个	0
硕士学位授予点	10 个（11 个方向）	7 个	2 个（6 个方向）	1 个
申报学位授予点	一般拓扑学、原子核物理与技术、激光、红外物理与技术、有机化学、物理化学、中国古代文学、英国文学、现代英语、马克思主义哲学基本原理		（博士点）原子核物理及核技术 （硕士点）英语语言文学、基础数学	
获批学位授予点	原子核物理及核技术、中国古代文学、辩证唯物主义与历史唯物主义、中国文学批评史、光学、物理化学、有机化学		基础数学（硕士点）	

资料来源：根据"江苏师范学院申请博士、硕士学位授予权的学科、专业汇总表"整理。

三、制度的完善

1981—1985 年，学校在研究生招生、培养、论文答辩等方面制定了多项规章制度以保证研究生教育工作的良好运行。主要有：招生方面，1981 年制定的《江苏师范学院关于做好研究生入学考试命题和保密工作的若干规定》以及每一年度的关于研究生招生考试和复试录取工作的规定。1985 年还制定了《关于免试推荐优秀本科毕业生攻读硕士学位研究生的规定》。培养方面，学位条例颁布以来，为做好培养工作，各招生系科认真制订了"各专业研究生培养方案"；1985 年 4 月，学校在科研处拟定的"关于修订各专业硕士研究生培养方案的几点意见"基础上，将 1978 年以来各专业硕士研究生的培养方案（计划）做了一次全面的修订，新方案从 1985 级学生正式施行，1983、1984 级硕士生培养计划也应该根据新方案做出调整，力求达到新方案的要求。[①] 学位论文方面，1981 年 10 月制定了《江苏师院关于研究生毕业论文评阅、答辩工作的实施办法》及《江苏师院关于研究生毕业论文评阅、答辩工作的补充实施办法》，经 1981、1982 届学生实践后，在修改和补充的基础上，1984 年 11 月正式制定并试行《苏州大学攻读硕士学位研究生毕业论文答辩工作的试行办法》。[②] 另外，还制定了《关于研究生工作有关酬金的几项试行规定》。以上所有这些规章制度的建立，使学校研究生的招生、培养、毕业、论文答辩等工作皆有章可循。

---

① 《关于修订各专业硕士研究生培养方案的通知》及附件，苏大科字〔1985〕第 12 号，1985 年 4 月 20 日，苏州大学档案馆馆藏，档案号：政〔1985〕，长 55，第 14—26 页。

② 《关于试行"苏州大学攻读硕士学位研究生毕业论文答辩工作的试行办法"的通知》及附件，苏大科字〔1984〕第 44 号，1984 年 11 月 10 日，苏州大学档案馆馆藏，档案号：政〔1984〕，长 59，第 82—95 页。

四、招生与培养规模稳步发展

1. 首次招收博士生

1982年,苏州大学中国古代文学专业"清代诗学"方向正式招收博士研究生2人,为赵永纪①和裴世俊②,指导教师为钱仲联教授。1984年,钱仲联教授又在"明清诗文"方向招收了2名博士研究生,为朱则杰和马亚中,二人均为苏州大学应届毕业的硕士生。1981—1985年,学校共招收博士生4人。1983年、1985年均未招生。

※ 附:钱仲联教授简介

钱仲联（1908—2003）,原名萼孙,号梦苕,浙江湖州人,1908年9月生于江苏常熟。著名诗人、词人、古典文学研究专家,国学大师。苏州大学终身教授。钱仲联1926年毕业于无锡国学专修馆,先后任教于大夏大学、无锡国学专修馆、南京中央大学、南京师范学院、江苏师范学院（苏州大学前身）、苏州大学。1981年经国务院学位委员会审批,钱仲联被评聘为全国首批博士生导师。1983年加入中国作家协会。1984年获江苏省政协"祖国统一、撰写文史资料工作成绩显著奖";1993年获曾宪梓教育基金会二等奖,同年被江苏省教委定为普通高校优秀学术带头人;1995年被国家教委评为全国高等学校人文社会科学研究成果奖;1996年被江苏省教委评为江苏省优秀研究生导师。钱仲联长期致力于中国古典文学的教学与研究,长于诗文辞赋创作,对明清诗文尤有精深的研究,著述等身。主要著作有《鲍参军集注》《韩昌黎诗系年集释》《剑南诗稿校注》《后村词笺注》《吴梅村诗补笺》《人境庐诗草笺注》《沈曾植集校注》等。主编有《清诗纪事》《中国文学家大辞典·清代卷》《中国文学大辞典》《中国文学家大辞典》《近代诗钞》《广清碑传集》《历代别集序跋综录》等。其中在他主持下集苏州大学明清诗文研究室诸学者之力的《清诗纪事》堪称巨著,获国家古籍整理评比和全国图书学会评比一等奖。

---

① 赵永纪,男,1951年出生,中共党员,1982年9月硕士毕业于复旦大学中国文学批评史专业,当年为安徽煤炭师范学院中文系教师。苏州大学档案馆馆藏,档案号:政〔1982〕,长24,第7-8页。

② 裴世俊,男,1942年出生,中共党员,1981年3月硕士毕业于宁夏大学宋元明清专业,当年为宁夏大学中文系教师。专修清代诗学,1986年获得博士学位,是苏州大学培养的第一个博士生。现为山东师范大学博士生导师。主要研究方向:明清诗文,尤其是清代诗学。出版了《钱谦益诗歌研究》《钱谦益古文首探》《钱谦益传》《吴梅村诗歌创作探析》《王士禛传论》《刘基文选》等专著。

2. 首次尝试招收研究生班①学员

为适应经济社会迅猛发展的需要以及高校急需大量师资的现状，我国于1984年开始培养研究生班学员，学制2年，主要学习硕士生课程，毕业后完成论文者可授予学位。苏州大学于1984年8月和9月，向江苏省高教局提出申请，以加强师资力量培养的名义，计划于1985年招收五个研究生班②，63名学员，分别为：辩证唯物主义与历史唯物主义班15人，英语语言文学班15人，中国近现代史班8人，基础数学班10人，量子化学与结构化学班15人。但未获批准。

硕士生的招生与培养。1981年学校招收硕士研究生11人，1982年招收15人，1983年招收16人，1984年招收21人，1985年招收52人。1981—1985年，学校共招收硕士研究生142人，加上博士生，共计招收各类研究生146人，毕业授予学位53人。1978年，学校制定《1978—1985年发展规划》③，规划提出：从1979年起，要扩大研究生招生规模，有条件的系可成立研究生班，8年内，要求培养研究生共计150~200名。到1985年年底，苏州大学共招收研究生173人，在校研究生规模为93人，基本完成了《1978—1985年发展规划》中所确定的研究生培养目标和任务。

图3-2 苏州大学1982届研究生毕业典礼　　图3-3 苏州大学1983级研究生开学典礼

---

① 研究生班：主要是学习硕士生课程，学制二年，结业后一般即分配工作，在工作中结合实际完成学位论文者可申请硕士学位；少数成绩优秀，尤其是具有一定实践经验者，如果办班学校具备指导力量，也可直接进入论文阶段，通过论文答辩者，可申请硕士学位。

② 《报送1985年硕士研究生及研究生班的招生计划》及《报送1985年硕士研究生及研究生班的招生增补计划》，苏大科字〔1984〕第32号、33号，苏州大学档案馆馆藏，档案号：政〔1984〕，长59，第96页。

③ 张圻福. 苏州大学校史 [M]. 南京：江苏人民出版社，1992：116.

第三章　研究生教育的稳步提升与积极发展时期（1981—1998年）

表 3-3　1981—1985 年江苏师院（苏州大学）研究生招生、毕业情况表　　（单位：人）

类　别	年　份									
	1981 年		1982 年		1983 年		1984 年		1985 年	
	招生	毕业	招生	毕业	招生	毕业	招生	毕业	招生	毕业
硕士	11	15	15	12	16	0	20+1①	11	48+4	15
博士	0	0	2	0	0	0	2	0	0	0
研究生班	计划于 1985 年招收辩证唯物主义与历史唯物主义班、英语语言文学班、中国近现代史班、基础数学班、量子化学与结构化学班共 63 名学员，但未获批准。									

资料来源：根据 1981—1985 年江苏师院（苏州大学）研究生招生录取情况统计表、授学位情况统计表整理。

五、管理工作日益完善

随着苏州大学研究生招生与培养规模的稳定发展，各项规章制度的建立与完善，研究生管理工作也逐步走上正轨。

1985 年 12 月，苏州大学在科研处下设研究生科，负责全校研究生教学培养的日常管理工作，研究生工作由科研处主管。

1983 年 1 月，经江苏省高教局批准，苏州大学成立了首届学位评定委员会，由 19 名成员组成，陈克潜任主席，张梦白任副主席。委员会负责全校学位授予的审定工作。

1985 年，《苏州大学研究生工作细则（试行）》的颁布实施，标志着苏州大学研究生教学管理工作规章制度的完备。该细则共分五章三十六条。分别为领导与职责、招生工作、学籍管理、研究生培养工作、学位授予工作五个部分。分别在领导分管、招生工作、学籍管理、培养工作、学位授予等各个环节均做了详细的规定与说明，成为苏州大学研究生教学管理工作的纲领性文件。1985 年，兄弟院校领导和专家们评估与考核后认为，苏州大学研究生教育管理制度基本齐全，学位授予工作正确。

※ **附：苏州大学第一届学位评定委员会成员（19 人）（1983 年 1 月）**

主　席：陈克潜
副主席：张梦白
委　员：周孝谦　钱仲联　朱正元　许国樑　凌德洪　陈志安　张劲松　程有庆
　　　　许嘉祥　金圣一　周大炎　王祖俊　沈制平　芮和师　高国士　董蔡时
　　　　谈　通

---

① "+"后数字为委培计划招生数。

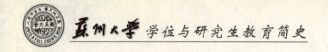

※ 附：陈克潜、张梦白教授简介

陈克潜（1926— ），男，汉族，安徽石埭（今石台）人。1949 年毕业于上海交通大学化学系。历任江苏师范学院讲师、副教授，苏州大学教授、副校长、校长。长期从事有机化学教学和研究。研制成高效低毒新型农药，合成新萃取剂，对萃取色层滞留机制提出了见解。获国家发明奖等。著有《有机化学》，撰有论文《昆虫几丁质抑制剂——苏脲 1 号的合成与应用》等。

张梦白（1910—2002），男，汉族，1910 年生，江苏常州人。1926 年升入东吴大学大学部，主修政治和文学，1930 年毕业，获文学学士学位，并出任东吴大学附属中学主任教员。1949 年获美国哥伦比亚大学历史学硕士学位，后辗转回国，受聘为东吴大学教授。曾任江苏师范学院（苏州大学）学位评定委员会副主席、世界史和美国史研究会理事、东吴大学校友会会长。1984—1985 年作为"卢斯学者"前往美国康奈尔大学讲学、研究，被誉为"中国人民的友好使者"。1985 年当选为美国斐陶荣誉学会会员。晚年热心于苏州大学校友会工作。苏州大学校史馆珍藏有张梦白先生捐赠的"中国第一本高校年刊"——出版于 1903 年的东吴大学年刊《雁来红》。为关心年青学子的成长成才，张梦白夫妇在苏州大学捐资设立"顾念椿—张梦白奖学金"。

六、1978—1985 年研究生教育管理工作评价

自 1978 年恢复研究生招生工作以来，至 1985 年秋季，苏州大学共招收 141 名硕士研究生，4 名博士研究生，已毕业研究生 53 名，其中本校授予硕士学位的 43 名，由外校授予硕士学位的 5 名，尚未授予学位的 3 名。到 1985 年年底，苏州大学研究生培养规模为：在校研究生 93 名；招生专业（方向）从最初的 2 个发展到 29 个，其中有博士学位授予权的专业 1 个，硕士学位授予权的专业 8 个；研究生指导教师有 57 名。① 苏州大学正处于以师范为基础转变为多学科、多层次综合性大学的历史阶段。苏州大学的研究生管理工作相应地也正处于逐步健全和完善的发展阶段。

苏州大学校党委和校领导重视研究生工作，及时正确地分析了研究生教育的特点和在学校整体工作中的地位，制定了研究生工作细则，正在逐步扭转"师徒式"的教学管理方式，向科学管理方向迈进。学校将研究生教育、重点学科和重点实验室建设、师资的定编定岗、科研工作都交由一位副校长主管，做到了统筹安排、相互支持，在调查研究基础上，学校已提出了加强研究生政治思想工作的措施。校内各系之间由于招收研究生有先后，管理水平参差不齐，但都引起了足够的重视，某些学科不断地向国家输送水

---

① 其中 12 名导师为 1986 年 2 月由江苏省高教局批准。

第三章 研究生教育的稳步提升与积极发展时期（1981—1998 年）

准较高的研究生。在研究生教育和管理中起重要作用，特别是一批老教授不仅在学术上，而且在学风建设上、政治思想建设上都做了大量工作，并且在实践中摸索出了一套严谨治学的好经验，为学校发展做出了贡献。

苏州大学学位委员会的组成符合条例要求，工作及时，学位授予工作正确。

在苏州大学校领导的管理和支持下，研究生业务主管部门——科研处研究生管理科的工作人员工作努力，深入基层，热心为导师和研究生服务，受到了导师和研究生的好评，他们在人手少、力量不足的情况下，在不到一年的时间内，制定出一系列基本规章制度，这些制度在逐步得到贯彻，管理工作逐步走上有章可循的轨道。

随着研究生人数的不断增长，苏州大学各职能部门正逐渐把研究生的管理工作作为学校教育工作的一个重要层次来抓，做得较突出的是校图书馆——导师们反映校图书馆工作人员不仅懂得研究生的教学规律而且为研究生提供了较好的借阅和其他服务条件，图书馆工作人员的工作也得到了研究生的好评。学校保证了研究生业务经费的正确发放和使用，保证了研究生教育所需的仪器设备和生活条件。苏州大学校内学科较多，这为研究生跨学科选课提供了有利条件，但此时苏州大学主要是从各专业需要出发，安排研究生课程的广度和深度，所开设的课程不适合跨学科选修。今后学校应该发挥研究生教育起步较早的优势，加强研究生课程统一管理，使之更有利于各学科之间相互渗透。

此外，随着研究生招生学科和人数的增长，苏州大学应该进一步充实和加强研究生管理机构的力量，发挥校各职能部门的作用，加强协作和进一步研究，为学校中最高层次的教育对象服务，这样才能进一步做好研究生的教育和管理工作。

此后，各种加强研究生思想工作和管理工作的设想与措施进一步得到贯彻落实，苏州大学在发展过程中，不断理顺各种关系，落实各项规章制度，使研究生管理工作更加科学有效。①

第二节 研究生教育的改革与调整时期（1986—1991 年）

一、概述

由于经济与社会的迅猛发展，社会对高层次人才的需求持续增大，加上一些高校片面追求办学的高层次和盲目攀比，造成"六五"后期我国研究生招生规模增加过快，特

---

① 以上三个自然段的内容参考了江苏省高教局和部分兄弟院校对苏州大学研究生教育管理工作考评后的评语，这也可以作为对这一时期苏州大学研究生教育管理工作的基本评价。

别是 1985 年，招生人数在前一年的基础上翻了一番，超过了当时的实际条件。国家教委及时进行了调整，提出"稳步发展，保证质量"的方针，从 1986 年起，逐步减少全国研究生招生计划。1986—1991 年，硕士生招生计划持续下降，到 1989 年招生人数跌入低谷，从 1986 年的 39 062 人，下滑到 1989 年的 25 793 人（其中含研究生班学员 1 272 人）。一直到 20 世纪 90 年代初期，全国硕士生招生规模一直稳定在 25 000 人左右，加上博士生的招生人数，在此期间全国每年的招生人数合计为 30 000 人左右。

表 3-4　1986—1991 年全国研究生招生情况表① （单位：人）

类　别	年　份					
	1986 年	1987 年	1988 年	1989 年	1990 年	1991 年
硕士	39 062	35 402	32 952	24 521	26 312	25 430
博士	2 248	3 615	3 262	2 776	3 337	4 172
研究生班学员	2 877	不详	不详	1 272	不详	77

苏州大学的研究生教育情形与全国的大背景基本相同，稍有区别的是，苏州大学的研究生招生规模在 1986—1988 年仍然保持在较高的水平，维持了一个惯性增长时期，1987 年达到历史高峰，招生数达到 92 人。与全国情况相同的是，苏州大学的研究生招生规模在 1989 年也跌入了低谷，当年招生仅有 29 人。从 1990 年起，经过学校和江苏省教育厅的多方努力，苏州大学的研究生招生人数有所回升，但每年也就基本维持在 40 人左右，研究生教育进入了调整和平稳发展时期。1986—1991 年，苏州大学共招收硕士研究生 322 人，博士研究生 7 人，研究生班学员 58 人。至 1991 年秋季，博士学位授权点增加到 4 个，硕士学位授权点增加到 19 个；六年合计授予硕士学位 208 人，授予博士学位 7 人。

二、第三、第四批学位点申报

第三批学位点申报。1985 年 12 月 7 日，苏州大学申报政治学、中国近现代史、中国现代文学、基础数学、核物理与核技术、有机化学、物理化学等 8 个专业 10 名指导教师的博士学位授予权；同时申报财政学、国际经济法、政治学理论、科学社会主义、教材教法研究、普通心理学、人体解剖学、体育教学理论与方法、文艺学、中国现当代文学、英语语言文学、俄语语言文学、中国近现代史、世界近现代史、专门史、应用数学、理论物理、固体物理、无线电物理和无线电电子学、无机化学、分析化学、固体力学合计

---

① 吴镇柔，等. 中华人民共和国研究生教育和学位制度史 [M]. 北京：北京理工大学出版社，2001：484，486.

第三章 研究生教育的稳步提升与积极发展时期（1981—1998年）

22个专业91名指导教师的硕士学位授予权。①经过相关部门审核，1986年7月28日，苏州大学获得增列政治学理论、学科教学论（物理）、文艺学、中国现当代文学、英语语言文学、中国近现代史、世界近现代史、应用数学、理论物理、无机化学共计10个硕士学位授权点。②

第四批学位点申报。1989年5月6日，苏州大学申报应用数学、中国现当代文学、中国近现代史、物理化学4个专业4名指导教师的博士学位授予权。同时申报财政学、国际经济法、劳动经济、比较文学、俄语语言文学、学科教学论（公共教育）、学科教学论（数学）、无线电电子学、凝聚态物理、实验力学、运动生物力学、分析化学共计12个专业59名导师的硕士学位授予权。③经过评审，1990年6月25日，苏州大学获得增列凝聚态物理硕士学位点1个，但在博士点上获得突破，新增中国现当代文学、中国近现代史、应用数学3个博士点，同时也增列了姜礼尚教授、朱烈教授、范伯群教授、段本洛教授为博士生指导教师。④

从第三、第四批学位点申报工作来看，苏州大学新增11个硕士点、3个博士点，取得了较好的成绩，特别是博士点建设跃上了一个新的台阶。这与苏州大学重视学位点与学科建设、加强师资队伍建设及加大人才引进力度息息相关。截至1991年年底，苏州大学共有博士点4个，博士生指导教师5名，硕士学位点19个，硕士生指导教师70名，其中教授32人，副教授43人。

表3-5 苏州大学第三、第四批学位点申报及获批情况统计　　　　（单位：人）

申报批次	1986年（第三批）		1990年（第四批）	
申报类别	申报数	获批数	申报数	获批数
博士点	8	0	4	3
硕士点	22	10	12	1

三、招生与培养由快速发展进入调整时期

1. 研究生班的开班与停招

为了进一步充实高校的师资队伍和科研单位的研究力量，国家提出自1985年起，从

---

① 《关于苏州大学申请第三批博士和硕士学位授予专业的上报材料》，苏大科字〔1985〕第58号，1985年12月7日，苏州大学档案馆馆藏，档案号：政〔1985〕，长58，第23-129页。
② 《关于上报苏州大学学位授权点及博士生指导教师名单校对稿的函》，苏大研字〔1992〕第1号，1992年1月17日，苏州大学档案馆馆藏，档案号：苏大研字1992年发文，第1页。
③ 《关于申报第四批博士和硕士学位授予权学科专业材料的函》，苏大科字〔1989〕第28号，1989年5月6日，苏州大学档案馆馆藏，档案号：1989-JX12-2，第1页。
④ 《关于上报苏州大学学位授权点及博士生指导教师名单校对稿的函》，苏大研字〔1992〕第1号，1992年1月17日，苏州大学档案馆馆藏，档案号：苏大研字1992年发文，第1页。

在职人员中招收研究生班学员,学制两年,主要学习硕士研究生课程,毕业后完成论文答辩可申请学位。苏州大学于1985年正式提出申请,招收60名学员,但未获批准。1986年,苏州大学再次提出申请①,拟招收"基础数学"和"辩证唯物主义与历史唯物主义"两个研究生班计40名学员,经过审批,获得开班批准。于是,当年苏州大学正式招收研究生班学员,分别为"基础数学"研究生班5人,"物理化学"研究生班17人,"辩证唯物主义与历史唯物主义"研究生班8人,计30名学员。此后,又于1987年招收"中国近现代史"研究生班学员6人,"英语语言文学"研究生班14人,"理论物理"研究生班6人,1988年招收"英语语言文学"研究生班2人,三年共计招收研究生班58名学员。研究生班学员的招收与培养,对充实高校和科研单位的师资与研究力量起到了重要的作用,绝大多数学员通过自身的努力,在回到工作岗位后都能申请到学位。但是部分学员的身份来源存在问题,比如,苏州大学1986—1988年招收的这58②名学员中,有中学教师11名,应届毕业生33人,不符合身份的合计有44人,国家逐步对研究生班开班和招生进行了压缩与控制,从1992年起,不再批准开办研究生班。实际上,苏州大学研究生班从1990年起就未再招收新学员。

2. 硕士生的招生与培养状况③

从总体上来说,1986—1991年,是苏州大学的研究生招生培养从高峰到低谷再缓慢回升并稳步发展的时期。与国家整体上从1986年大幅压缩研究生招收状况不同的是,1986—1988年,苏州大学研究生招收保持了惯性增长,1986年招收56人,1987达到高峰,招收92人,在校生规模达到251人,1988年仍然达到62人。1989年起滑入低谷,当年只招收了29人。1990—1991年,经过学校多方努力,研究生招生情况有所好转,两年分别维持在44人和40人的水平,进入稳步发展时期。研究生招生情况的起伏,大致有以下几个原因:第一,由于前几年的迅猛发展,教育的发展已经超越了当前国民经济和社会发展的水平,国家实行了宏观调控,大幅压缩研究生的招生计划和培养规模。第二,由于研究生招生培养规模不切实际的发展,造成了人才培养的相对"饱和",人员分配出现困难。1989年,苏州大学有13名研究生未能分配出去,滞留学校长达一年以上,"分配难"客观上造成报考人数的急剧萎缩。第三,从1989年起,国家教委明确规定招收研究生的学科、专业必须具有博士或硕士学位授予权。而当时,苏州大学只有4个博士点、19个硕士点,客观上限制了学校招生规模不可能有大的突破。

---

① 《关于苏州大学1986年开办研究生班的申请》,苏大科字〔1985〕第38号,苏州大学档案馆馆藏,政〔1985〕,长55,第89-100页。

② 核实现有的历年招生录取统计表可知,苏州大学研究生班学员历年合计招生数为58人,但后来,学校允许国家计划内培养的研究生可以以研究生班学员的名义毕业,因此,苏州大学研究生班毕业学员为70人。苏州大学研究生班学员均为江苏省计划内招生。

③ 不含研究生班学员。

第三章 研究生教育的稳步提升与积极发展时期（1981—1998 年）

表 3-6　1986—1991 年苏州大学研究生招生、毕业统计表　　　　（单位：人）

类　别	年　份										
	1986 年		1987 年		1988 年		1989 年		1990 年		1991 年	
	招生	毕业	招生	毕业	招生	毕业	招生	毕业	招生	毕业	招生	毕业
硕士	56	16	91	19	62	39	29	30	44	67	40	37
博士	1	1	1	1	1	2	0	1	0	1	4	1
研究生班学员	30	0	26	0	2	36	0	32	0	—	0	—

注：其中免试推荐生：1986 年 8 人，1987 年 13 人，1988 年 14 人，1989 年 8 人，1991 年 7 人。
资料来源：根据苏州大学 1986—1991 年研究生招生录取情况统计表整理。

3. 博士招生的突破与博士培养工作的检查

博士招生的突破。自 1981 年苏州大学"中国古代文学"专业和钱仲联教授获得博士学位授予权和博士生指导教师以来，一直到 1990 年，苏州大学的博士生招生停滞不前，平均每年招生仅 1 人左右。1986 年招生 1 人，1987 年招生 1 人，1988 年招生 1 人，1989—1990 年未招生。这样的情况到了第四批学位点申报工作结束后才有了好转。1991 年，苏州大学又有 4 位教授和 3 个专业获得博士生招生资格。1991 年，招收了 4 名博士生，这标志着苏州大学博士培养工作的突破。

博士培养工作的检查。国家教委于 1990 年 7 月 27 日下发了《关于开展博士生培养工作调查的通知》（教高司〔1990〕119 号），拟对我国十年来博士培养工作做一个总结。涉及苏州大学的 1981 年获批的中国古代文学博士点以及 1990 年 6 月获批的应用数学、中国现当代文学、中国近现代史共计 4 个博士点。中国古代文学博士点为主要检查对象。1991 年 1 月 26 日，苏州大学对十年来博士培养和博士点建设工作完成了自查。自查情况如下[①]：

"中国古代文学"专业：1981 年苏州大学中文系的"中国古代文学"专业获得博士学位授予权，钱仲联教授被批准为博士生导师，为苏州大学开创了博士生培养教育工作。1982—1990 年，该专业招收 5 届博士生计 7 人。这 7 位博士毕业生均获得了博士学位并走上了高校的教学、科研岗位。其中 3 人被聘为高级职称，成为教学、科研的中青年骨干，缓解了高校古代文学方面师资青黄不接的状况，为国家做出了贡献。

"中国古代文学"专业是以明清诗文作为主要研究方向，在钱仲联教授的带领下，形成了自己的特色，取得了一批重大科研成果，如编成《清诗纪事》共 22 册 1 000 万字，填补了国内空白。学校十分重视"中国古代文学"博士点的梯队建设，此后不久分别引进了擅长清诗和唐宋诗词研究的严迪昌教授和杨海明教授，在两位教授的协助下，

---

① 《关于上报苏州大学博士生培养工作总结的函》，苏大研字〔1991〕第 2 号，1991 年 1 月 28 日，苏州大学档案馆馆藏，档案号：苏大研字 1991 年发文，第 2－10 页。

该专业将主要研究方向扩充到宋元明清诗词方面,从1991年起,该专业招收宋清词史方向的研究生,宋清词史的研究也同样填补了国内学术研究的空白。经过十多年的努力,中国古代文学专业的研究与教学领域、研究深度进一步扩大和加深,研究水平迅速提高,同时,在钱仲联教授的领导下,继续培养这一领域的新一代博士生导师。

※ 附:严迪昌、杨海明教授简介

严迪昌(1936—2003),男,1936年生于上海,中共党员。1955年考取南京大学中文系,师从胡小石、陈钟凡、汪辟疆、罗根泽等先生。1959年毕业于南京大学中文系。历任南通师专中文科教师,南通中学语文教研室组长,南通师范大专班教师,南京大学中文系讲师、副教授,苏州大学文学院(原中文系)教授、博士生导师,国务院学位办公室专家组通讯评委,全国优秀教师。1961年开始发表作品。1983年加入中国作家协会。著有专著《文学风格漫说》《清词史》《清诗史》《阳羡词派研究》《严迪昌自选论文集》等,文学评论《评〈九叶集〉》《评〈诗人丛书〉》等数百篇。论文《清诗评议》获江苏省社科优秀奖,《清词史》获江苏省社科三等奖、夏承焘词学研究一等奖,《清诗史》获江苏省社科一等奖、国家图书奖提名奖,负责编纂的《全清词》(顺康卷)获国家图书奖。

杨海明(1942—),男,1942年11月生,中国古代文学博士生导师。1981年8月毕业于南京师范大学中文系,获文学硕士学位。1981年12月至今,在苏州大学文学院(原中文系)工作。1993年12月被国务院学位委员会批准为博士生导师。出版学术专著《唐宋词风格论》《唐宋词论稿》《张炎词研究》《唐宋词史》《宋词三百首新注》《唐宋词美学》《李璟、李煜》《唐宋词与人生》《唐宋词纵横谈》。《唐宋词史》获"夏承焘词学奖"一等奖和国家教委"全国高等学校人文社会科学研究优秀成果奖"二等奖,另有三种著作获江苏省人民政府"哲学社会科学优秀成果奖"三等奖。

苏州大学应用数学、中国现当代文学、中国近现代史专业这三个博士点均为第四批新获批博士点,于1991年起招收博士生。它们具有以下几个特点:有明确稳定的研究方向,经过近十年的努力,达到本学科、本专业国内先进水平,一些课题的研究已达到国内领先水平,在国际学术界有一定影响,几位博士生导师在学术界有较高的知名度,同时具备较为理想的学术梯队。

应用数学专业:苏州大学应用数学专业在非线性偏微方程和组合设计等主要研究方向上已达到国内领先地位,在国际数学界有一定影响。姜礼尚教授早在20世纪60年代就在相变问题的数学理论方面获得被国内外公认的突破性进展;朱烈教授在组合研究方向获得了丰硕的研究成果。该专业有较理想的学术团队,其中,吴利生教授、沈树民教授、于永溪教授、谢惠民副教授、刘曾荣副教授的研究都达到了比较高的水平。

※ 附：姜礼尚、朱烈教授简介

姜礼尚（1935— ），男，汉族，1935 年 9 月生。1954 年北京大学数学专修科毕业，1960 年北京大学数学力学系偏微分方程专门化研究生毕业，1954 年以来先后在北京航空学院、北京大学、苏州大学、同济大学任教，1983 年被聘为北京大学数学系教授，1985 年被国务院学位委员会评为博士生导师，1989—1996 年任苏州大学校长。2005 年 7 月 25 日，获第七届"华罗庚数学奖"。现任苏州大学金融数学研究所所长。自 1960 年以来长期从事偏微分方程及其应用方面的教学和研究工作。特别在边界问题的理论研究方面曾做出重要工作。曾因二相 Stefan 问题古典解整体存在性及其自由边界无穷次可微性等工作获国家自然科学三等奖。此外在船闸应用分析、连续铸钢、层装超导和最佳控制等方面都曾发表过一些有影响的论文。目前主要从事金融衍生物实际理论研究，用偏微分方程理论和数值方法对期权定价做深入的分析和算法研究。

朱 烈（1942— ），男，汉族，1943 年 2 月生，江苏苏州人。1965 年毕业于江苏师范学院数学系，现为苏州大学教授。1990 年 6 月被国务院学位委员会批准为应用数学专业博士生导师。曾任江苏省数学会副理事长。主要研究方向为组合数学。发表论文 "Existence of orthogonal Latin squares with aligned subsquares" "Duadic group algebra codes" "Existence of（q, 6, 1）difference families with q a prime power" 等百余篇。担任专业杂志 *Journal of Combinatorial Designs* 和 *Ars Combinatoria* 的编委。其"关于欧拉猜想的一个简短证明"被誉为"迄今最短和最漂亮的证明"。2008 年 3 月，获国际组合数学权威大奖——"欧拉奖"。

中国现当代文学专业：苏州大学中国现当代文学专业在中国现当代作家流派研究、近代通俗文学研究方面达到了国内领先水平。该专业学术带头人范伯群教授在学术界有较大影响，其主编的《中国近现代通俗文学史》被认为是中华人民共和国成立以来第一次将通俗文学提高到学术领域加以考察的有效尝试。该专业也有理想的学术梯队，如朱栋霖教授等。

※ 附：范伯群、朱栋霖教授简介

范伯群（1931—2017），男，汉族，1931 年 9 月生，浙江湖州人，著名学者，苏州大学文学院（原中文系）教授。1957 年开始发表作品。1980 年加入中国作家协会。1984 年国家人事部授予国家级有突出贡献中青年专家证书。1990 年由国务院学位委员会批准为博士生导师。著有专著《中国现代通俗文学史（插图本）》《中国现代文学社团流派》《王鲁彦论》《现代四作家论》《礼拜六的蝴蝶梦》《民国通俗小说鸳鸯蝴蝶派》《中国现代文学史》，编著《民初都市通俗小说》丛书、《中国近代文学大系——俗文学集》等。

朱栋霖（1949—　），男，汉族，1949年6月生，江苏苏州人。1981年毕业于南京大学中国现当代文学专业，文学硕士。1990年晋升教授。1993年国务院学位委员会批准为博士生导师。1991年国家教委、国务院学位委员会授予其"做出突出贡献的中国博士硕士学位获得者"荣誉称号，1995年江苏省人民政府授予其"有突出贡献的中青年专家"称号，1996年被评为"江苏省333工程"第二层次培养对象，1998年被评为"江苏省优秀哲学社会科学工作者"。主要从事中国现当代文学和戏剧理论研究与教学，为我国现当代文学研究界第三代代表人物之一。主要著作有：《论曹禺的戏剧创作》（1986年）、《戏剧美学》（1991年）、《中美文化在戏剧中交流》（1988年）、《中国现代戏剧史稿》（1989年，主要执笔之一）、《1898—1949中外文学比较史》（1993年）、《文学新思维》（1996年，主编），教育部"面向21世纪课程教材"《中国现代文学史1917—1997》（1999年）首席主编和《中国现代文学作品选1917—2000》总主编。

中国近现代史专业在段本洛教授、董蔡时教授的带领下，在近现代与当代江南地区社会、经济研究方向达到国内领先水平，段本洛教授的《苏州手工业史》获得了国内外学者的一致好评。

※附：段本洛、董蔡时教授简介

段本洛（1932—　），男，白族，1932年12月出生，云南云龙县人。中共党员。1954年毕业于云南大学历史系，苏州大学社会学院（原历史系）教授，1990年6月国务院学位委员会批准中国近现代史博士生导师。曾任苏州大学历史系主任、历史研究所所长，苏州大学第二、三届学位委员会副主任委员，中国太平天国史研究会主席团成员。多年来，潜心研究中国近现代社会经济史，著有《苏州手工业史》（获江苏省哲学社会科学优秀成果二等奖，全国高校首届人文社科优秀成果二等奖）、《近代江南农村》（国家社科"七五"规划重点项目，获江苏省哲学社会科学优秀成果奖）、《谭嗣同》（获江苏省哲学社会科学优秀成果奖）、《中国资本主义的产生和早期资产阶级》等著作，主编有《苏南近代社会经济史》等，发表论文《历史上苏南多层次的工业结构》（获江苏省哲学社会科学优秀成果奖）等100多篇。1985年江苏省政府授予其优秀教育工作者称号，1989年被江苏省教委评为优秀研究生导师。

董蔡时（1921—1997），男，汉族，江苏常州武进人，1921年5月出生。1942年考入中央政治大学，1946年7月毕业，先后在重庆市立师范、武进县求实中学、常州正衡中学、江苏省苏州工农速成中学任教员。1958年调入江苏师范学院历史系（今苏州大学社会学院）任教，历任副教授、教授。主要从事中国近代政治史、太

第三章 研究生教育的稳步提升与积极发展时期（1981—1998年）

平天国史、辛亥革命史等研究。先后出版《太平天国在苏州》《左宗棠评传》《胡林翼评传》《孙中山与辛亥革命》等5部学术专著，其中《孙中山和辛亥革命》一书由北京新星出版社翻译成英、法、德、西班牙、日、俄等文，向海外发行。主编出版《太平天国史料专辑》《何桂清等书札》《江浙豫皖太平天国史料选编》3部，发表学术论文近百篇，著述近300万字，是享誉中外的历史学家。

当然，苏州大学的博士点建设还存在着一些问题，主要有：博士专业与相关学科、专业的发展不平衡，学科门类的总体水平还不高，影响了博士生培养质量和博士点建设的后劲；经费有限，投入不足，学术交流特别是国际交流相对缺乏，影响了对最新学术前沿问题研究的把握；少数口径比较窄的研究方向，由于国内该领域的硕士研究生较少，影响了其博士生源；同时毕业后用人单位的需求量也不大。

在此基础上，学校提出了博士点建设今后努力的方向：苏州大学作为省属重点高校，学校的现有条件决定了不可能将所有的学科、专业都建成重点学科、专业，只能选择比较成熟的学科、专业，特别是博士点和相关专业作为重点扶持对象，同时争取各方支持，加大投入，争取各类科研项目，加强博士点建设。建设过程中，既要注意突出重点，又不能忽视水平的普遍提高，保证博士点建设不乏后劲，带动其他学科、专业共同前进，为我国社会主义现代化事业培养合格的博士研究生。

四、研究生管理工作的改革

1. 研究生管理工作的检查评估对苏州大学研究生管理工作的促进

随着全国研究生招生培养规模的不断增大，为了加强对研究生教学培养的监督，保证研究生培养质量，江苏省教委（1986年为省高教局）先后于1986年、1988年两次开展了全省高校研究生管理工作的检查，通过评估和检查，苏州大学研究生管理工作有了较大的进步，基本上理顺了研究生工作的管理体制，明确了其管理职能，建立了比较完善的管理制度和管理队伍，对研究生管理工作水平的提高是一个极大的促进。

1986年研究生管理工作评估[①]。1986年4月，江苏省教委对苏州大学研究生教学培养和管理工作进行了实地评估与检查，为做好评估工作，学校采取了三项措施：第一，制定了《苏州大学研究生工作细则》[②]，明确了研究生各项工作是在校长领导下，由主管副校长、科研处、系主任（或副主任）、教研室（研究室）主任、导师和系科研秘书组成的管理系统，并明确了他们各自的职责，并根据研究生培养的特点对机关各部门进行了合理分工。第二，从1985年起，在过去所制订研究生专业培养方案的基础上，进行了

[①]《报送我校研究生管理工作自查情况总结》，苏大科字〔1986〕第13号，1986年3月26日，苏州大学档案馆馆藏，档案号：1987-JX10.1-Y-6。

[②]《关于印发〈苏州大学研究生管理工作规章制度汇编〉的通知》，苏大科字〔1987〕第50号，1987年9月3日，苏州大学档案馆馆藏，档案号：1988-JX10.1-Y-8。

全面修订，对计划于 1986 年第一次招生的 7 个专业也制订出了专业培养方案。第三，加强了研究生管理部门自身的建设。1985 年年底正式成立研究生管理科，编制三人，按招生、培养和学位、生活管理三项工作进行合理分工。在采取三项措施的同时，制定了《研究生业务费管理试行办法》，从制度上解决了这一曾经受各系（室）普遍反映的问题，保证了研究生业务费的使用真正落实到研究生培养的过程中，为研究生培养提供了物质保障。

1988 年研究生管理工作评估①。1988 年 10 月的第二次研究生工作评估，对苏州大学的研究生管理工作又有了新的促进。随着改革开放的深化和发展而研究生管理工作面临的新问题、新变化，为做好研究生的管理工作，苏州大学采取了积极的措施。第一，继续完备各项规章制度。在《苏州大学研究生工作细则》的基础上，1987 年 5 月出台了《苏州大学研究生管理工作规章制度汇编》，其中包括领导及分工、职责、学籍管理、研究生专业培养方案制订原则、研究生培养工作的管理细则、学位授予工作、经费管理等。为了奖优罚劣，苏州大学分别于 1988 年 4 月和 9 月制定了《苏州大学研究生中期考核的决定》《苏州大学朱敬文奖学金条例》，目的是淘汰一批学习较差、学习态度不认真或无培养前途的研究生，奖励一些品学兼优、科研能力突出的研究生，以提高学校研究生的培养质量。第二，按需改造专业。从当时的现状来看，高校和科研单位对研究生的需求已处于相对饱和的状态，而苏州大学又是一所刚刚由单一性的师范院校转变而来的综合性大学，研究生的培养受到了师资、教学、实验条件等诸多方面的限制，研究生培养的去向很不确定，因此，苏州大学培养的研究生面临的最大的挑战就是专业。学校认为必需按需改造专业招生，培养研究生的综合能力，使他们在实际工作中能运用多学科的知识解决问题。按需改造专业的目的，一是使研究生掌握较为全面的本学科基本理论，力求"坚实宽厚"；二是加强研究生的外语强化训练，增加毕业后的适应能力；三是加强对研究生的文献检索能力的培养；四是加强对研究生的教学实践能力和科研能力的培养，培养良好的学风和严谨的科学态度。根据这一指导思想，学校于 1988 年 4 月在 1985 年专业培养方案的基础上，出台了《苏州大学攻读硕士学位研究生专业培养方案的几项规定》，另外还通过了《关于制定研究生课程教学大纲的要求和说明》，目的与按需改造专业的指导思想一致，主要是有利于研究生获得本学科最新信息，有利于研究生扩大知识面，加深加强基础理论，有利于研究生掌握新鲜边缘、交叉、应用学科的知识，有利于研究生能力的培养。第三，加强学科建设，为研究生培养提供良好的平台。一是促进科研工作，调整教学与科研关系；二是加强师资队伍建设，改变学科梯队老化的现象；三是调整学科、专业的研究方向，注意发展交叉学科、应用学科；四是在加强现有重点学科建设的同时，建立一批新的重点学科。第四，充实研究生管理部门力量。研究生管理

---

① 《苏州大学研究生管理工作自检总结》，1988 年 10 月，苏州大学档案馆馆藏，档案号：1988－JX16－5，第 27－64 页。

科由三人增加到五人。两人负责招生和行政管理；一人负责学籍、培养工作；一人负责学位和工作；科长全面负责，协调全科工作。各系除了分管研究生工作的系主任外，一般还配有专职或兼职的研究生工作秘书，具体负责各系研究生的日常管理工作，一些大系的研究生班主任也协助做好本系研究生日常管理工作。通过人员的充实，明确了招生、学籍管理、培养、学位、行政管理等方面的岗位责任，做到了分工明确，各负其责，使整个研究生管理工作处于一个比较协调有序的运转系统之中。

对研究生管理工作的检查评估是一项积极的措施，不仅是对研究生工作的有力推动，也是各院校之间相互学习、取长补短的好机会。研究生工作管理水平关系到研究生德、智、体、美多方面的发展。检查评估不仅是对管理工作的促进，也是对整个研究生教育工作的促进。通过检查评估，将进一步引起各级领导和相关部门对研究生工作的重视。总之，1986年、1988年两次对研究生管理工作的检查评估，有力地促进了苏州大学研究生教学、培养、管理等各方面的工作，尤其是对提高教育管理水平，提高教学质量，提高研究生培养质量是一个有力的推动。

2. 1990年研究生工作会议的召开与研究生部的成立

1990年研究生工作会议的召开。为了贯彻1984年全省高校研究生工作会议精神，全面总结苏州大学十二年来的研究生教育发展历程，进一步提高研究生培养质量，并使研究生管理工作向科学化、规范化的方向切实迈进一大步，学校于1990年11月10日召开了苏州大学研究生工作会议。姜礼尚校长做了题为《总结经验，加强管理，提高质量，努力开创研究生工作的新局面》的工作报告。这次会议是苏州大学研究生教育发展史上的一件大事，是学校与院系各级教学、行政管理部门对研究生工作的重视，也是学校近年来研究生教育发展的必然需求。这次会议对苏州大学真正实现研究生教育管理的规范化、科学化，进一步理顺研究生的管理体制，使苏州大学研究生工作逐步走上健康发展的轨道是一次有力的促进。

首先，本次会议对十二年来苏州大学研究生教育做了简要回顾，总结了成绩，梳理了问题。

成绩主要有：第一，为国家培养了一批高级专门人才。1978年以来，苏州大学共培养出硕士研究生473人，博士研究生7人，同时为本校输送了一批高素质的教育人才，有力地加强了本校自身的教师队伍建设。第二，积累了研究生教育工作经验，建设了一支高素质的研究生导师队伍。这一时期，学校拥有博士生导师5人，先后指导过研究生的导师达到了115人。第三，有效地推进了本校的科研工作和学科建设。拥有博士学位授权点4个，硕士学位授权点19个，省级重点学科11个。第四，开设了一批有一定质量的、比较先进的高层次研究生课程。

存在的主要问题有：第一，研究生招生生源不足。第二，研究生思想政治工作存在"真空"地带。第三，专业方向、培养口径与社会需要有脱节。第四，研究生教学计划缺乏规范化管理。第五，研究生管理体制不够完善，缺乏一定的管理网络。

其次，此次会议对苏州大学当时研究生工作的状况进行了讨论，就加强研究生工作提出了具体的措施，主要有四个方面：第一，理顺研究生的管理体制，加强研究生的思想政治工作，成立研究生部和研究生直属党支部，实行纵横交叉管理，消除管理的"真空"地带，发挥研究生导师教书育人的作用。第二，加强研究生学位点建设，认真做好学科带头人的遴选工作和梯队建设，抓好科研工作和项目建设。第三，修订培养方案，加强研究生培养的基础和实践环节，增强研究生的社会适应能力。第四，加强规范化管理，提高研究生工作管理水平，做好招生生源组织工作，严格执行教学计划，抓好研究生中期考核工作。

会议还讨论了四个工作文件，分别是《关于加强研究生思想政治工作的意见》《研究生班主任、辅导员工作职责》《关于加强研究生招生、课程管理规范化的意见》《关于修订攻读硕士学位研究生培养方案的几项规定》，涉及研究生的日常管理、思想政治教育、招生与培养等多个方面，为苏州大学研究生工作的规范化和科学化起到了相当的促进作用。

研究生部成立。随着研究生教育规模的不断扩大，为了进一步加强研究生工作，理顺研究生管理体制，苏州大学借鉴其他学校的经验，结合自己的实际情况，在1990年的研究生工作会议上宣布成立独立的研究生部，同时成立了研究生的党组织——研究生直属支部委员会。任命凌寅生教授为研究生部主任，杨大轴同志为副主任，丁林同志为研究生直属党支部书记。

1990年苏州大学研究生工作会议的召开及研究生部的成立，总结了十二年来学校研究生教育的经验和教训，为进一步加强研究生工作，理顺研究生工作管理体制起到了促进作用，也为苏州大学研究生教育的进一步发展指明了方向，标志着校、系研究生教育管理工作迈上了一个新台阶。

3. 加强研究生思想政治工作

研究生的思想政治教育工作经历了一个逐步提高认识、逐步加强管理措施的转变过程。1986—1991年，国内国际政治风云激荡，这对我国研究生的思想冲击十分巨大，造成了研究生思想认识上的混乱。在血的教训面前，痛定思痛，加强研究生的思想政治工作已然十分必要。1991年3月，国家教委下发《研究生思想政治教育工作座谈会纪要》的通知，加强研究生思想政治工作成为全国上下的基本共识。苏州大学对研究生思想政治工作的重视也经历了一个提高认识、厘清管理体制、落实具体措施的过程。

1985年前，由于苏州大学研究生招生人数较少，研究生培养规模小，各系之间发展也不平衡，研究生的政治思想工作不是存在"真空"地带的问题，而是完全处于"真空"状态，放任自流。1985年，为了进一步加强研究生管理工作，苏州大学在科研处成立了研究生管理科，可许多人认为研究生思想政治工作应该归研究生管理科管，而实际情况是，三个人编制的研究生管理科根本无法管理全校的研究生思想政治工作。后来经过调查研究和分析，大家普遍认识到，研究生思想政治工作的主线应该是党委主管部门

第三章 研究生教育的稳步提升与积极发展时期（1981—1998 年）

通过各系党总支（支部），同时应该发挥指导教师和研究生自己的组织（团支部、小组）研究生会的作用，并且最后要靠政工干部来组织和指导。行政部门来管思想政治工作，线条不清也管不好。1986 年，校党委会决定，研究生思想政治工作在校一级归口党委宣传部，各系（室）分别由各党总支负责，团委负责指导研究生会的工作，研究生管理科从业务工作方面予以配合。一些人数较多的大系成立了单独的研究生党支部，配齐了专职辅导员和兼职班主任，还成立了研究生团支部，除参加政治学习活动之外，还组织一些有益的活动。随后的几年，苏州大学的研究生思想政治工作一直按新模式运行，改变了过去研究生思想政治工作无人管的状态。1989 年 12 月，学校还在学生部（处）思想教育科配备一名专职副科长，专门负责研究生思想政治工作。

随着苏州大学研究生教育培养规模的不断扩大，学校研究生思想政治工作方面暴露出许多薄弱环节。尤其是研究生思想政治工作体制亟待改善与理顺。针对研究生思想政治工作的薄弱环节，苏州大学采取了一些重大措施。

第一，召开全校性的研究生工作会议，出台《苏州大学加强研究生思想政治工作的意见》及附件《苏州大学研究生班主任、辅导员工作职责》的文件，提高认识，统一思想。

第二，理顺研究生思想政治工作及管理工作体制，落实措施，加强领导。校党委决定：成立研究生部，在校党委领导下，由研究生部与相关院、系共同负责做好研究生思想政治工作；研究生部设置直属党支部、团总支部，按年级设团支部，成立校研究生思想政治工作领导小组，负责制定我校研究生思想政治工作及研究生教育事业发展规划，协调部门、院、系间的关系。各院系明确一位负责人分管研究生思想政治工作。

第三，在理顺体制的基础上，做到了研究生思想政治工作在领导、机构、人员的"三落实"。《苏州大学加强研究生思想政治工作的意见》中明确提出"研究生思想政治工作是在校党委的统一领导下，由研究生部与有关院系共同负责"，使研究生的领导工作落到了实处。在机构上，学校成立了研究生部及研究生部直属党支部，并成立了研究生团总支，按年级成立了团支部。在人员落实上，除了在校一级明确了负责同志参加领导小组，研究生部直属党支部书记，院系一名同志负责研究生思想政治工作以外，由研究生部按年级分别配备了研究生辅导员，各院系分别配备班主任。

第四，建立教书育人、管理育人、服务育人的网络，实行纵横交叉管理。明确了导师、任课教师、管理服务人员在研究生思想政治工作中所承担的责任和义务，力争真正对研究生做到教、育、管、导。

通过以上措施，苏州大学研究生思想政治的育人网络较好地构成了：第一是校党委通过研究生部直属党支部，在每个研究生年级配备辅导员，负责本年级研究生思想政治工作；第二是校党委、行政通过有研究生培养任务的院系分别配备班主任，负责本院系研究生思想政治工作；第三是发挥研究生指导教师和任课教师的教书育人作用；发挥团总支、研究生会自我教育、自我管理、自我服务的作用。这一网络的建成，基本消除了学校研究生思想政治工作及管理工作的"真空"地带，也使学校的研究生思想政治工作真正落到了实处，极大地丰富了学校思想政治工作的形式和内容，提高了研究生思想政治工作的管理水平。①

4. 学位委员会的改革与调整

1983年1月，苏州大学成立了首届学位评定委员会。随着学校研究生招生学科、专业的增加及培养规模的扩大，学位评定委员会显示出了与当前研究生培养现状的不相适应。首先是委员年龄结构严重老化。到1986年，首届学位委员会19名委员实有17人（1人调离我校，1人病故）在职，其中，80岁以上有2人，70—79岁有9人，60—69岁有4人，59岁以下仅有1人，年龄最大的委员85岁，委员平均年龄为71.8岁。其次是委员的知识结构已无法适应研究生培养的现实需要。一方面，部分委员因健康原因已不再承担研究生培养工作，对一线工作缺乏了解；另一方面，文、理、工、财经、法律合一的委员会，其成员不可能对所有学科均有所了解，因此一旦出现学术上的争议，就不能及时做出正确的判断，同样也无法审定各专业的培养方案和学位课程。因此，有必要对学位委员会做出改革与调整，根据这些具体状况，学校准备改选校学位评定委员会，让一批年富力强的指导教师担任委员，并准备成立若干分学科的校学位评定委员会分会。

1987年5月，《苏州大学学位评定委员会章程（试行）》颁布，根据新的章程，1987年7月1日校学位评定委员会进行了换届选举，新的学位评定委员会由21位同志组成，陈克潜教授任主席，姜礼尚教授、段本洛教授任副主席②。同时各院、系、室也成立了学位委员会分委员会，成立了中文、政治、历史、外语、数学、物理、化学、激光共8个分委员会，分别负责本学科、专业和院系的学位评定工作，以及研究生培养方案、学位课程的审定。

1989年，校学位评定委员会部分成员做了调整，原校长陈克潜教授卸任，由校长姜礼尚教授任校学位评定委员会主席。

1991年6月5日，苏州大学换届选举产生了第三届③学位评定委员会，由23位同志

---

① 《苏州大学研究生思想政治工作自查总结报告》，苏大研字〔1990〕第1号，1990年11月2日，苏州大学档案馆馆藏，档案号：1990-JX16-7，第9-12页。

② 《关于公布苏州大学第二届学位评定委员会委员名单的通知》，苏大科字〔1987〕第34号，1987年7月1日，苏州大学档案馆馆藏，档案号：1988-JX16-3。

③ 《关于上报苏州大学第三届学位评定委员会及院系分委员会的报告》及附件，苏大学位字〔1991〕第6号，1991年6月5日，苏州大学档案馆馆藏，档案号：1991-JX11-5，32页；《关于同意你校成立第三届学位评定委员会的批复》，苏教高科〔1991〕第42号，1991年7月10日，苏州大学档案馆馆藏，档案号：1991-JX11-3，第31页。

组成，任期三年，姜礼尚教授任主席，段本洛教授、李振亚教授①任副主席。同时，根据学校学生规模和学位专业点分布的情况，1987年成立的中文等8个系室分委员会也同时进行了换届选举，财经学院、工学院、法学院、体育系也新建立了分委员会。

1991年8月29日，校长姜礼尚教授被推选为首届江苏省学位委员会委员。

※ 附：苏州大学第二届学位评定委员会委员名单（21人）（1987年7月1日）

主　席：陈克潜　姜礼尚（1989年接任）

副主席：姜礼尚　段本洛

委　员：王国富　王祖俊　丘　晓　朱　烈　李振亚　范伯群　贺哈定　夏时雨
　　　　凌寅生　谈　通　顾仁敖　姜亚光　钱仲联　钱振雄　崔绪治　曹　阳
　　　　储培君　董蔡时

※ 附：苏州大学第三届学位评定委员会委员名单（23人）（1991年6月25日）

主　席：姜礼尚

副主席：段本洛　李振亚

委　员：范伯群　范培松　陈英吾　王国富　徐记忠　朱　烈　霍纪良　朱士群
　　　　曹　阳　顾仁敖　王祖俊　钱振雄　姜亚光　张文贤　杨海坤　崔绪治
　　　　王金福　凌寅生　张圻福　包祖乐

第三节　研究生教育深化改革与积极发展时期（1992—1998年）

一、概述

20世纪80年代我国研究生教育的发展和学位制度的建立，为90年代研究生教育的发展和改革奠定了良好的基础。1978—1991年，全国共招收硕士研究生292 160人，博士生23 009人，研究生班研究生17 271人。

---

① 李振亚，1938年生，教授、博士生导师，国家有突出贡献中青年专家。中国物理学会"凝聚态理论与统计物理"专业委员会委员，江苏省物理学会理事，《物理学进展》编委。《物理评论》（美国）、《固体物理》（德国）及《中国物理快报》特约审稿人。1992年起享受政府特殊津贴。在国际SCI、EI源期刊上发表或合作发表170余篇论文。曾获江苏省科技进步奖二等奖二项，国家教委科技进步（甲类）三等奖一项。1993年被江苏省教委评为"优秀研究生导师"。

改革开放后，我国经济和社会发展迅速，20世纪80年代初期，我国学位与研究生教育经历了一段超越当时经济和社会发展现实条件的超常规发展，这给研究生培养质量和办学条件带来了严重滑坡的恶果，经过"八五"期间国家一系列的改革和调整，学位与研究生教育终于又走上了稳步发展的道路。经过几年的调整和提升，我国研究生教育迎来了深化改革和积极发展的时期，这与1992—1998年我国改革开放的深入和经济社会的迅猛发展是一致的。

1992—1998年是我国改革开放的关键时期，七年时间虽短却非同寻常。1992—1998年横跨了我国经济和社会发展的"八五"计划和"九五"计划的关键年份，全国人民在党的领导下，奋发图强，努力推进改革开放和现代化建设事业，各方面都取得了令人瞩目的巨大成就。特别是在教育方面，政府对教育的关注程度，是我国历史上从未有过的。党的十四大、十五大文件把教育摆在优先发展的战略地位。1995年提出了科教兴国的战略，1997年又对这一战略进行重申，全面推动了教育的改革和发展，并为我国跨世纪教育的改革和发展指明了方向。这些都为研究生教育的改革和发展提供了巨大的动力与良好的外部环境。20世纪90年代，我国研究生教育进入了持续、稳定、健康的发展时期，深化改革和积极发展成为这一时期两个显著的特征。1992—1998年，我国共招收硕士生299 905人，博士生71 721人，研究生在校人数从1992年的9.42万人增加到1998年的19.89万人，其增速大大超过了本科生的增长速度。其中，博士生增长速度更快。1992年全国录取博士生5 013人，而到1998年录取人数已达到15 045人。

1992—1998年是我国历史上非同寻常的七年，对于苏州大学学位与研究生教育的发展来说同样如此。这不寻常的七年，为苏州大学的整体事业发展，特别是学位与研究生教育的改革和发展提供了难得的历史发展机遇。

从1992年始，借助国家教育改革和发展的东风，苏州大学的学位与研究生教育也加快了改革和发展的步伐。随着"211工程"项目的申报与立项建设，以及原苏州蚕桑专科学校、原苏州丝绸工学院先后并入我校，极大地促进了学校学科建设的交叉融合，学校的学科建设和师资队伍建设有了长足的进步，为研究生教育培养提供了良好的学科平台。在这期间，苏州大学紧紧地抓住了历史发展机遇，加大投入，加大人才引进和师资队伍建设的力度，在江苏省政府和苏州市政府的大力支持下，学校的学位点建设、导师队伍建设、研究生培养规模都有了较大的发展。1992—1998年，苏州大学共招收博士研究生100人，硕士研究生875人，授予博士学位46人，授予硕士学位439人。到1998年年底，学校共拥有1个博士后流动站（数学），10个博士学位点，52个硕士学位点，16个省级重点学科，在校研究生人数达到587人，研究生指导教师队伍达到了280余人。

总体来说，1992—1998年苏州大学学位与研究生教育的发展呈现了四个特点：第一，学位点数量大大增加。与前一个时期相比，无论博士点还是硕士点都取得了翻一番的增长。第二，学科建设取得了令人瞩目的成就，学科门类齐全。到1998年年底，学校拥有哲学、经济学、法学、教育学、文学、历史学、理学、工学、农学、管理学十大学科门类（除医学、军事学外)。硕士学位点涵盖了以上十大学科门类。第三,研究生招生规模取得了较大增长,在校研究生规模达到历史新高,特别是博士生的招生与培养规模取得了快速发展。第四,导师队伍建设速度加快,为学位与研究生教育事业的积极发展提供了良好的保障。

1992年2月25日,国家教委下发了《关于印发〈1991年全国研究生工作座谈会纪要〉的通知》,提出在今后一段时期,我国学位与研究生教育工作要贯彻"坚持方向,稳定规模,调整结构,改善条件,深化改革,提高质量"的方针,坚持稳定规模,把工作的重心放在巩固提高和保证质量上。并明确指出,研究生教育要与国家建设对人才的需要相适应,并考虑教育适度超前的规律。研究生教育,特别是博士生培养与国家整体经济实力和科学技术发展水平的提高息息相关,同时又受到国家财力物力的制约。十年来,我国研究生的招生人数和博士、硕士学位授权点数已具有相当规模,因此,稳定规模是研究生教育和学位自身发展的需要,今后要把工作的重心放在全面提高质量上,而不应片面追求增加博士、硕士学位授权点数。把质量提高上去,把基础打得更扎实,这样才能继续稳步地向前发展。因此要坚持研究生招生规模在"八五"前期要稳定,在"八五"后期和"九五"期间适度发展的方针。

总而言之,对照以上《1991年全国研究生工作座谈会纪要》关于学位与研究生教育在20世纪最后10年发展和改革的主要精神,仔细分析和研究1992—1998年苏州大学学位与研究生教育的发展实际,可以发现,这一时期,苏州大学的学位与研究生教育发展的规模与速度,既有自己的时代特点,又完全符合《1991年全国研究生工作座谈会纪要》所提出的主要目标和精神。

表3-7　全国1992—1998年研究生招生及在校生总规模统计表①　　（单位：人）

类　别	年　份						
	1992年	1993年	1994年	1995年	1996年	1997年	1998年
博士人数	5 036	6 150	9 038	11 056	12 562	12 918	14 962
硕士人数	28 312	35 739	41 718	39 869	46 632	50 315	57 320
在校生总人数	94 164	106 771	127 935	145 443	162 322	176 353	198 885

二、学位与研究生教育改革的深入

1. 不同寻常的1992年

1992年是中国改革开放历史上具有深远意义的一年。1992年年初,邓小平同志发表南方谈话,他从20世纪和21世纪初世界大格局出发,思考了中华民族的命运和前途,提出要解放思想,实事求是,抓住有利时机,加快改革开放的步伐,集中精力,把经济

---

① 吴镇柔,等. 中华人民共和国研究生教育和学位制度史 [M]. 北京：北京理工大学出版社,2001：484,486.

建设搞上去。他从理论上深刻回答了长期困扰和束缚人们思想的许多重大问题，进一步解除了人们思想上和行动上的禁锢。

同年，中国共产党第十四次代表大会胜利召开，会议做出了具有深远意义的决策，全面继承和发展了邓小平理论。其中最重要的一项决策就是要抓住机遇，加快发展。会议全面发展了邓小平同志提出的"要把教育摆在优先发展的战略地位"思想。党的十四大强调，"必须把教育摆在优先发展的战略地位，努力提高全民族的思想道德和科学文化水平，这是实现我国现代化的根本大计"。

邓小平南方谈话和党的十四大的召开，全面推动了我国教育的改革和发展，也为学位与研究生教育的改革和发展提供了强大的动力。

1992年对于苏州大学来说，同样意义非同寻常。这一年，苏州大学迎来了四十周年校庆（自1952年院系调整成立江苏师范学院始计算）。经过四十年的建设，苏州大学的办学规模不断扩大，各项事业不断发展，已发展成为一所文、理、工、师、财、法多学科、多层次的综合性大学。设有4个学院，16个系，28个专业，6个研究所，7个研究中心，40个研究室，拥有4个博士点，19个硕士点，各类在校生8 400多名，教职工近2 000名。其中，教授、副教授320人，研究生指导教师近100人，在校研究生人数达到近150人。20世纪末学校的奋斗目标是："把苏州大学建设成为适应社会主义现代化要求，面向21世纪的社会主义大学，争取在全国地方综合性大学中居于前列。"① 20世纪90年代是我国社会主义现代化建设的历史进程中非常关键的时期，也是苏州大学在新的起点上向更高的目标攀登的关键时期。回顾历史，展望未来，1992年，苏州大学站在了历史的高点之上，更是站在了历史的起点上，任重而道远。

2. 关于深化学位与研究生教育改革的几个重要文件

（1）《中国教育改革和发展纲要》及《中国教育改革发展实施意见》

《中国教育改革发展纲要》及《中国教育改革发展实施意见》由国务院分别于1993年2月和1994年7月发布施行。这两份文件为面向21世纪的中国教育确立了总体目标和任务，是面向21世纪的中国教育的纲领性文件。文件指出了到20世纪末我国教育发展的总体目标，对学位与研究生教育的要求是：硕士、博士生的培养要立足国内，在培养基础学科人才的同时，要重视培养社会急需的高层次应用型和复合型人才，学科建设要基本稳定基础学科的规模，适当发展新兴和边缘学科，重点发展应用学科，实施"211工程"，分期分批重点建设100所左右高等学校和一批重点学科，要努力扩大研究生的培养数量，完善研究生培养和学位制度，大力改革研究生招生和就业制度，改进硕士学位授权点和博士生导师的审核办法，加强质量监督和评估制度。

（2）《关于学位与研究生教育改革和发展的若干意见》

《关于学位与研究生教育改革和发展的若干意见》由国务院学位委员会于1993年2

---

① 张圻福. 苏州大学校史[M]. 南京：江苏人民出版社，1992：序言.

第三章 研究生教育的稳步提升与积极发展时期（1981—1998 年）

月下达，是对《中国教育改革和发展纲要》在学位工作与研究生教育方面的具体解读和贯彻落实，对推进全国学位与研究生教育的改革和发展发挥了重要作用。《关于学位与研究生教育改革和发展的若干意见》提出，20 世纪 90 年代研究生教育在保证必要的办学条件与质量和效益的前提下要有一个较大的发展。2000 年在学研究生规模力争比 1992 年翻一番。其中博士生的数量要有更大的发展。要进一步加强研究生院的建设，要集中财力重点建设一批代表国家水平的高等学校和学科点，努力形成一批较高水平的研究生培养基地。博士点的调整和增列要重视基础学科，加强应用学科，扶植新兴学科和边缘学科；硕士点的增列和调整要面向经济建设的主战场。改进招生工作，学校可以根据社会需求，增加委托培养、定向培养和自筹经费招生数量；改革研究生的就业制度，完善毕业生自主择业和用人单位择优录取的"双向选择"办法；积极改革研究生培养规格和类型单一的状况，加快专业学位的试点工作，进一步调整学科、专业设置，拓宽人才培养口径；进一步改进研究生培养方式和方法，实行灵活的学制，适度试行"硕博连读"的培养方式，推行研究生兼做教学、科研、管理工作等。

（3）《博士培养工作暂行规程》及《关于加强博士生培养工作的意见》

《博士培养工作暂行规程》及《关于加强博士生培养工作的意见》由国家教委研究生办、国务院学位办于 1992 年 3 月向全国博士生培养单位联合发出。《博士培养工作暂行规程》对博士生的培养目标、培养方式、课程学习、科学研究、学位论文及培养管理等方面做出了明确的规定和要求，共五章三十八条。自此，我国博士生的培养工作有了比较规范的要求，为各培养单位制订博士生的培养方案和培养计划提供了基本依据。而《关于加强博士生培养工作的意见》则向各培养单位加强博士生教育培养工作提出了四点要求：第一，大力加强思想政治教育。第二，严格教学管理，合理规范各学科博士生培养的基本要求，努力提高培养质量。第三，深化博士生培养改革，完善博士生培养制度。第四，加强重点学科和博士学科点的建设，改善博士生的培养条件，优化育人环境。这两份文件的颁布是实现"博士生教育要努力提高培养质量，为国家培养跨世纪的学术带头人和业务骨干的后备队伍，博士生数量要有更大发展"目标的现实需要。其后，博士生培养形成了以下主要改革措施：第一，严格要求博士生的课程学习；第二，建立了导师为组长的博士生指导小组，发挥学术群体的集体智慧；第三，重视培养环节的管理，针对各个环节提出相应的要求和考核办法；第四，严格审核博士学位论文的创造性成果；第五，改革博士生的培养方式，在三年制的基础上，增加了"直接攻博"和"硕博连读"的新模式；第六，扩大博士生的兼任助教、助研、助管工作。

（4）《关于进一步改进和加强研究生工作的若干意见》

《关于进一步改进和加强研究生工作的若干意见》由国家教委于 1995 年 11 月发出，这是一份 1995 年全国研究生教育工作座谈会的会议文件。为了更好地适应国家各项建设事业对研究生教育的要求，迎接 21 世纪的到来，并针对当时研究生教育中存在的问题，《关于进一步改进和加强研究生工作的若干意见》明确了"九五"期间研究生教育改革的基本方针和主要任务。基本方针：立足国内，适度发展，优化结构，相对集中，推进改革，提高质量。主要任务：第一，科学规划研究生教育发展的规模与速度，积极探索合理有效的调控机制。招生规模在1995年5万人的基础上，按7%的比例逐年增加，到2000年在校生规模达到20万人左右。第二，优化和调整学科、专业结构。按照规范和理顺一级学科，调整并拓宽二级学科的原则，做好修订培养研究生的学科、专业目录的工作，实现按较宽的口径培养研究生。第三，改进研究生培养工作，全面提高培养质量。硕士研究生的培养要进一步改变规格、类型比较单一的状况，逐步实现培养目标的多样化，统筹规划专业学位研究生教育，扩大专业学位研究生范围及其在硕士生教育中的比重，改革教学内容和课程体系，改革培养模式和教学方法；博士研究生培养要建立严格的规章制度，要拓宽培养口径，优化培养过程，有条件的单位可试行"硕博连读"的培养方式，加强博士生创新能力的培养，严格执行博士学位论文评审和答辩工作的各项规定，对博士生在学期间要提出科研成果的要求，以促进博士生学习与科研的积极性和创造性，提高培养质量和办学效益。加强重点学科和"211工程"建设，进一步推动"产、学、研"联合培养研究生的基础建设。

（5）《研究生院设置暂行规定》

《研究生院设置暂行规定》由国家教委于1995年10月9日发布。这个文件对研究生院的性质、职责以及建院条件和管理审批等方面都做了明确的规定，使研究生院的设置和建设逐步走上了法规化的轨道。对照这一规定，苏州大学在20世纪90年代末期积极调研，整合资源，大力加强人才培养和师资队伍建设，改善办学条件，尝试办研究生院。学校曾于2002年提出了试办研究生院的申请。此后，积极争取试办研究生院已成为苏州大学学位与研究生教育重要的近期目标之一。

（6）《关于修订研究生培养方案的指导意见》

《关于修订研究生培养方案的指导意见》由教育部研究生办公室于1998年4月发出。研究生培养方案是研究生培养过程的指导性文件，它的制订和完善直接影响研究生的整体培养质量。《关于修订研究生培养方案的指导意见》的出台正是为了指导各研究生培养单位更好地按照1997年6月颁布实施的新的《授予博士、硕士学位和培养研究生的学科、专业目录》的要求做好研究生培养方案的修订工作。《关于修订研究生培养方案的指导意见》就培养方案修订工作提出了三个要求：第一，基本原则。要正确把握新《授予博士、硕士学位和培养研究生的学科、专业目录》的内涵，体现本单位的办学优势和特色，要遵循研究生教育规律，以社会需求为导向，要认真总结本单位的培养经验，大胆吸收和借鉴国内外的先进经验和做法，突出研究生创新能力和综合素质的培养。第二，注意处理好几个关系。一是处理好一级学科和二级学科的关系，原则上按二级学科制订培养方案。二是处理好原学科专业与相应新学科专业的关系。三是处理好博士生培养和硕士生培养的关系，既要注意二者之间的联系，又要体现层次的区别。第三，规定了培养方案的基本内容。包括培养目标、研究方向、学习年限、课程设置、考核办法、学位论文工作、培养方式与方法及其他培养环节,要求培养方案在保证基本规范的基础上,具有可操作性。

根据《关于修订研究生培养方案的指导意见》的主要精神,结合本单位的具体情况,各研究生培养单位于1998年前后对本单位的研究生培养方案认真地进行了修订和制定工作。

3. 研究生教育与学位工作的进一步改革和制度的完善

(1) 关于招生工作

① 取得"单独考试权"。为利于有实践经验的在职人员报考并被录取为硕士生,国家教委于1986年11月发布《关于高等学校招收在职人员为硕士生进行单独考试试点的通知》。该通知规定:少数硕士生招生单位,经国家教委批准,可以进行对大学本科毕业后有5年以上实践经验,且在工作中确有成果的在职人员进行单独入学考试的试点。为有利于选拔优秀人才,提高生源质量,同时进一步扩大学校的办学自主权,1993年,苏州大学向国家教委、江苏省高校招生办申请开展在职人员硕士研究生入学单独考试权。①经国家教委批准,苏州大学从1994年开始开展此项工作,当年录取单独考试生37人。

② 招收"自筹经费研究生"。为适应社会对研究生的需求,国家教委在《关于编制1993年研究生招生计划的通知》中指出,从1993年开始,有条件的高等学校可以试行招收自筹经费研究生,招生人数一般不超过本校国家规定的研究生招生计划的5%。后又决定从1994年开始,放开自筹经费研究生的招生计划。自此以后,许多研究生培养单位积极招生,培养出了一批社会急需的高层次专门人才。苏州大学于1992年9月向江苏省教委正式提出申请,在《关于1993年攻读博士、硕士学位研究生招生计划的请示》(苏大研字〔1992〕第14号)里,正式提出了"拟自筹经费招收研究生9名"的计划,并出台了《苏州大学一九九三年招收自筹经费研究生试点方案》,该方案规定:自筹经费的考生按国家规定的统一录取标准录取,毕业时不负责分配,在学期间不享受人民奖学金,可享受朱敬文助学金,成绩优秀者可享受有关专项奖学金,经费按每生1.5万元(三年)的标准筹集。1993年9月,苏州大学实际录取自筹经费研究生3人。1994年录取自筹经费研究生16人,到1998年录取自筹经费研究生达到35人,增幅非常快,对学校研究生教育发展是一个促进。

(2) 关于学位授予工作

① 开展同等学力在职人员申请硕士、博士学位试点工作。20世纪80年代后期,国家教委在部分重点大学开展同等学力人员申请硕士、博士学位试点工作,以提高优秀在职人员的学历层次,促进在职人员的知识更新和工作能力的提高。1989年10月,苏州大学首次向国务院学位委员会提出《关于申请开展在职人员以同等学力申请硕士、博士学

---

① 《关于申请开展硕士研究生入学考试在职人员单独命题的请示》,苏大研字〔1993〕第5号,1993年4月8日,苏州大学档案馆馆藏,档案号:苏大研字1993年发文,第58-59页。

位试点工作的报告》（苏大科字〔1989〕第64号）。1991年6月，根据国务院学位委员会〔1991〕第7号文件《关于贯彻实施〈国务院学位委员会关于授予具有研究生结业同等学力在职人员硕士、博士学位暂行规定〉及其实施细则的通知》的精神，再次向国务院学位委员会、江苏省教委提出申请开展此项工作，并草拟了苏州大学授予同等学力在职人员硕士、博士学位的工作方案。1993年4月，苏州大学向江苏省教委再一次提出《关于申请授予具有研究生毕业同等学力在职人员硕士、博士学位工作的请示》（苏大学位字〔1993〕第3号），同时制定了《苏州大学关于授予具有研究生毕业同等学力在职人员硕士、博士学位暂行规定实施细则（草案）》，并上报了拟开展此项工作的学科和专业，包括英语文学、中国近现代史、基础数学等几个硕士学位点和中国古代文学一个博士点。1996年3月，苏州大学又向江苏省学位办提出了《关于开展具有同等学力在职人员申请硕士、博士学位工作的报告》（苏大研字〔1996〕第5号）并请转呈国务院学位办审批。经国务院学位办批准，于1996年6月下发《关于批准开展在职人员申请硕士学位工作单位的通知》（学位办〔1996〕第29号），苏州大学从1996年起可以开展在职人员申请硕士学位工作。1996年12月，学校及时印发了《苏州大学授予同等学力在职人员硕士学位工作实施细则》（苏大研字〔1996〕第18号）。该细则共分六章二十四条，规定"凡符合国务院学位委员会规定的有五届以上（含五届）毕业硕士生的我校学科、专业，均可接受在职人员申请相应的硕士学位"，并在学位申请者的申请条件、程序、资格审查、学位课程考试、学位论文评阅和答辩等方面做出了详细的要求和规定。从1999年起，陆续有经过课程学习符合申请条件的学员提出了学位申请，其中研究生课程进修班学员居大多数。到2009年，苏州大学授予同等学力在职人员申请硕士学位共计1 457人。①

表3-8　1999—2009年苏州大学同等学力在职人员申请硕士学位获授学位人数统计　（单位：人）

年份	1999年	2000年	2001年	2002年	2003年	2004年
人数	45	16	150	146	47	258
年份	2005年	2006年	2007年	2008年	2009年	
人数	199	206	178	134	78	

②把学位的获取和外语、计算机教学考试挂钩。为加强研究生外语和计算机的教学和应用能力的提高，从1990年起，苏州大学开始将研究生的学位外语与六级英语考试挂钩，通过六级外语考试作为获得学位的必要条件。通过几年的实践，研究生的外语教学有了明显的提高。1995年起，学校又做出决定，将研究生毕业与省学位英语考试挂钩。1996年，对学位英语的要求做出了调整，校学位评定委员会四届三次会议经过认真讨论，做出了《关于博士研究生学位英语考试的有关决定》（苏大学位字〔1996〕第5

---

① 根据1995—2009年苏州大学上报国务院学位办"苏州大学学位授予数据库"整理。

号），规定"1996级在校博士生的学位英语要求为六级英语考试55分，从1997级开始，以获得六级英语考试合格证书为要求"。硕士学位的获得以通过省学位英语考试为基本要求。根据《苏州大学硕士研究生外国语学习的暂行管理办法》，"非英语专业硕士研究生省学位英语考试成绩达到55分以上（单考生50分以上）按70%的比例计入课程英语成绩，加权要达到60分"，1997年1月在《关于硕士研究生外语教学的补充通知》中又强调"必须省学位英语考试成绩达到55分以上（单考生50分以上）才能以70%比例计入加权总分"。这些措施促进了研究生的外语教学，提高了研究生的外语水平。1990年以后，在计算机教学还不普及的情况下，苏州大学对所有研究生提出了计算机学习的要求。学校规定，文科类研究生学习计算机应用类基础知识，理工科类研究生学习计算机应用基础及程序设计等语言类知识。

③加强学位论文的质量把关。在强化开题报告、论文答辩申请、论文评阅、论文答辩等常规工作之外，学校从1996年起开展毕业硕士学位论文跟踪调查。从每个学科、专业中任意抽取一个学生的论文，隐去姓名、导师，在国内选择与苏州大学有相同专业的平时来往较少的学校，请专家重新进行评阅，评阅结果返回给苏州大学各学院，从而促进研究生导师认真指导，督促学生认真从事科研和学习，保证学校研究生培养和学位授予质量的稳步提高。这一制度也成为学校从2008年开始全面实施学位论文盲审工作的肇始。

(3) 关于培养工作

①1998年培养方案的制订和修订。研究生培养方案关系到研究生的整体培养质量，是研究生教育的一件大事。从1990年起，学校决定每两年进行一次研究生培养方案的修订工作。到1998年，随着第七批学位点申报工作的尘埃落定，根据教育部关于修订研究生培养方案的指导意见，当年6月，苏州大学按照新的学科和专业目录，学校决定对现有的10个博士点、52个硕士点的培养方案进行修订或制定①，并根据上级有关文件精神提出了具体的修订意见。第一，调整研究方向。研究方向要有前沿性，与当前科学研究的发展方向要相适应，要强调为国民经济发展服务，提倡设置与交叉学科、新兴学科有关的研究方向。第二，拓宽专业知识面。1990年要求"按一级学科设立1~2门公共学位课"，这一次要求"按一级学科设立3门公共学位课程"，同时要求"跨一级学科开设1门以上课程，跨专业开设1门以上课程，每个专业需开设本专业前沿学术讲座"。第三，强调科研能力的培养。突出与学位论文有关的各个环节的管理，对毕业生的科研水平、科研成果提出总的要求。

②加强研究生课程进修班的管理。1992—1998年，苏州大学为了加强各类师资队伍建设，面向中学教师和管理干部举办了三期硕士研究生课程进修班，面向高校举办了助

---

① 《关于修订研究生培养方案的通知》，苏大研〔1998〕第9号及其附件1《苏州大学关于修订研究生培养方案的基本要求》，苏州大学档案馆馆藏，档案号：苏大研字1998年发文，第13页。

教进修班、骨干教师进修班，1997—1998 年还举办了两期高校教师进修班；1996 年开始举办在职干部研究生课程进修班。为了进一步加强和规范各类研究生课程进修班的培养与管理工作，学校出台了若干管理规定。1992 年 6 月出台了《苏州大学举办助教进修班的暂行规定》和《苏州大学举办骨干教师进修班的暂行规定》（苏大研字〔1992〕第 8 号）。1996 年 4 月出台了《苏州大学举办研究生课程进修班实施细则》（苏大研字〔1996〕第 13 号），1997 年 4 月又下发了《苏州大学研究生课程进修班有关管理规定》（苏大研字〔1997〕第 7 号）。1998 年年底，江苏省学位办对苏州大学举办的研究生课程进修班进行了全面检查，反响较好。

③ 试行本硕连读的研究生培养模式。基于江苏省对体育专业研究生人才的需求，特别是高等学校体育师资队伍建设的需要，适应江苏省高等教育事业的发展，学校向省教委提出，从 1998 年开始，在体育学院高校体育教育专业中试行"4+2"模式培养研究生，即在学生完成本科学习任务后，学校选择部分优秀生继续两年完成硕士研究生学习任务，毕业后享受研究生待遇。[①] 1999 年经教育部批准，苏州大学体育学院开始举办"4+2"本硕连读试点班。

④ 其他有关研究生培养的规章制度。一是《苏州大学研究生教育专项经费管理暂行办法》（苏大研字〔1994〕第 8 号）。为了加快苏州大学研究生教育事业的发展，深化研究生培养制度的改革，切实解决研究生实际生活困难，激励在校研究生刻苦学习，奋发向上，从而全面提高研究生的培养质量，经研究决定，学校于 1994 年 5 月 6 日设立苏州大学研究生教育专项经费，并印发了上述管理办法。二是《苏州大学研究生助学金发放办法（试行）》（苏大研字〔1996〕第 19 号）。为了资助经济困难和家庭或其个人遭受突发性灾害致贫的研究生完成学业，学校拨专款设立了研究生助学金，并于 1996 年 11 月制定了助学金发放办法。三是《苏州大学研究生奖学金制度试行办法》。为了鼓励研究生在校期间教育学习，刻苦钻研，品学兼优，全面发展，国家设立了研究生奖学金，分为普通奖学金和优秀奖学金。为做好奖学金发放工作，学校制定了上述办法。1995 年做了修订，改为《苏州大学研究生奖学金管理办法》，目的是为了保证普通高等学校研究生本人基本生活需要，同时标准也大幅提高，额度增加了一倍以上。此后，随着经济社会的发展，研究生奖学金的发放额度每年略有增长。四是《苏州大学关于实行研究生兼任助教工作的试行规定》。为全面提高研究生的素质，探索研究生培养和助教制度改革的有效途径，苏州大学从 1996 年起全面试行研究生助教制度。按"按需设岗，按岗定酬，公开招聘，择优聘用"的原则试行这一工作。为保证此项工作的顺利进行，学校同时制定了《关于实行研究生兼任助教制度的实施细则》，从 1996 年秋全面施行。

---

① 《关于申请在我校体育学院高校体育专业（本科）中试行"4+2"模式培养研究生的请示》，苏大研〔1998〕第 4 号，1998 年 4 月 1 日，苏州大学档案馆馆藏，档案号：苏大研字 1998 年发文，第 6 页。

第三章 研究生教育的稳步提升与积极发展时期（1981—1998年）

（4）关于学位点审批和研究生导师增列工作

这一时期关于学位点建设和研究生导师队伍建设的最大特点就是从中央到地方，把学位点和研究生指导教师的审批权进一步下放，目的是为了更好地适应当前我国学位与研究生教育事业的迅猛发展，增强各研究生培养单位的办学自主权，以使研究生教育事业的发展更好地为地方经济建设服务，更好地促进我国学位与研究生教育的持续、稳定、健康地发展。

① 研究生指导教师审批权的下放。1992年之前，苏州大学的硕士生指导教师审批权已经于1986年从国务院学位委员会放权到江苏省学位委员会，硕士生指导教师的增列只要经过江苏省学位委员会批准即可。但为了适应改革开放的形势，扩大高校的办学自主权，更好地促进研究生教育的发展，江苏省教委、江苏省学位委员会于1992年7月21日联合发文①，决定把硕士研究生指导教师的审定和聘任权放给各高等学校。根据这一精神，苏州大学及时制定了《苏州大学硕士生导师审核条件和审批程序》，以规范学校的导师增列工作。为进一步加强硕士生导师增列工作的科学化和规范化，加强导师队伍建设，提高研究生培养质量，1997年12月，学校学位评定委员会五届二次会议审议通过了《苏州大学硕士生指导教师任职条件》（苏大研字〔1997〕第20号）。1992—1998年是我国博士研究生培养快速发展的阶段，为更好地适应博士研究生教育发展的需要，国务院学位委员会于1995年下发《关于改革博士生指导教师审核办法的通知》（学位〔1995〕第20号）及其实施办法，文件明确提出，为促进我国博士生教育事业的发展，更好地培养高层次的人才，决定将博士生指导教师的审批权下放到地方学位委员会。为更好地贯彻这一精神，苏州大学于1995年12月按照国务院学位委员会和江苏省学位委员会的要求，制定并公布了《苏州大学审核并增补博士生指导教师工作实施细则》（苏大学位字〔1995〕第11号），明确了苏州大学增列博士生指导教师的各项规定。1998年4月，江苏省学位委员会下发通知，对苏州大学1995年以来的博士生导师遴选工作进行检查。学校于1998年5月开展自查工作，并向江苏省教委上报了自评估结果②，情况良好。三年来，博导审批权的下放，有力地促进了苏州大学博士生教育的发展，新审定的博士生导师质量基本上是好的，对学校的博士点建设及博士生培养产生了积极的影响。主要表现在以下方面：第一，扩大了博士生导师队伍。第二，有利于及时调整博士生导师队伍的年龄结构。第三，有利于巩固和增加有特色的研究方向，促进博士点建设。第四，导师的竞争上岗意识有所增强，在中青年教师中产生了极大的激励作用。这次博导遴选工作的检查评估也是国务院学位委员会进一步放权的一个信号。为进一步放权，扩

---

① 《关于改进聘任硕士生指导教师工作的通知》，苏教科〔1992〕第26号，1992年7月21日，苏州大学档案馆馆藏，档案号：1999-JX11-1，第2页。

② 《关于上报博士生指导教师遴选工作总结的函》，苏大研〔1998〕第6号，1998年5月29日，苏州大学档案馆馆藏，档案号：1998-JX11-1，第26页。

大研究生培养单位的办学自主权，1999年4月，国务院学位委员会在学位〔1999〕第9号文件中明确了"将博士生指导教师的审批权全部下放到培养单位"。为进一步开展好苏州大学自行审定增列博士生导师工作①，学校又于1999年及时制定了《苏州大学自行审定增列博士生导师实施细则（试行）》。自此，研究生指导教师的审批权全部由学校自行掌握。

②学位点审批和调整权的下放。在研究生指导教师审批权下放的同时，学位授权点的审批和调整权也在逐步下放。早在1985年2月，国务院学位委员会第六次会议决定，"逐步试行在一定学科范围内下放审批硕士学位授权学科、专业点权限，并批准部分条件较好、管理制度比较健全的学位授权单位进行试点"。此后，从1986年到1995年，在第三、四、五、六批学位点申报工作中，国务院学位委员会批准了北京大学等少数高校的研究生院开展自行审批和调整硕士点工作。为了有利于地方根据本地区发展的需要，统筹规划硕士生教育的发展，减少全国统一评审硕士点的工作量，1995年5月，国务院学位委员会批准开展省级学位委员会审批硕士点的试点工作。江苏省学位委员会被列为6个试点省市之一，可以在除军事学学科以外的十个学科门类中自行审批和调整硕士学位点。这一政策极大地促进了苏州大学学位点建设工作。从1995年开始，国务院学位委员会又开始按一级学科行使博士学位授予权的审核试点工作，首先在数学、化学、力学、电工、计算机科学与技术五个一级学科中试行。1997年的第七批学位点申报工作中决定加快按一级学科审核学位授权的进程，这一政策的实施进一步扩大了学位授予单位的办学自主权，有利于加强学科建设，有利于拓宽研究生的知识面，有利于培养质量的提高。因此，按一级学科行使学位授予权是学位授权审核改革的方向和趋势。

4. 研究生管理机构的进一步改革与加强

1990年苏州大学成立研究生部之后，研究生各级管理机构力量有所增强。为加强研究生部自身建设，完善组织机构的设置，1997年苏州大学研究生部设立了学位办公室、招生办公室、教学管理科三个科室。为了加强研究生思想政治工作，1996年学校成立了研究生部党总支，同时完善和建立了研究生分团委、研究生会、科协等学生组织，以各年级为单位建立学生党支部，支部书记由学生自己担任，进一步完善了研究生各级党团组织在"自我教育、自我管理、自我服务"中的作用。为了加强研究生管理工作的科学化、规范化，在1987年制定的研究生管理规章制度汇编的基础上，1997年又修订了《苏州大学研究生管理工作手册》，分为教师、管理人员手册和学生手册。至1998年，苏州大学研究生管理部门有行政管理人员7人，政工人员3人，这10位管理人员中有正教授1人，副教授2人，中级4人，助教3人，其中有硕士学位者4人。在加强管理力量的同时，还积极引导各级研究生管理工作人员加强对学位与研究生教育的研究，先后有多

---

① 《关于进一步下放博士生指导教师审批权的通知》，学位〔1999〕第9号，苏州大学档案馆馆藏，档案号：1999-JX11-1，第23页。

第三章 研究生教育的稳步提升与积极发展时期（1981—1998年）

人参加国务院学位办、学位与研究生教育学会下达的科研课题，发表了多篇学术论文，既提高了研究生管理人员的科研能力，也提升了研究生管理工作的理论水平。到1998年年底苏州大学在研究生管理方面做到了机构健全，制度健全，人员落实，保证了学校研究生教育事业发展的顺利进行。

1993年，苏州大学研究生招生办公室还被评为江苏省招生工作先进集体，曹健、李曹芳同志被评为招生工作先进个人。1998年7月，由于苏州大学学位与研究生教育管理工作人员的出色工作，学校研究生部被江苏省学位委员会评为江苏省学位与研究生教育管理先进集体，曹健同志被评为先进个人。①

随着苏州大学学位与研究生教育的迅猛发展，为了适应研究生教育发展的新形势，2002年5月28日，学校成立了研究生党工委，研究生部下设招生科、培养科、学位科、思想政治教育管理科、综合科五个科室，"211工程"办公室、学科建设办公室与研究生党工委、研究生部合署办公。至此，苏州大学学位与研究生教育从机构上、组织上、制度上彻底得到了落实，保证了研究生教育的正常发展。

表3-9 研究生部历任领导

研究生部主任	研究生部副主任	党工委（总支）		学科办、211办	
		书记	副书记	主任	副主任
凌寅生 （1990—1995）	杨大轴 （1990—1993）	陆思东 （1996—1999）	丁 林 （1996—1999）	蔡镜浩 （1999—1999）	丁 林 （1999—2001）
蔡镜浩 （1996—1999）	蔡金元 （1993—1995）	朱士群 （2002—2003）	刘 枫 （2002—2006）	任 平 （1999—2002）	姜建明 （2000—2010）
任 平 （1999—2002）	丁林（兼） （1995—1999）	陈一星 （2003—2006）	俞伟清 （2010—2011）	朱士群 （2002—2009）	吴雪梅 （2008—2011）
朱士群 （2002—2007）	卢钦和 （1995—1996）	刘 枫 （2006—2007）		王家宏 （2009—2011） 吴雪梅 （2011—2013）	邱 鸣 （2010—2013）
廖 军 （2007—2008）	曹 健 （1998—2010）	曹 健 （2007—2010）			
陈国强 （2008）	姜建明（兼） （2002—2007）				
王家宏 （2008—2011）	吴雪梅 （2008—2011）				
	邱 鸣 （2010—2011）				

注：丁林同志1990—1996年任研究生直属党支部书记。

---

① 《关于表彰江苏省学位与研究生教育管理先进集体和先进个人的决定》，苏学位字〔1998〕第20号，1998年6月30日，苏州大学档案馆馆藏，档案号：1998-JX11-2。

5. 学位评定委员会的改革和完善

（1）学位评定委员会的换届与改革

1995年7月，根据《苏州大学学位评定委员会章程》的有关规定，学校第三届学位评定委员会进行了换届选举。经江苏省学位委员会同意，苏州大学成立了第四届学位评定委员会，由24名委员组成，姜礼尚教授任主席，沈琪教授、朱栋霖教授任副主席[①]，同时财经学院等12个院、系部分委员会也进行了换届工作。[②] 1996年由于校领导人事变动，经江苏省学位委员会批准，校学位评定委员会做了适当的调整，由钱培德教授接替姜礼尚教授任主席。同年，钱培德校长当选为江苏省学位委员会委员。

随着苏州大学学位与研究生教育事业的发展，特别是苏州蚕桑专科学校（1995年）和苏州丝绸工学院（1997年）先后并入苏州大学，原先的学位评定委员会已经不能适应形势的发展和需要，随着学校学科门类和专业的增加，改革和重新选举产生新的学位评定委员会成为必然需求。1997年9月，江苏省学位委员会同意苏州大学成立第五届学位评定委员会，委员会由23名成员组成，钱培德校长任主席，沈琪教授、朱栋霖教授任副主席，任期三年。[③] 与此同时，还改组了各院、部学位评定分委员会。[④] 第五届学位评定委员会与以往相比有了较大的改革，在委员会组成中成立了文科专业委员会和理工科专业委员会，目的是为了更好地发挥委员的专业优势，有的放矢地做好与学位评定的相关工作，提高工作效率和工作的针对性。

※附：钱培德、沈琪教授简介

钱培德（1947— ），男，汉族，1947年11月生，江苏无锡人。1982年自南京大学计算机科学系毕业后，一直在苏州大学任教。1998年兼东南大学博士生导师。1996—2006年担任苏州大学校长。江苏省计算机信息处理技术重点实验室主任，国务院政府特殊津贴享受者，国家级有突出贡献的中青年专家。中国计算机学会理事，中国中文信息学会常务理事，江苏省计算机学会副理事长。20世纪80年代初期，就开始操作系统的本地化研发工作，在世界上首先开发成功运行于S/09小型机的Uniflex本地化版本，并进行了部分推广工作。80年代中后期，随着PC机在我国的迅速崛起，他首先在DOS平台上完成了本地化系统的剖析和技术普及化工作，在中文信

[①] 《关于同意苏州大学第四届学位评定委员会组成人员的批复》，苏学位字〔1995〕第17号，1995年10月26日，苏州大学档案馆馆藏，档案号：1995－JX16－2，第1页。

[②] 《关于公布苏州大学第四届校学位评定委员会、各院系部分委员会组成成员名单的通知》，苏大〔1995〕第36号，苏州大学档案馆馆藏，档案号：1995－JX16－2，第2－10页。

[③] 《关于同意苏州大学第五届学位评定委员会组成人员的批复》，苏学位字〔1997〕第33号，1997年9月30日，苏州大学档案馆馆藏，档案号：1997－JX16－2，第2页。

[④] 《关于公布苏州大学第五届学位评定委员会组成人员名单的通知》，苏大〔1997〕第34号，1997年10月25日，苏州大学档案馆馆藏，档案号：1997－JX16－2，第15页。

息处理界产生了重大影响。在国内外学术刊物和国际学术会议上发表论文 80 余篇，其中被 EI 索引 20 多篇，出版专著、主编教材 17 部，完成国家"863—306"关键技术攻关项目 1 项、省部级以上纵向科研项目 15 项、海外合作项目及横向项目 20 余项，多项科研成果达到了国内外领先水平。

沈　琪（1940—　），女，汉族，1940 年 1 月出生于上海市。1962 年毕业于南开大学化学系，1966 年研究生毕业于中国科学院长春应用化学研究所，1979—1981 年原西德马普煤炭研究所访问学者。1990 年被国务院聘为博士生导师。1993 年 9 月到苏州大学化学化工学院（原化学系）工作，1995—1998 年担任苏州大学化学化工学院院长。国家级有突出贡献中青年专家，享受国务院政府特殊津贴。江苏省"333 工程"第一层次培养对象，江苏省普通高等学校优秀学科带头人。中国科学院上海有机化学研究所金属有机化学国家重点实验室学术委员会委员。在国内外的核心期刊上发表学术论文 200 多篇，参编著作 6 本。1993 年和 1998 年分别获得中国科学院自然科学二等奖和江苏省科技进步二等奖。主要研究方向：金属有机化学，包括稀土和过渡金属配合物的合成、结构及其在有机和高分子合成中的应用。

(2) 积极参与学位评定和检查评估工作

1995 年，陈克潜、郑立信两位教授参加了江苏片四省在无锡轻工学院举行的哲学等 6 个学科的硕士学位点评估工作。钱培德、王国平、李炳如、杨海坤、王汉章等 6 位教授参加了江苏省学位委员会组织的镇江硕士点评审会议。段本洛教授应国务院学位办的邀请参加了 1995 年度全国高校研究生院评估工作，同时具体参加了全国优秀博士论文的评价工作。严迪昌、朱烈教授被国务院学位委员会聘请为 1995 年博士点、硕士点通讯评议专家组成员。1997 年，经省学位委员会批准，杨海坤、万解秋、王文英、周川、李振亚、王国平 6 位教授当选为江苏省学位委员会学科评议组第一届成员。苏州大学专家学者的积极工作，有效地扩大了学校在全省乃至全国的影响。

※ 附：苏州大学第四届学位评定委员会委员名单（24 人）（1995 年 10 月 26 日）

主　席：姜礼尚　钱培德（1996 年接任）

副主席：沈　琪　朱栋霖

委　员：周炳秋　朱秀林　殷爱荪　朱永新　黄贤武　陈学基　卢钦和　杨海坤
　　　　范伯群　任　平　段本洛　张关雄　郑立信　朱　烈　朱士群　顾仁敖
　　　　程战铭　恽自求　凌寅生　周　川

※ 附：苏州大学第五届学位评定委员会委员名单（23 人）（1997 年 10 月 25 日）

主　席：钱培德

副主席：沈　琪　朱栋霖

委　　员：周炳秋　朱秀林　殷爱苏　白　伦　蔡镜浩　朱永新　黄贤武　万解秋
　　　　　杨海坤　崔志明　任　平　王国平　徐青根　唐忠明　朱士群　顾仁敖
　　　　　王家洪　徐回祥　廖　军　周　川

文科专业委员会：

召集人：王国平　朱栋霖

成　　员：周炳秋　殷爱苏　蔡镜浩　朱永新　万解秋　杨海坤　任　平　徐青根
　　　　　廖　军　周　川

理工科专业委员会：

召集人：沈　琪　徐回祥

成　　员：钱培德　朱秀林　白　伦　黄贤武　崔志明　唐忠明　朱士群　顾仁敖
　　　　　王家洪

三、学位与研究生教育的积极发展

1. 学位点申报、调整和评估

（1）学位点的申报和调整

第五批学位授权点申报（1993年）。随着前四批学位授权点工作的开展，学校积累了丰富的经验。在第五批学位点申报之前，学校加快了学科建设的步伐，也加大了师资队伍建设的力度，人才的引进和培养得到了充分的重视。同时，学校积极培植应用型和交叉型学科，注重新设院系学位点的申报，并做了大量的调研和准备工作。① 1993年3月，学校正式提出了第五批学位授权点拟授权的学科、专业以及导师。其中，申请博士学位授权学科、专业有4个，分别为马克思主义哲学、英语语言文学、理论物理、有机化学。申请硕士学位授权学科、专业为行政法学、企业管理等16个。② 1993年12月，国务院学位委员会批准苏州大学新增7个硕士点，分别为行政法学、应用社会学、工业心理学、运动生物力学、通信与电子系统、计算机应用、农业经济管理。③ 第五批学位点申报工作结束时，苏州大学的硕士点数量达到26个，各院、系、部、所都有了硕士学位点，并且扩大了学科门类的覆盖面。

---

① 《关于上报苏州大学"八五"期间硕士点布局调整调研材料的函》及调研报告，苏大研字〔1992〕第13号，1992年7月13日，苏州大学档案馆馆藏，档案号：苏大研字1992年发文，第52页。
② 《关于申报博士和硕士学位授权学科专业材料的函》，苏大学位字〔1993〕第6号，1993年6月29日，苏州大学档案馆馆藏，档案号：1993-JX16-6，第26-82页。
③ 《关于下达第五批博士和硕士学位授权学科、专业点名单的通知》，苏学位字〔1993〕第12号，1993年12月，苏州大学档案馆馆藏，档案号：1993-JX16-5，第7-8页。

第三章 研究生教育的稳步提升与积极发展时期（1981—1998 年）

表 3-10 苏州大学第五批（1993 年）学位点申报获授权名单

类别	申报学位点名称	获批学位点名称
博士学位点及导师姓名	马克思主义哲学（崔绪治）、英语语言文学（陆昇）、理论物理（李振亚）、有机化学（沈琪）	无
硕士学位点	农业经济管理、劳动经济学、企业管理、行政法学、马克思主义理论教育、思想政治教育、应用社会学、工业心理学、运动生物力学、体育教育理论与方法、现代汉语、俄语语言文学、专门史、材料物理、通信与电子系统、计算机应用	农业经济管理、行政法学、应用社会学、工业心理学、运动生物力学、通信与电子系统、计算机应用

第六批学位授权点申报（1995 年）。1995 年，国务院学位委员会将硕士学位审批权下放给了江苏省学位委员会，并鼓励调整学科专业，改造老学科，给了一个"下一上二"的政策。学校紧紧抓住这一契机，果断地将专业老化、招生生源紧张、分配困难、师资力量不足的中国文学批评史和原子核物理硕士学位点进行调整，慎重地提出了撤销这两个学位点的申请，同时增补 4 个硕士学位点以补充。经过充分的酝酿，学校于 1995 年 7 月向江苏省学会委员会申报博士学位点 2 个，硕士学位点 24 个。① 经国务院学位委员会批准，苏州大学新增凝聚态物理博士点。② 经江苏省学位委员会批准，苏州大学新增货币银行学、汉语史、光学仪器等 13 个硕士学位授权点。③ 其中汉语史、材料物理、光学仪器授权点的获批即得益于调整中国文学批评史和原子核物理硕士点的"下一上二"政策。通过第六批学位点申报，苏州大学博士点达到 5 个，硕士点达到 36 个。在这次申报中学校抓住调整学位点的有利时机，将部分基础学科学位点调整为应用型学科，扩大了应用文科专业与工科专业的覆盖面。

表 3-11 苏州大学第六批（1995 年）学位点申报获授权名单

类别	申报学位点名称	获批学位点名称
博士点	凝聚态物理、有机化学	凝聚态物理
硕士点	伦理学、财政学、货币银行学、企业管理、世界经济、法学理论、马克思主义理论教育、教育管理学、学科教学论（数学）、体育教学理论与方法、比较文学、俄语语言文学、语言学与应用语言学、中国古典文献学、中国地方史、高分子化学与物理、概率论与数理统计、分析化学、应用化学、系统工程、新闻学、汉语史、材料物理、光学仪器	货币银行学、世界经济、法学理论、教育管理学、学科教学论（数学）、比较文学、中国地方史、高分子化学与物理、概率论与数理统计、应用化学、汉语史、材料物理、光学仪器

注：中国文学批评史、原子核物理硕士学位点被国务院学位委员会批准撤销。

---

① 《关于上报申请博士、硕士学位授权点材料的报告》，苏大学位字〔1995〕第 7 号，1995 年 7 月 9 日，苏州大学档案馆馆藏，档案号：1996－JX16－3，第 3 页。
② 《关于下达第六批博士、硕士学位授权学科、专业点名单的通知》，学位字〔1996〕第 12 号，1996 年 6 月 10 日，苏州大学档案馆馆藏，档案号：1996－JX16－3，第 21 页。
③ 《关于公布江苏省学位委员会 1995 年审核批准的硕士点名单的通知》，苏学位字〔1996〕第 11 号，1996 年 5 月 25 日，苏州大学档案馆馆藏，档案号：1996－JX16－3，第 10 页。

第七批学位点申报（1997年）。1997年学位点申报前，由于原苏州丝绸工学院并入苏州大学，在原有基础上增加4个硕士点①，分别为：纺织工程、纺织化学与染整工程、机械设计及理论、设计艺术学。基于苏州蚕桑专科学校和苏州丝绸工学院的并入，加快了苏州大学多学科的交叉和融合，有利于学校学科综合优势的发挥，随着苏州大学进入"211工程"建设高校行列，学校的学科建设取得了突破性的进展，从而使得学校在1997年第七批学位点申报工作中取得了令人瞩目的成绩。1997年10月，学校向江苏省学位委员会申报了马克思主义哲学等8个博士学位授权点，伦理学等22个硕士学位授权点。②1998年6月，经国务院学位委员会、江苏省学位委员会审批同意，苏州大学在第七批学位点申报中获得马克思主义哲学等5个博士学位授权点③，伦理学等12个硕士学位授权点④。

表3-12 苏州大学第七批（1997年）学位点申报获授权名单

类别	申报学位点名称	获批学位点名称
博士学位点	马克思主义哲学、宪法学与行政法学、比较文学与世界文学、有机化学、光学、材料物理与化学、计算机应用科学、纺织工程	马克思主义哲学、宪法学与行政法学、比较文学与世界文学、有机化学、纺织工程
硕士学位点	伦理学、财政学、诉讼法学、国际法学、马克思主义理论与思想政治教育、高等教育学、成人教育学、体育教育训练学、中国古典文献学、俄语语言文学、传播学、戏剧戏曲学、计算数学、机械电子工程、材料学、物理电子学、企业管理、纺织材料与纺织品设计、特种经济动物饲养、行政管理、档案学、管理科学与工程	伦理学、财政学、国际法学、高等教育学、体育教育训练学、俄语语言文学、传播学、材料学、企业管理、纺织材料与纺织品设计、特种经济动物饲养、行政管理

经过第五、第六、第七批学位点申报，至1998年，苏州大学的博士学位授权点达到10个，硕士学位授权点达到52个⑤，在12个学科门类中占了10个，覆盖了学校大部分本科专业。在进行学位点申报工作的同时，苏州大学研究生部还未雨绸缪，在1998年年初为新一轮学位点申报及学校学科建设进行了调研和认真规划，主要做了以下三项工作：第一，对全校已有学位点的梯队、研究方向等进行了认真全面的调查，并排出存在的问

---

① 纺织工程（原先称丝绸工程），1984年1月获批；纺织化学与染整工程，1986年7月获批；机械设计及理论，1986年7月获批；设计艺术学，1993年12月获批。
② 《关于上报申请博士、硕士学位授权点材料的报告》，苏大学位字〔1997〕第5号，1997年10月24日，苏州大学档案馆馆藏，档案号：1998-JX16-1，第1-16页。
③ 《关于下达第七批博士和硕士学位授权学科、专业名单的通知》，学位〔1998〕44号，1998年6月19日，苏州大学档案馆馆藏，档案号：1998-JX16-1，第1-16页。
④ 《关于公布江苏省学位委员会审批增列、调整第七批硕士学位授权点结果的通知》，苏学位字〔1998〕第23号，1998年7月15日，苏州大学档案馆馆藏，档案号：1998-JX16-1。
⑤ 其中"学科教学论"硕士学位授权点含物理和数学两个三级学科，统计时计为一个二级学科硕士学位点。

题及整改措施。第二，在调查摸底的基础上拟订出近三年拟建设的硕士、博士学位授权点的计划方案，并提出了建设的对策。第三，组织召开了学校学科建设工作会议，总结学科建设情况，审查各学院学科建设的规划，经学校党委常委扩大会议审定，制定了全校的学科建设规划，同时为层层落实，提高责任意识，学校与各学院签订了学科建设责任书，保证规划建设的严肃性和有效性。这些工作的开展，为新一轮研究生学位点申报打下了坚实的基础。

（2）开展学位点评估和检查工作

1992年，根据国务院学位委员会、国家教委〔1991〕第15号和学位办〔1992〕第1号、20号文件精神，苏州大学对原子核物理、光学、理论物理3个物理学科硕士学位点进行了认真的自查评估并形成了自查报告。同时请南京大学龚昌德教授等三位专家按评估要求进行了打分，于1992年7月向江苏省教委上报了自查工作总结。① 经国务院学位办审核，于1994年公布了评估结果：理论物理75.82分，在参评的43家单位中位列第31位；原子核物理76.84分，在参评的18家单位中排名第18位；光学75.98分，在参评的40家单位中位列第31位。② 正是通过这次评估，苏州大学在第六批学位点申报前下决心对原子核物理硕士学位点做出了撤销的调整。

1993年，根据国务院学位委员会〔1992〕第25号文《关于委托地方学位委员会对部分通用学科硕士学位和研究生教育进行检查和评估的通知》要求，江苏片4省（苏、鲁、皖、赣）进行了中国语言文学、历史学、力学、生物学4个一级学科硕士学位点的检查评估。苏州大学对中文系的文艺学、中国现当代文学、中国古代文学、中国文学批评史4个学位点，历史系的中国近现代史、世界近现代史2个学位点分别进行了自查，于1993年4月将自查报告上报江苏省学位委员会。③ 经国务院学位办审核，于1995年5月公布评估结果：世界近现代史、文艺学、中国文学批评史均被评为B等级。④ 1995年3月，江苏省学位委员会又下发《关于对哲学等7个通用学科硕士学位和研究生教育进行检查和评估的通知》。苏州大学根据文件精神，组织专家组对学校马克思主义哲学、英语语言文学等6个硕士学位点分别进行了认真的自查和评估，于1995年7月向江苏省学位委员会上报自查评估报告⑤，并参加了1995年8月开始的江苏片4省（苏、鲁、皖、赣）

---

① 《关于上报〈苏州大学物理学科学位点自查工作总结〉的函》，苏大研字〔1992〕第11号，1992年7月6日，苏州大学档案馆馆藏，档案号：苏大研字1992发文，第36—41页。

② 《关于下达物理等三个学科学位与研究生教育评估结果的通知》，学位办〔1994〕第28号，1994年6月30日，苏州大学档案馆馆藏，档案号：1994-JX16-5，第32-34页。

③ 《苏州大学中文、历史两系硕士以上学位点自我评估报告》，苏大学位字〔1993〕第4号，1993年4月16日，苏州大学档案馆馆藏，档案号：1993-JX16-4，第38-40页。

④ 《关于公布中国语言文学等四个一级学科硕士点检查评估结果的通知》，学位办〔1995〕第26号，1995年5月8日，苏州大学档案馆馆藏，档案号：1995-JX16-3，第22-52页。

⑤ 《关于上报马克思主义哲学等6个硕士学位点检查和评估材料的函》，苏大学位字〔1995〕第8号，1995年7月9日，苏州大学档案馆馆藏，档案号：1995-JX16-3，第53-223页。

的互查。有机化学、物理化学、英语语言文学硕士点获评 A 等级；基础数学、无机化学、马克思主义哲学获评 B 等级，全部通过评估。①

1995 年 10 月，学校还按照国务院学位委员会〔1995〕第 50 号文件精神，组织了对应用数学博士点进行自我评估②，并上报了自我评估材料，经国务院学位办审核，1996 年发文公布评估合格。③

1997 年根据国务院学位委员会《关于对前四批博士、硕士学位授权点进行基本条件合格评估工作的通知》（学位〔1997〕第 1 号）的精神，在江苏省学位评委会安排下，苏州大学组织了政治学理论、学科教学论（物理）、丝绸工程、组织机械、染整工程 5 个专业参加了江苏省学位办组织的硕士点评估。评估结果除纺织机械专业"责其改进"之外，其余均获 A 等级。同时，中国古代文学、中国现当代文学、中国近现代史参加了国务院学位办组织的博士学位点评估，评估结果均为合格。④

2. 研究生指导教师队伍建设

1992—1998 年，随着学位与研究生教育事业的发展，以及研究生指导教师审批权的下放，苏州大学研究生指导教师队伍建设明显加快，导师队伍的年龄结构和职称结构更趋合理，质量明显提高。

到 1991 年年底，苏州大学有研究生指导教师 75 人，其中硕士生指导教师 70 人，博士生指导教师 5 人。从职称上看，具有教授职称的 32 人，副教授职称的 43 人；从年龄结构上看，41—45 岁区间有 26 人，60 岁以上有 6 人。可以明显地看出学校现有的导师在年龄结构上不太合理，呈现老龄化趋势，没有 40 岁以下的青年研究生指导教师，给人的感觉是青黄不接、后继乏人。1992 年国家对研究生导师审批权进行改革，将硕士生指导教师的审批权下放到各个学校，以扩大各高校的办学自主权。学校抓住这一有利时机，大力加强硕士生指导教师队伍建设，让一批中青年教师挑起培养研究生的重任。一方面使学校研究生指导教师后继有人，另一方面也促进青年研究生导师不断提高自己的业务水平，加快成长步伐。1992—1998 年，苏州大学先后七次增列了硕士生指导教师队伍。⑤

---

① 《关于公布对哲学等七个一级学科硕士点评估结果的通知》，苏学位字〔1997〕第 26 号，1997 年 7 月 17 日，苏州大学档案馆馆藏，档案号：1997 - JX16 - 3，第 7 页。

② 《关于上报博士学位点自我评估材料的报告》，苏大学位字〔1995〕第 13 号，1995 年 10 月 25 日，苏州大学档案馆馆藏，档案号：苏大学位字 1995 发文，第 40 页。

③ 《关于下达对数学、化学、力学、电工和计算机科学技术等五个一级学科中未通过合格评估的博士点处理意见的通知》，学位〔1996〕第 19 号，1996 年 6 月 10 日，苏州大学档案馆馆藏，档案号：1996 - JX16 - 1，第 5 页。

④ 《关于公布前四批硕士学位授权点基本条件合格评估结果的通知》，苏学位字〔1997〕第 31 号，博士点合格批复作为附件一并下发，苏州大学档案馆馆藏，档案号：1997 - JX16 - 3，第 12 页。

⑤ 分别见苏大研字〔1992〕第 15 号、苏大研字〔1994〕第 1 号、苏大研字〔1994〕第 4 号、苏大学位字〔1996〕第 7 号、苏大学位字〔1997〕第 1 号、苏大研〔1998〕第 2 号、苏大研〔1998〕第 18 号，均为苏州大学档案馆馆藏。

第三章 研究生教育的稳步提升与积极发展时期（1981—1998年）

1992年9月，增列任平等29位同志为硕士生导师。1994年1月，增列狄仁昆等37位同志为硕士生导师。3月，又聘请徐州师范学院李汝义教授为苏州大学校英语语言文学专业兼职硕士生导师。1996年11月，增列邢建国等59位同志为硕士生导师。到1996年年底，学校有在职在岗研究生导师171人，研究生导师后继乏人的现象大为缓解，一批年轻的教授、副教授走上了导师岗位，无论是从导师的职称结构，还是年龄结构上看，都趋向合理，走上了良性循环的轨道。这一点，我们从1991年和1996年导师队伍的情况对比中可以清楚地看到。

表3-13　1991年与1996年苏州大学研究生导师队伍情况比较　　（单位：人）

类别	研究生导师数			研究生导师职称			研究生导师年龄							
年份	总计	硕导	博导	教授	副教授	其他正、副高职称	30岁以下	31—35岁	36—40岁	41—45岁	46—50岁	51—55岁	56—60岁	60岁以上
1991年	75	70	5	32	43	0	0	0	0	4	16	23	26	6
1996年	171	154	17	82	71	18	0	3	18	15	26	41	49	19

资料来源：根据《苏州大学年鉴1991—1992》和《苏州大学年鉴1996》整理。

1997年4月，学校学位委员会增列方世南、舒光平教授为硕士生指导教师。1998年1月，又增列王晓升等38位同志为硕士生指导教师，同年12月，又增补周可真等56位同志为硕士生指导教师。到1998年年底，学校共拥有硕士生指导教师280余人。

1998年年底，学校10个博士学位点有在岗博士生指导教师40人。其中1995年以前由国务院学位委员会审批的导师有10人①，分别为：中国古代文学：钟仲联、严迪昌、杨海明；中国现当代文学：范伯群、朱栋霖、曾华鹏；中国近现代史：段本洛；应用数学：姜礼尚、朱烈、谢惠民。这10名博士生导师大多年龄偏大，其中4人在1995年超过65岁，其余都在50岁以上，不少人即将退休。1995年以后，国家将博士生导师审批权下放到江苏省学位委员，在江苏省学位办的支持下，学校注意遴选年轻的博士生导师上岗，给梯队增添了活力。1995—1997年，学校先后分三批四次共遴选了14名博士生导师②，分别为：范培松、朱德发、陈坚、吕进（中国现当代文学）；潘树广、王钟陵（中国古代文学）；刘曾荣、任重道、易法槐、康庆德（应用数学）；李振亚、郑仁蓉（凝聚态物理）；王国平、唐力行（中国近现代史）。1998年，苏州大学博士生导师增幅最大，当年增补博士

---

① 这9位博士生导师和当年博士学位点申报获批时同时增列，或为外校兼职，或从外校引进。
② 分别见苏学位字〔1996〕第1号、苏学位字〔1996〕第22号、苏学位字〔1997〕第4号、苏学位字〔1997〕第25号，均为苏州大学档案馆馆藏。

生导师创纪录，达到 18 人①，与过去 17 年内合计增列的博导数（22 人）相差无几。这 18 位博导分别为：钱培德②、朱士群、宁兆元、任平、崔绪治、朱永新、白伦、李栋高、关征宇、王纪人、郑克鲁、蔡镜浩、王继如、朱秀林、张雅文、汪仁官、杨海坤、孙景尧。③

博学为师，身正为范，研究生导师是研究生培养质量的第一责任人。研究生导师质量的高低关系到研究生培养的整体质量。因此，苏州大学在努力扩大导师队伍的同时，十分注重研究生导师的遴选质量，除了要求导师具有较高的学术成就和教学水平之外，还要求导师具有良好的学术道德和为人准则，导师不仅教书育人，还要注重自身形象，发挥为人师表的表率作用，积极做好研究生的思想政治工作，努力培养研究生德、智、体全面发展。为加强导师队伍建设，增强导师在研究生培养中的责任意识，发挥他们的主动性，学校在做好导师队伍的培训之外，还在 1997 年特别制定了《苏州大学研究生指导教师职责》，以促进导师更好地履行研究生培养的责任，保证研究生培养质量。总体来说，苏州大学遴选的研究生指导教师质量是好的，满足了学校学位与研究生教育事业发展的需要，发挥出了教书育人、为人师表的表率作用。继 1989 年曹阳教授、段本洛教授获得"江苏省优秀研究生导师教书育人奖"后，1993 年 9 月，姜礼尚、李振亚、崔绪治 3 位教授获得"江苏省第三届优秀研究生导师教书育人奖"；1995 年，钱仲联、朱烈、凌寅生 3 位教授获得"江苏省第四届优秀研究生导师教书育人奖"；1998 年 6 月，钱培德、杨海坤、周海乐 3 位教授获得"江苏省第五届优秀研究生导师教书育人奖"。

3. 研究生培养规模迅速扩大

1992—1998 年是苏州大学研究生教育的积极发展时期。这一时期，学校研究生培养的特点是：招生和培养规模迅速扩大，尤其是博士生招生培养规模大大增加。1989 年学校研究生招生跌入低谷，只有 20 多人，此后，经过多方努力，招生压力有所缓解，报考人数和招生数缓慢提升。到 1992 年，学校招收硕士生 48 人、博士生 5 人。1993 年，学校录取硕士生 67 人、博士生 5 人。1994 年以后，随着我国经济和社会的迅猛发展，学校研究生招生培养规模也迅速增加，这有几个方面的原因：第一，经济和社会的发展对高层次人才的需求增加，特别是对博士生的需求量大增；第二，国家调整宏观政策，加快研究生教育事业，特别是提出了加快博士教育事业的发展；第三，学校的博士、硕士学位授权点和博士、硕士研究生指导教师数量迅猛增加，有客观的培养需要；第四，学校

---

① 分别见苏学位字〔1998〕第 14 号、苏学位字〔1998〕第 25 号、苏学位字〔1998〕第 34 号、苏学位字〔1998〕第 37 号、苏学位字〔1998〕第 39 号、苏学位字〔1998〕第 44 号，苏州大学档案馆馆藏，档案号：1998 - JX11 - 3。

② 钱培德受聘为东南大学兼职博士生指导教师，苏州大学档案馆馆藏，档案号：1998 - JX11 - 3，第 5 - 34 页。

③ 蔡镜浩、王继如受聘为上海大学博士生指导教师（沪学位〔1998〕第 33 号），苏州大学档案馆馆藏，档案号：1998 - JX11 - 3，第 5 - 34 页。

地处苏南经济发达地区,加上苏州工业园区这一国家级园区如火如荼的建设,吸引了相当一部分考生报名。1994年,学校的硕士生招生人数达到131人,博士生招生人数达到21人,硕士生招生比上年增加一倍,博士生招生人数更是比上年增长四倍,其中,1995—1998年博士生人数增长较为均衡,基本维持了1994年的水平,其中,1995年录取博士生14人,1996年录取博士生20人,1997年录取博士生16人,1998年录取博士生19人。但1995—1998年,硕士生招生规模又有所扩大,特别是1997年后更是增势迅猛,其中一个主要原因是原苏州丝绸工学院并入苏州大学,进一步壮大了学校的研究生培养规模。1995年和1996年学校分别录取了硕士生115人和149人,但到1997年增加到182人,比1996年增长22%。1998年报考苏州大学的考生人数更是达到1200多人,上线考生就有308人,实际录取194人。到1998年年底,苏州大学研究生在校人数达到587人,其中,博士生有56人,硕士生有531人,均达到了历史最高水平。

表3-14　1992—1998年苏州大学研究生统计表　　　　　　　（单位:人）

类别		年份						
		1992年	1993年	1994年	1995年	1996年	1997年	1998年
博士生		5	5	21	14	20	16	19
硕士生		49	67	131	113	147	177	191
在校生总人数		141	169	276	348	447	517	587
授学位人数	博士	0	0	4	4 (4)①	5 (5)	19 (19)	14 (17)
	硕士	23	39 (43)	39 (44)	46 (47)	61 (63)	123 (136)	108 (120)

注:此表根据1992—1998年苏州大学研究生录取情况汇总表以及这7年的《苏州大学年鉴》整理。其中:免试推荐人数(硕士)1992年10人,1993年12人,1994年16人,1995年20人,1996—1998年资料不详。

4. 设立博士后流动站②

苏州大学的博士后工作开展较其他学校晚。1994年7月,根据人事部人专发〔1994〕第9号文件精神,学校正式申报设立中国语言文学、数学两个博士后流动站。从江苏省和苏州市人才培养与地方经济建设角度出发,1994年12月,苏州市人民政府、江苏省人民政府先后向国家人事部发函表示支持在苏州大学设立博士后流动站。经审批,人事部、全国博士后管委会于1995年2月24日联合下发人专发〔1995〕15号文件,同意在苏州大学设立数学博士后流动站,并于1995年开始招收博士后进站人员。③ 至此,

---

① 注"( )"前为授学位人数,"( )"里为毕业生人数。
② 1998年以后,苏州大学博士后流动站由人事处负责管理建设。
③ 《关于批准在全国九十九个单位设立博士后流动站的通知》,人专发〔1995〕15号,1995年2月14号,苏州大学档案馆馆藏,档案号:1995-JX12-1,第1-13页。

苏州大学形成了从本科到硕士、博士、博士后的完整的人才培养序列，标志着学校学科建设取得了新的成就。1995年10月，学校又向全国博士后管理委员办公室发函，申请招收"中国近现代通俗文学史"的项目博士后，以便更好地完成中国近现代通俗文学史这一国家"七五"重点项目。经同意，学校于1995年首次招收了中国近现代通俗文学史2名博士后科研人员和2名项目博士后科研人员。随着博士后流动站的设立，为了更好地管理，针对已建立的数学博士后流动站具体运转情况，在充分调研的基础上，1996年3月，学校制定了《苏州大学博士后流动站管理工作规定实施细则》（苏大研字〔1996〕第4号），从而使学校博士后管理工作有章可循。1995—1998年，学校共招收12名博士后进站人员，有8人完成科研任务出站。

1999年2月，苏州大学中国语言文学、临床医学获准设立博士后流动站。2001年3月，基础医学获准设立博士后流动站。2003年学校又获准设立哲学、化学博士后流动站。到2003年年底，学校共有6个博士后流动站，先后进站66人，出站35人。

2007年学校新增历史学、体育学、材料科学与工程、纺织科学与工程、物理学、光学工程6个博士后流动站。2009年学校又获准设立应用经济学、法学、政治学、教育学、外国语言文学、艺术学、化学工程与技术、公共卫生与预防医学8个博士后流动站。

到目前为止，苏州大学共有20个博士后流动站，在全国省属高校中名列第一，这与学校近年来在人才培养、学科建设、教学科研等方面所取得的进步息息相关。同时，也标志着学校的办学层次、地位、影响和核心竞争力正在不断提升。如此数量众多的博士后流动站的获准设立，进一步优化了学校的学科布局，为学校高层次人才的引进和培养搭建了良好的平台。

第四章
苏州蚕桑专科学校、苏州丝绸工学院、苏州医学院先后并入苏州大学

1993年2月,国家正式颁布《中国教育改革和发展纲要》,提出:为了迎接世界新技术革命的挑战,要集中中央和地方等各方面的力量办好100所左右重点大学和一批重点学科、专业,力争在21世纪初,有一批高等学校和学科、专业,在教学质量、科学研究和管理方面,达到世界较高水平。在这一政策的指引下,也在当时的国务院副总理李岚清同志的力推之下,20世纪90年代初期,中国高等学校领域兴起了以"共建、调整、合作、合并"为主要内容的高等教育管理体制的新改革。高校的合并实际上是一种教育资源的重组,是联合办学、优化资源配置的最高形式,也是教育体制改革中体制变动最深的一种形式,相当数量的高校合并,在一定程度上改善和优化了传统高等教育的结构和布局,打破了条块分割和自成体系、"小而全"的封闭办学模式,有利于高校办学潜力的深度挖掘,从而实现教育资源的共享。苏州蚕桑专科学校、苏州丝绸工学院、苏州医学院先后并入苏州大学,这既是教育体制改革的大势所趋,也是各关联学校谋求自身发展的必然要求。

第一节 苏州蚕桑专科学校并入苏州大学[①]

自1903年史量才先生创办苏州蚕桑专科学校的前身——上海私立女子蚕业学堂以来,到并入苏州大学时,苏州蚕桑专科学校已走过90余个年头,学校的办学规模和学科发展有了长足的进步。其时,苏州蚕桑专科学校的发展状况是:除了巩固和发展自身传统优势学科蚕学之外,自1978年以后,先后增设了家蚕育种、生物(师资)、应用生物、水产养殖和农村经贸等专业,在生物学科,特别是蚕桑专业上具有独特优势。但限于

---

① 李喆. 苏州蚕桑专科学校简史[M]. 苏州:苏州大学出版社出版,2009:72-73.

"蚕桑"校名的束缚，办学规模仍然很小，办学效益难有较大提高，特别是在人才培养方面不能实现综合性培养，不利于学生适应新时代经济和社会发展的现实需求。苏州蚕桑专科学校一方面拟通过改造传统老专业，加强现代生物技术对蚕业、水产业的渗透，将蚕桑系改为蚕丝科学与技术系，水产系改为渔业工程技术系，争取利用基因工程与染色体工程技术培育新品种、人工饲料、生物农药和医药品开发，以及病毒检测和细胞与组织培养等方面取得突破性成果；另一方面，拟将生物系改为生物科学与技术系，并建立生物技术研究与开发中心。而要实现以上的目标，苏州大学作为综合性大学所具备的多学科优势为目标的实现提供了可能。加上苏州大学当时也正在筹建生物系，因此两校的联合是条件成熟且符合教育体制改革要求的。1993年4月21日，苏州蚕桑专科学校与苏州大学联合发文，向江苏省教委请示关于将苏州蚕桑专科学校改为苏州大学生物技术学院的相关事宜。1994年3月2日，两校再次发出联办的补充请示。1994年4月22日，两校正式向江苏省人民政府递交了关于联合办学的请示。联合办学的规划提出，"依托蚕校的传统优势学科，突出生物科学和技术，把学院建成以农业生物与技术为重点，结构合理，规模适中，具有特色的新型学院。新学院的人才培养目标是培养应用生物、水产等生命科学领域的应用型复合人才"。在具体办学形式方面，两校实行实体型联合，将苏州蚕桑专科学校改办为苏州大学生物技术学院，由苏州大学统一管理，包括申报专业、招生计划、教学活动和管理制度等方面均纳入苏州大学整体运行轨道。1994年11月，正式向国家教委提出并校的报告。1995年3月6日，国家教委批复"同意将苏州蚕桑专科学校并入苏州大学，组建苏州大学生物技术学院，本专科兼顾，撤销苏州蚕桑专科学校的建制"。1995年11月24日，苏州大学生物技术学院正式宣布成立，顾仁敖同志任院长，朱炳元同志任党委书记。自此，苏州蚕桑专科学校正式完成了与苏州大学的合并工作，成为苏州大学生物技术学院。苏州蚕桑专科学校并入苏州大学后，苏州大学依托自身传统的优势学科，后又得益于苏州丝绸工学院和苏州医学院的并入，丝绸与蚕桑，生物与生命科学和医学学科的交叉与融合，为其合并后学科建设和发展贡献良多。1998年6月，在第七批学位点申报后，正式获得"特种经济动物饲养"硕士学位授权点，2003年4月，该专业又获得博士学位授权。同年，农业昆虫与害虫防治、园林植物与观赏园艺、水产养殖学专业也一并获得硕士学位授权。可以这么说，苏州蚕桑专科学校的并入，为苏州大学的学科建设和发展，特别是农学学科的发展提供了原动力，更为后来多学科的交叉融合、发展提供了可能。

第四章　苏州蚕桑专科学校、苏州丝绸工学院、苏州医学院先后并入苏州大学

第二节　苏州丝绸工学院研究生教育的回顾

一、苏州丝绸工学院的历史沿革

苏州丝绸工学院的前身是1903年史量才先生创办的上海私立女子蚕业学堂。后经过几次调整，1960年定名为苏州丝绸工学院，1997年并入苏州大学。

蚕桑丝绸的生产起源于中国。汉唐时期，生丝和丝织品通过举世闻名的"丝绸之路"大量运销到中亚、西亚和欧洲。丝绸成为促进东西方文化、贸易和技术交流的重要媒介。20世纪初，随着我国封建主义的逐步解体，民族工业的兴起，我国蚕丝业的前辈们实业救国，从教育入手，蚕丝学校应运而生。

爱国民主人士史量才先生于1903年在上海创立了私立女子蚕业学堂。1911年，改为公立。翌年，学校迁到蚕桑业发达的浒墅关镇，改名为江苏省女子蚕业学校。1935年，在女子蚕业学校的基础上，创办江苏省制丝专科学校，1937年改称江苏省立蚕丝专科学校。经院系调整和多次迁并，1956年成立江苏省丝绸工业学校，1958年成立苏州丝绸工业专科学校，1959年，学校归属纺织工业部领导，1960年经国务院批准，在苏州丝绸工业专科学校的基础上，升格成立了苏州丝绸工学院，并正式招收四年制本科生，院址在苏州市相门外（即今苏州大学北区所在地址），第一任院长为郑辟疆。

二、苏州丝绸工学院研究生教育的基础

1. 本科教育的开始，为研究生教育奠定学科基础

1959年11月，国务院决定将苏州丝绸工业专科学校划归纺织工业部领导，1960年学校升格为苏州丝绸工学院。我国第一所面向全国招生的丝绸高等学府诞生了。1960年暑假，学院开始招收首届本科生，担负起了培养丝绸事业高级建设人才的历史任务。

在本科教育初期，苏州丝绸工学院设置了制丝、丝织、染整和丝绸美术设计4个专业，学制4年。设置丝绸工程系（包括制丝和丝织专业）和染整工程系（包括染整和美术设计专业）。为适应江苏省发展小化纤的需要，1975年增设化纤专业。

校办工厂、学科发展和实验室建设。苏州丝绸工学院自1928年创校办工厂以来，已建成缫丝、丝织、金工3个车间，基本上满足教学实习和生产实习，校办工厂已成为教学、科研、生产三结合的基地。1975年，相继建立了高分子物理、高分子化学、化纤工艺等实验室。

为贯彻《教育部直属高等学校暂行工作条例》，苏州丝绸工学院制定了《贯彻〈高校暂行工作条例〉的意见》。学院围绕着以教学为主、努力提高教学质量这个中心进行了一系列的工作，提出一切工作都是为了培养学生，本科生的培养目标应是培养德、智、

体全面发展的、完成工程师或设计师基本训练的高级专门人才。

2. 党委领导下的院长分工负责制的建立，为学院未来发展奠定了非常坚实的基础

1978年年底，教育部重新颁布了"高教六十条"。苏州丝绸工学院在学习、贯彻的基础上，开始试行党委领导下的院长分工负责制，为学院未来发展奠定了非常坚实的基础，学校工作重点逐步转移到教学和科研上来。1979年4月，学校行政机构调整为"三部、六处、一室"，即组织部、宣传部、人武部、教务处、科研处、后勤处、基建处、人事处、保卫处和办公室；教学机构设立"四系一部"，即丝绸工程系、染整化纤工程系、工艺美术系、机械自动化工程系和基础课部，并按学科建立了21个教研室，重视发挥教研室的作用，定期举行学术讨论和教学研究活动。

3. 贯彻以教学为主的原则，深化教学改革，提高教育质量，明确学校总体发展方向

1977年，国家统一考试的招生制度恢复，苏州丝绸工学院当年招生的专业有制丝、丝织、染整、化纤、染织美术5个专业。学院重视基础理论教学，保证基本技能训练，注重理论联系实际，通过多渠道把教学与生产实际结合，培养学生的动手能力和独立工作能力。1977年，学院召开教育、科研工作座谈会，根据发展轻纺工业对高等院校的要求，就发展规模、专业设置、实验室建设、工厂建设、教材编写、师资培养以及如何开展科学研究等重大问题进行了讨论。1978年，学院制定了1978—1985年事业发展规划，明确学校各方面的工作转到以教育为中心的轨道上来，为学校的总体发展初步指明了方向。

三、苏州丝绸工学院研究生教育的诞生

1. 1978年首次招收硕士研究生，开始研究生的培养工作

1978年，我国招收了"文化大革命"结束后的第一届研究生。教育部、国家计委和财政部发文，下达了研究生培养计划。苏州丝绸工学院有工业自动化、染整工程、制丝、丝织4个学科可以培养硕士研究生，培养指标12个。入学考试由教育部、江苏省招生办公室统一组织，考试方式是笔试为主，辅以导师面试。政治、外语等公共课由全国统一命题，专业课及专业基础课由学校组织教师单独命题。考生经政审、体检合格，根据教育部有关规定，按考试成绩择优录取。1978年招生是从70余名考生中择优录取的。当年招收茧丝结构性能研究、织造过程中张力的研究及其控制、生丝质量检测仪的研究、纺织工艺自动化、纤维结构与性能5个课题组，12名硕士研究生。

1978年苏州丝绸工学院入学硕士研究生12名。分布在三个系、四个专业、五个课题组。具体见表4-1。

表4-1 1978年苏州丝绸工学院首次招收硕士研究生专业分布情况　　　（单位：人）

年　份	专　业				
	工业自动化	染整工程	制丝	丝织	合计
1978年	2	1	7	2	12

第四章　苏州蚕桑专科学校、苏州丝绸工学院、苏州医学院先后并入苏州大学

2. 研究生培养方式和组织管理

招收研究生是促进专业科技人才成长、提高师资水平的重要途径，对苏州丝绸工学院的教学、科研以及师资队伍建设、实验室建设都起到重大的推动作用。1978年首次开展硕士研究生的招生培养工作，学院比较重视。在研究生培养方式和组织管理上采用如下做法。

（1）培养方式

对首届招收的研究生的培养采取指导小组共同指导的方式。共有15名教师为指导小组成员，其中教授1人，副教授2人，讲师12人。培养方式采用导师组集体指导下的导师负责制。学制三年。前一年半进行课程学习，后一年半从事科研、写论文。

表4-2　1978年苏州丝绸工学院首次招收硕士研究生指导教师一览表

专业名称	指导教师姓名
工业自动化	曹潜龙、奚寿根、蒋心逵
染整工程	徐国英、钱国坻、郑积深
制丝	张复昇、吴徵宇、盛家镛、王福民、席德衡、朱启明、邵光照、彭基康
丝织	钱寿清

在研究生课程教学上，学院开设政治理论、外语、数学、物理4门公共课，举办算法语言、物质结构2门课程的专题讲座。各系、专业采取课程讲授的方式开设专业基础课程和专业课。开设的专业基础课程和专业课有：有机结构与反应、高分子物理、电路基础理论、电子技术基础、脉冲数字电路、电子电路、计算机原理、电磁场理论、非电量电测、振动力学、自控原理、织物组织纺织设计等；另有丝织学、染整工艺原理、制丝概论、茧丝结构性能、近代仪器分析5门课程采取自学、辅导和实验方式进行。

在论文工作上，1978年招收的研究生，其论文选题都是结合指导教师的科研项目或结合实验室的研究项目。所有的研究生都是指导教师和实验室科研项目的参加者，承担专题和部分专题的研究工作。

（2）组织与管理

在组织机构上，学院一级由一名副院长主管，教务处（师资科）具体负责研究生的培养管理工作，科研处协助教务处培养研究生；系一级由系主任负责研究生的培养工作，系办公室处理日常工作。

在管理上，首先，严把招生录取关。鉴于丝绸行业技术力量薄弱、科学水平较低的现状，学院在招生时，注意扩大招生来源，入学考试课目重视基础，不过于强调专业对口，尽可能吸收综合性大学毕业生。其次，组织制订研究生培养方案、学习计划。组织开设公共课程（讲座）和教学环节的实施。建立学籍片，及时登记研究生的学习成绩和出勤情况。最后，学院每学期召开研究生、指导教师座谈会和有指导教师、主管系主任参加的工作会议。定期检查、了解情况和商讨有关问题。除校内相互交流之外，学院和

有关指导教师还先后赴南京大学、复旦大学、华东师范大学、华东纺院、浙江大学等兄弟院校学习研究生培养工作经验。

3. 院学术委员会的成立

1980年3月成立苏州丝绸工学院学术委员会，并相继成立了两个部、省项目的研究室，即蚕丝理化性能研究室和丝绸机械自动化研究室。

4. 毕业及学位授予

1978年招收的硕士研究生，于1981年通过论文答辩，由学院组织就近向华东纺织工学院（今东华大学）申请硕士学位，华东纺织工学院授予硕士学位。

5. 首届研究生的就业

1978年招收的硕士研究生，于1981年毕业。当年招生的12名研究生除1人因个人原因中途退学外，其余11名研究生顺利毕业。在这11名毕业生中，4名留校任教，其他7人分别在纺织丝绸行业的省、市研究院（所）等就业。为学校、科研单位和企事业单位输送了急需的人才。

四、苏州丝绸工学院研究生教育的稳定发展

1. 逐渐过渡到一个相对稳定的时期（1982—1988年）

（1）招生学科与人数

1981年1月1日《中华人民共和国学位条例》施行，我国从此有了自己的培养硕士生和博士生的制度。当时，苏州丝绸工学院还不是硕士学位授予单位。根据学位条例，非学位授予单位应届毕业的研究生，由原单位推荐，可以就近向学位授予单位申请学位。学院的研究生培养工作从1978年开始，历时三年，积累了研究生培养的经验。从1982年开始，学院其他学科、专业也陆续开始招收并培养研究生。

1982年，在原有招生专业的基础上，学院的染织设计专业开始招收硕士研究生。当年报考人数为69人，考生分布在全国23个地市，经系领导会同指导教师讨论，提出初选录取名单。学院召开部分院学术委员会和有关系领导及指导教师会议，根据择优录取、确保质量、宁缺毋滥的原则，拟定录取标准，共录取7名硕士研究生。

1983年，因学科发展需要，学院的制丝和丝织专业合并成丝绸工程专业。在原有招生专业的基础上，纺织机械和服装设计专业开始招收、培养硕士研究生。当年共5个专业招收硕士研究生，共录取6名研究生。

1984年，学院的丝绸工程、工业自动化和纺织机械3个专业招收硕士研究生，共录取7名研究生。

1985年，学院的系统工程专业开始招收培养硕士研究生。当年共5个专业招收硕士研究生，共录取13名研究生。

1986年，学院的化学纤维专业开始招收培养硕士研究生。当年共7个专业招收硕士研究生，共录取19名研究生。

第四章　苏州蚕桑专科学校、苏州丝绸工学院、苏州医学院先后并入苏州大学

1987年,学院共6个专业招收培养硕士研究生,共录取18名研究生。

1988年,学院共6个专业招收培养硕士研究生,共录取9名研究生。

表4-3　1982—1988年苏州丝绸工学院招收硕士研究生专业分布情况　（单位：人）

年份	专业											
	工业自动化	染整工程★	制丝	丝织	丝绸工程★	工艺美术历史及研究	纺织机械★	染织设计	服装设计	系统工程	化学纤维	小计
1982年	2		2	2			1					7
1983年		1			2		1	1	1			6
1984年	2				4★		1					7
1985年		1			5★		4		1	2		13
1986年	3	2★			9★		2★	1		1	1	19
1987年		1★			8★	1	5★			2	1	18
1988年	1				2★		3★	1	1	1		9
合计	8	5	2	2	30	1	16	4	3	6	2	79

注：打★为有硕士学位授予权的专业。

从1982至1988年的7年间,学院研究生的规模得到了稳步发展。研究生培养逐渐过渡到一个相对稳定的时期。

（2）具有硕士学位授予权的专业

1984年1月,学院丝绸工程专业被批准为我国第二批硕士点,具有硕士学位授予权,是国内丝绸工程专业首批硕士学位授权点。

1986年7月,学院染整工程专业和纺织机械专业被批准成为我国第三批硕士点,均具有硕士学位授予权。

（3）重视工程应用型研究生人才的培养

随着经济体制改革的深入和商品经济的发展,用人单位迫切需要具有从事实际技术经济工作能力的高级专门人才。因此,学院在研究生的培养工作中,除了加强基础理论教育外,还重视加强实际应用工作能力的培养,使研究生具有解决经济建设实际问题和理论问题的能力,具有从事科研攻关并能转化为生产力及承担高技术任务的工作能力。

学院非常重视实验室建设和实习工厂建设。1987年召开学院实验室工作会议,着重研究以提高教学质量为目的,进一步改革实验室管理体制的问题。1983年,新建了2 074平方米的机械实习工厂厂房,成为全国工科高校中条件最好的机械工厂之一。同年,原实习工厂改名为"丝绸实习工厂"。学院在加强校内实习工厂建设的同时,还抓紧校外实习基地的建设,定期组织学生外单位生产厂家实习,较好地完成了学生实习计划。同

时，学院通过为工厂进行人才培训与科学研究，积极努力建设实习基地。1988年，学院同常熟特种化纤总厂、江阴电子实验厂合作，建立了校外实习基地。

实验室建设和实习工厂建设，为学院培养工程应用型研究生提供了良好的基础。

（4）开展国际学术交流活动，扩大研究生视野

20世纪20年代，学院早在前身江苏省立蚕业学校时代，就聘请日本白泽干来校任教，并派留学生到日本学习蚕丝技术。开展国际学术交流是学校历史悠久的传统，随着改革开放日益加深，学校的国际学术交流也越来越广泛。

1980年至1988年7月，学院先后派遣32位教师分别去日本、法国、意大利、英国、美国、德国、澳大利亚、加拿大等国和香港地区进修与攻读学位。学院派出的教师学成归来，成为学院教学、科研工作的骨干力量。1987年6月白伦在日本通过了博士学位答辩与考试，成为我国制丝工程研究人员中的第一位博士。除派遣教师出国进修、攻读学位外，学院还派出一批教师和管理者出国考察，参加国际学术会议。同时也邀请一批国际知名学者、专家来院讲学。1985年6月学院与香港理工学院签订了学术交流合作协议书。1986年5月与日本信州大学签订了友好往来和学术交流合作的协议书。

国际交流利于教师和指导教师了解国外科技新动向，扩大教学和科研的视野，更新与充实学科内容，对学院师资队伍（含导师队伍）建设和开阔研究生眼界具有积极意义。

（5）出国预备研究生的选拔和培养

为加速培养四化建设所需的各类高级专门人才，根据教育部关于选派出国留学人员的指示精神，学院成为纺织工业部丝绸公司所属唯一一家出国预备研究生代招单位。学院将选拔出国预备研究生和国内研究生的招考工作结合进行，1982年选拔出国研究生2名，1984年选拔出国研究生3名，1985年选拔出国研究生3名，分别赴日本、法国、瑞士、英国攻读硕士学位。

（6）研究生会的诞生

研究生会的诞生是学院研究生教育史上的一件大事。学院研究生会诞生于1985年1月23日。在研究生会成立大会议上，讨论通过了学院研究生会章程，通过了研究生会首届干部人员名单。

表4-4 苏州丝绸工学院首届研究生会组成人员

成立时间	1985年1月23日
主席	谢德祖
副主席	乔子禾（兼秘书长）
文体部部长	何景霄
外联部部长	李国明
新技术开发部部长	冯志华

第四章 苏州蚕桑专科学校、苏州丝绸工学院、苏州医学院先后并入苏州大学

会议还确定了"促进交流，促进学习，促进科研与丰富生活"的研究生会宗旨。

学院研究生会是苏州市高校中较早成立的研究生会之一，它完善了自身的建制，设立了文体部、外联部及新技术开发部，建立了研究生团支部。研究生会本着创新精神，努力开展各项有益于研究生学习、科研的活动，组织进行校内外交流，活跃学术气氛，并积极配合学院团委、学生会开展工作，丰富学院文化生活，使研究生的学习与科研能力及社会工作能力得到提高。

（7）开办研究生班

1987年，根据中国丝绸公司〔1986〕丝教字第2409/2227号文件精神，为了加强对青年教师的培养，更好地适应师资队伍建设与教学工作的需要，学院在1987年开始举办丝绸工程专业研究生班，当年研究生班招生10人，研究生指导教师周本立副教授为研究生班负责人。当年参加研究生班学习的青年教师，通过同等学力人员申请硕士学位，均顺利获得了硕士学位。开办研究生班较好地适应了师资队伍建设与教学工作的需要。

（8）全院研究生教育工作会议的召开

随着教育的改革深化，如何培养和造就适合四化建设需要的高级专门人才是大家关心的问题。针对学院研究生教育的实际，进一步贯彻国家教委"关于改进和加强研究生工作的通知"精神，部署新形势下研究生教育工作，学院在1988年3月25日至28日召开全院研究生教育工作会议。

参加这次会议的有吴融如副院长，陆匡宙副院长，诸镇南党委副书记，全院研究生导师及指导小组代表，各系、处、部的负责人。全院研究生列席参加了第一天的会议。会议由学院科研处处长朱启明主持。会议历时三个半天（均为下午）。会议就这几个问题进行了热烈的讨论：①应如何培养工程应用型研究生？②为全面提高研究生培养质量，应采取哪些改革措施？③如何加强我院的学科、专业建设？各系、部对学科、专业建设有哪些设想？④关于研究生教育的三个管理条例的修订。

通过这次会议，全体与会师生对以下几个问题取得基本一致的认识：①学校各门学科均属工程应用学科性质，与生产实际有着紧密联系。研究生培养模式更应以"工程应用型"为主。②培养工程应用型研究生，首先应该抓好招生工作这一环节。扩大定向委培研究生的招生名额。③培养工程应用型研究生的另一个重要环节是研究生课题的选择。必须改变重理论轻实践的观念。研究生研究课题应紧密联系生产实际，研究生学位论文选题一定要严格把关，充分论证。④为保证研究生培养质量，学院针对研究生培养模式对培养方案进行一次修订。⑤如何调动导师和研究生双方的积极性是至关重要的。⑥大家一致同意通过试行三个研究生教育的条例，即《研究生导师条例》《关于开设研究生新课的规定》《研究生课程设置与选课方法》。

全院研究生工作会议的召开，在学院研究生培养史上具有里程碑的意义。

1978—1988年这11年间，经国务院学位委员会批准，学院的丝绸工程、纺织机械、染整工程3个专业已有硕士学位授予权。学院已在丝绸工程（制丝、丝织）、纺织机械、

染整工程、工业自动化、系统分析、化学纤维、工艺美术史研究、染织设计、服装设计9个学科专业招收8届研究生。这些研究生走上工作岗位后,以坚实的理论基础和系统的专业知识,以及独立从事教学、科研工作的能力和良好的开拓精神受到用人单位的好评。

2. 苏州丝绸工学院研究生招生学科专业调整后的发展（1989—1997年）

（1）1989年的研究生教育：暂时的危机

由于受到"知识贬值"和"读书无用论"等思想的冲击,学院研究生的培养工作受到严重影响,出现了一系列怪异现象。如招生报考数低于计划招生数,毕业生分配时找不到出路,等等。这些问题给研究生培养工作带来阴影。1989年学院仅录取研究生3人。

表4-5　1989年苏州丝绸工学院招收研究生专业分布情况　　　（单位：人）

年份	专业			合计
	染整工程	丝绸工程	纺织机械	
1989年	1	2	0	3

（2）1990—1997年：危机过后的迅速发展

进入20世纪90年代,我国的研究生教育进入了迅速发展阶段。1990—1994年这5年间,学院共招收31名硕士研究生。研究生的录取培养类型也从原来较为单一的模式逐渐多样化。除全国统一考试外,学院的招生方式还有免试推荐生。

表4-6　1990—1994年苏州丝绸工学院招收研究生专业分布情况　　（单位：人）

年份	专业			合计
	染整工程	丝绸工程	纺织机械	
1990年	2	1	2	5
1991年	2	2	1	5
1992年	2	4	1	7
1993年	3	2	1	6
1994年	2	6	0	8
合计	11	15	5	31

1994年1月,学院工艺美术设计专业被批准为我国第四批硕士点,具有硕士学位授予权。至此,学院染整工程、丝绸工程、纺织机械和工艺美术设计4个专业具有硕士学位授予权。学院工艺美术设计专业1995年开始招收培养研究生。1995年,全国研究生教育工作会议在武汉召开,拉开了"九五"期间研究生教育发展的帷幕。

第四章　苏州蚕桑专科学校、苏州丝绸工学院、苏州医学院先后并入苏州大学

表 4-7　1995—1997 年苏州丝绸工学院招收研究生专业分布情况　　（单位：人）

年　份	专　业				合计
	染整工程	丝绸工程	纺织机械	工艺美术设计	
1995 年	2	5	2	2	11
1996 年	0	7	2	5	14
1997 年	1	3	1	4	9
合计	3	15	5	11	34

五、研究生培养的质量保障措施

研究生的培养质量是研究生培养工作中的一个核心问题。苏州丝绸工学院从首届招收研究生开始，就非常重视研究生的培养质量。为保障和提高研究生培养质量，学院采取了一定的措施。

1. 在研究生培养方式上，确立了导师组集体指导下的导师负责制

1978 年学院招收首届硕士研究生，为克服研究生培养经验不足的问题，采用导师集体指导的方式。

2. 加强导师队伍建设

学院在加强导师队伍建设方面，主要采取以下措施：首先，加强硕士生导师的业务学习与交流，选派导师到海内外学习与交流，出国考察，参加国际学术会议。其次，为克服导师老龄化问题，顺利解决新老交替，学院加强对中青年骨干教师的培养，让中青年骨干教师协助硕士生导师指导研究生，把培养研究生的过程同时作为培养中青年骨干的渠道。

3. 制订研究生培养方案，科学合理设置课程

1978 年根据《高等学校培养研究生工作暂行条例（修改草案）》，学院制订了《1978 年招收研究生培养方案（草案）》。包括制丝专业茧丝结构与性能课题组研究生培养方案、制丝专业丝绸质量检测仪课题组研究生培养方案、丝织专业纹制工艺自动化课题组研究生培养方案、丝织专业织造张力课题组研究生培养方案和染整专业研究生培养方案。对研究生培养目标、研究方向、学习年限与时间分配、学习课程、课题研究生及毕业论文、实习性教学工作、校外实习及学术会议活动和劳动等均做了详尽的规定。制定了学历表及教学进程表。对把握培养要求、保证质量起着重要作用。

1988 年，为保证研究生培养质量，学院针对研究生培养模式对培养方案进行了修订，通过了试行三个研究生教育的条例，即《研究生导师条例》《关于开设研究生新课的规定》《研究生课程设置与选课方法》。为促使教学质量进一步提高，1989 年出台《苏州丝绸工学院关于各级领导干部听课制度的暂行办法》和《关于试卷管理的暂行规定》。

4. 严把研究生学位论文质量关

撰写学位论文是研究生能力培养的一个重要环节。学院在研究生学位论文管理上，

主要采取以下几个措施。首先,严抓学位论文选题来源。学院研究生学位论文选题来源有二:一是导师或学科组所承担的科研课题;二是企业生产中技术难关或有明确具体生产背景和应用价值的生产发展所需要的科研任务。研究生论文选题要有一定的技术难度、先进性和工作量。选题过程中,抓好开题报告这一关,对研究生论文选题进行可行性论证。其次,定期对学位论文进行进度检查。研究生定期向导师汇报论文进展情况。再次,抓好学位论文评阅和答辩关。论文评阅人按照有关要求对学位论文进行公正的评价,对学位论文质量实行评分制,从综述、论文水平与科研能力、应用情况及前景、写作能力与学风、答辩情况五方面进行综合评定。最后,在经费保障上,学院出台《关于研究生论文答辩经费开支的暂行规定》,对学位论文评阅费、答辩费、伙食费等做出了明确规定。

六、高校调整改革,研究生教育的新起点

1978—1997年这20年间,学院先后招收17届、共158名研究生。这些毕业生很多已经成为生产、科研、管理、贸易、教育等领域的专家和骨干力量。1996年,根据中央关于高校调整改革的指导思想,苏州丝绸工学院从纺织工业部划归江苏省政府领导。1997年,苏州丝绸工学院与苏州大学合并,原苏州丝绸工学院下属丝绸工程系、染整工程系、《国外丝绸》编辑部、丝绸研究所四家单位合并组建成立苏州大学丝绸学院,原美术系与苏州大学艺术系合并成立苏州大学艺术学院,原机电系与苏州大学机电系合并成立苏州大学机电工程学院。并校与院系整合,加快了两校间多学科的交叉和融合,进一步拓展了原有学科的发展空间,学院研究生教育有了发展的新起点。

表4-8 1978—1997年苏州丝绸工学院历届研究生及指导教师名单

序号	专业名称	年级	研究生姓名	指导教师姓名
1	工业自动化		陈家汉	曹潜龙、奚寿根、蒋心逵
2	工业自动化		王福永	
3	染整工程		钱永鹤	徐国英、钱国坻、郑积深
4	制丝	1978	王育同	张复昇、吴徵宇、盛家镛、王福民
5	制丝		周正遂	
6	制丝		陈开利	
7	制丝		宋湛华	席德衡、朱启明、邵光照、彭基康
8	制丝		邹祖烺	
9	制丝		李广瑞	
10	制丝		励道铭	
11	丝织		夏业骏	钱寿清

第四章 苏州蚕桑专科学校、苏州丝绸工学院、苏州医学院先后并入苏州大学

续表

序号	专业名称	年级	研究生姓名	指导教师姓名
12	制丝		毛章建	赵庆长、许 逊
13	制丝		吴建青	赵庆长、许 逊
14	丝织	1982	赵洪泉	詹启芳、李栋高
15	工业自动化		何景霄	曹潜龙
16	工业自动化		姚承荷	曹潜龙
17	染织美术		袁 仄	邱光正
18	丝织		张 聿	李栋高
19	纺织机械		冯志华	曹仁中、何 践
20	丝绸工程		李国明	章杏林
21	丝绸工程	1983	乔千禾	章杏林
22	染整工程		陈国强	徐掆英、杨百春
23	染织美术		高超一	邱光正
24	服装设计		赵卫国	邱光正
25	纺织机械		张德明	丁树彭
26	工业自动化		藏珠萍	曹潜龙
27	工业自动化	1984	孙 巨	曹潜龙
28	丝绸工程		潘菊芳	周晋康
29	丝绸工程		李明忠	吴融如、周本立
30	丝绸工程		彭新宏	吴融如、周本立
31	丝绸工程		谢德祖	周晋康
32	丝绸工程		陈 钢	赵庆长、陈基达
33	丝绸工程		黄玉璟	赵庆长
34	丝绸工程		周一鹿	赵庆长
35	丝绸工程		王国和	钱小萍
36	丝绸工程	1985	葛 进	朱启明
37	系统工程		吴洪岚	顾闰观、顾永年
38	系统工程		郑建军	顾永年、顾闰观
39	纺织机械		韩宇宙	丁树彭
40	纺织机械		杨 方	唐裕源
41	纺织机械		季国庆	黄锡坤
42	纺织机械		张 卓	黄锡坤
43	染整工程		杨红燕	郑积深
44	服装设计		陈 莹	邱光正

续表

序号	专业名称	年级	研究生姓名	指导教师姓名
45	丝绸工程		谢瑞娟	赵庆长、许 逊
46	丝绸工程		费万春	赵庆长、许 逊
47	丝绸工程		温润仙	周本立、周 韶
48	丝绸工程		罗桂连	席德衡、吴徽宇
49	丝绸工程		潘志娟	李栋高
50	丝绸工程		黄小维	李栋高
51	丝绸工程		田鸿美	周晋康、顾 平
52	丝绸工程	1986	许伟刚	周晋康
53	丝绸工程		谢亦伟	吴融如
54	纺织机械		张根荣	丁树彭
55	纺织机械		余 永	黄锡坤
56	工业自动化		王家善	桂世和
57	工业自动化		罗敖生	桂世和
58	工业自动化		薛岳伟	钱霖君
59	染整工程		郭莱娜	徐帼英
60	染整工程		顾建平	徐帼英
61	化学纤维		魏 然	孙 桐
62	系统工程		沈瑞山	顾闰观
63	染织设计		孙宝珍	邱光正
64	丝绸工程		刘仁荣	周本立、吴融如
65	丝绸工程		陈宇岳	周本立、吴融如
66	丝绸工程		张长胜	周晋康
67	丝绸工程		周 欣	周晋康、顾 平
68	丝绸工程		朱 萍	顾平、周晋康
69	丝绸工程	1987	李 艰	李栋高
70	丝绸工程		王正知	李栋高
71	丝绸工程		王 苏	朱启明
72	纺织机械		张新虎	黄锡坤
73	纺织机械		钱林荣	黄锡坤
74	纺织机械		杨冬火	陆匡宙
75	纺织机械		胡 勇	桂世和
76	纺织机械		彭竹琴	丁树彭
77	染整工程		徐谷良	宋肇堂

续表

序号	专业名称	年级	研究生姓名	指导教师姓名
78	化学纤维		范荣军	王希岳、孙 桐
79	系统工程		唐 坚	顾闰观
80	系统工程		黄根明	顾永年
81	工艺美术历史及研究		任文东	吴云发
82	丝绸工程		梁列峰	周本立
83	丝绸工程		钟晓华	周本立
84	纺织机械	1988	钱庆明	黄锡坤
85	纺织机械		吴伟澎	丁树彭
86	纺织机械		颜新宁	魏楚襄
87	纺织机械		林 红	桂世和
88	系统工程		蔡文江	顾闰观
89	染织设计		孙 苏	诸葛铠
90	服装设计		楼林江	黄国松
91	丝绸工程		戴晓群	周晋康
92	丝绸工程	1989	陈 洁	顾 平
93	染整工程		唐人成	宋肇堂
94	丝绸工程		杨旭红	李栋高
95	纺织机械	1990	詹葵华	黄锡坤
96	纺织机械		毛一华	桂世和
97	染整工程		周奥佳	梅士英
98	染整工程		吴明华	杨百春
99	丝绸工程		丁立新	顾 平
100	丝绸工程	1991	董 军	徐回祥
101	纺织机械		邹智文	桂世和
102	染整工程		蒋 红	梅士英
103	染整工程		孙世国	钱国坻
104	丝绸工程		黄 海	周本立
105	丝绸工程		肖若松	顾 平
106	丝绸工程		宗亚宁	李栋高
107	丝绸工程	1992	戴志强	吴徵宇
108	纺织机械		兰向军	黄民柱
109	染整工程		王潮霞	宋肇堂
110	染整工程		丁 阳	杨百春

续表

序号	专业名称	年级	研究生姓名	指导教师姓名
111	丝绸工程	1993	顾 敏	盛家镛
112	丝绸工程		刘学辉	李栋高
113	纺织机械		倪惊涵	桂世和
114	染整工程		宋凌云	钱国坻
115	染整工程		周向东	梅士英
116	染整工程		王忠民	杨百春
117	丝绸工程	1994	谢 佳	白 伦
118	丝绸工程		戴宏钦	陈庆官
119	丝绸工程		赵堂忠	徐回祥
120	丝绸工程		付东来	盛家镛
121	丝绸工程		杨宝娣	顾 平
122	丝绸工程		张义波	程宝龙
123	染整工程		徐文曦	梅士英
124	染整工程		桂玉梅	钱国坻
125	纺织机械	1995	贾 强	桂世和
126	纺织机械		杨 军	黄民柱
127	丝绸工程		丁 悦	吴徵宇
128	丝绸工程		洪安凡	徐回祥
129	丝绸工程		薛 武	陈庆官
130	丝绸工程		郑家明	顾 平
131	丝绸工程		李林甫	白 伦
132	染整工程		刑铁玲	陈国强
133	染整工程		何新杰	梅士英
134	工艺美术设计		吴怀镇	黄国松
135	工艺美术设计		李立新	诸葛铠
136	纺织机械	1996	李志章	黄民柱
137	纺织机械		田 登	桂世和
138	丝绸工程		常春枝	白 伦
139	丝绸工程		王一峰	陈庆官
140	丝绸工程		胡凤霞	盛家镛
141	丝绸工程		金百根	徐回祥
142	丝绸工程		田保中	吴徵宇
143	丝绸工程		许同洪	顾 平

续表

序号	专业名称	年级	研究生姓名	指导教师姓名
144	丝绸工程		罗军	白伦
145	工艺美术设计		朱丽敏	黄国松
146	工艺美术设计		殷姗姗	朱春华
147	工艺美术设计		唐新玲	史林
148	工艺美术设计		张露	诸葛铠
149	工艺美术设计		侯凤仙	缪良云
150	纺织机械	1997	吕岗	桂世和
151	丝绸工程		张现存	陈庆官
152	丝绸工程		杨歆	顾平
153	丝绸工程		翁幼珍	朱俊芳
154	染整工程		龙家杰	王惠珍
155	工艺美术设计		张帆	黄国松
156	工艺美术设计		韩斌	诸葛铠
157	工艺美术设计		马珂	廖军
158	工艺美术设计		王愉	朱春华

第三节 苏州医学院研究生教育回顾（1912—1999年）

一、研究生教育的探索（1912—1977年）

苏州医学院从创立至并入苏州大学已历经近九十载的风雨沧桑。其前身为晚清状元、著名实业家、教育家张謇于1912年创办的南通医学专门学校。伴随着中国近现代历史的风云变幻，该院自创立以来，亦数次更名，先后称：南通医学专门学校（1912年）、南通医科大学（1927年）、南通大学医科（1928年）、南通学院医科（1930年）、国立江苏医学院（1938年与江苏省立医政学院合并）、南通学院医科（1946年）。

1949—1957年是学院的清基创业阶段。学院历经全国性院系调整，先后易名为苏北医学院（1952年）、南通医学院（1956年），逐步创建成为社会主义的新型医学院校。

1957年奉国务院令从南通迁址苏州，并更名为苏州医学院，历经"文化大革命"。1977年以后，改革开放，拨乱反正，国家迎来了教育和科学的春天。学院逐步确立了教育优先发展的战略地位，实行"三个面向"的方针，教学改革不断深入，苏州医学院焕发出勃勃生机。①

自 1957 年迁址苏州并易名苏州医学院后，在党的正确领导下，经几代人的努力，学院成为享誉国内外的、以两医（核医学和放射医学）两技（核技术和生物技术）为特色、医工结合、文理相通的综合性医学院校。为苏医辉煌的研究生教育工作打下了基础。

苏医的研究生教育是和新中国研究生教育事业的发展同步的。1949 年之前，我国少数学校譬如一些教会学校曾招收为数不多的研究生。中华人民共和国成立以后，从 1950 年始正式招收研究生。1961 年，中华人民共和国教育部发布《高等学校培养研究生工作暂行条例（草案）》确立了研究生教育培养目标、招生对象、录取方式、学习年限和培养方法等。这"表明新中国的研究生教育开始走向规范化、制度化的轨道"②。

1960 年，苏州医学院血液病学专业陈悦书教授首次招收张桂如、何机典两名研究生。1964 年，陈悦书教授又招收姚尔固、王嘉祥两名研究生，X 线诊断学专业陈王善继教授招收杜凯一，寄生虫学专业张奎教授招收陆惠民，杨汝杰教授招收郭兆奎。前后共 7 名研究生均按时完成学业。由此，苏医开始了研究生教育的尝试和探索时期。

从 1949 年至 1966 年，我国学位与研究生教育经过 17 年的发展，积累了丰富的经验，并为我国后来的学位制度的建立打下了良好的基础。但十年"文革"的浩劫，不仅使得刚刚得到创建的研究生教育中断达 12 年之久，也使得学位制度的创建再次搁置。③"文革"期间，研究生招生工作处于停止状态，全国未招收研究生，学位制度的建立更无从谈起，与此同时，苏医的研究生工作自初期的尝试后也陷入了停顿。

二、乘改革之风快速发展（1978—1988 年）

1. 学位点及导师队伍建设

"文革"结束后，全国研究生招生恢复。1978 年，教育部发出了《高等学校培养研究生工作暂行条例（修改草案）》等 5 个文件，我国的研究生教育又重新走上了制度化、正规化的轨道。④ 乘改革之风，苏医的研究生教育也进入恢复、快速发展阶段。

1978 年恢复招生制度后，学院有生理学、寄生虫学、神经外科学、血液病学、X 线诊断学 5 个专业招收"文革"后的第一批硕士研究生，共录取 14 名。⑤

1981 年，第一届国务院学位委员会学科评议组成立，审核了我国首批有权授予博士、硕士学位的高等院校、科研单位，以及学科、专业名单。随后，分别在 1984、1985、

---

① 顾钢，等. 苏州医学院院史［Z］. 苏州：苏州医学院校办工厂，2001：1.
② 赵沁平. 社会发展的需要改革开放的成就——中国学位与研究生教育 50 年发展回顾［J］. 学位与研究生教育，1999（5）.
③ 赵军. 新中国 60 年学位与研究生教育流变［J］. 高校教育管理，2009，3（5）.
④ 陈田香. 我国研究生教育的崛起和发展［J］. 中山大学学报（社会科学版），1994（3）.
⑤ 《上报 1978 年研究生录取名单》，苏医〔1978〕第 115 号，1978 年 10 月 7 日，苏州大学档案馆馆藏，档案号：78-266。

第四章 苏州蚕桑专科学校、苏州丝绸工学院、苏州医学院先后并入苏州大学

1986、1990、1993、1995、1997年进行了第二批、特批，第三、四、五、六和七批博士、硕士学位授予单位及其学科、专业的审核工作。

1981年实施学位制度，其时，苏医是一所具有60余年校史的医学院校，设医学、放射医学两个系，有医学及全国仅有的放射医学、放射卫生三个专业，在师资设备和科研等方面具有一定的条件：有正副教授41名，其中一级教授2名，二级教授3名，三级教授7名，四级教授7名，五级教授8名，六级以下的副教授14名；讲师级教学科研人员391名。已装备了电子显微镜、超速离心机、彩色扫描机、大型科研万能显微镜等设备。学院图书馆藏书20余万册，定购国内外期刊1 000余种。有放射卫生、放射损伤、电生理等9个研究室。承担着二机部课题61个，江苏省课题60余个。1978年以来，先后获得全国性荣誉24人次，获得江苏省荣誉23人次。鉴于此，苏州医学院提出了学位授予权的申请。

1981年，国务院学位委员会批准苏州医学院为首批具有学士、硕士、博士三级学位授予权的单位之一。当年苏医获得批准内科学（血液病）、外科学（神外）2个博士点和陈悦书、鲍耀东和杜子威3位教授为第一批博士生导师；获得批准生理学、生物化学、寄生虫学、病理生理学、放射诊断学、外科学（神外）、外科学（普外）、外科学（骨外）、内科学（心血管病）、内科学（血液病）10个硕士点。①

表4-9 苏州医学院第一批学位点申报（1981）获授权名单

类别	申报学位点名称	获批学位点名称
博士学位点	内科学（血液病）、外科学（神外）、寄生虫学（医学原虫学）、放射诊断学	内科学（血液病）、外科学（神外）
硕士学位点	生理学、生物化学、寄生虫学、病理生理学、放射诊断学、外科学（神外）、外科学（普外）、外科学（骨外）、内科学（心血管病）、内科学（血液病）	生理学、生物化学、寄生虫学、病理生理学、放射诊断学、外科学（神外）、外科学（普外）、外科学（骨外）、内科学（心血管病）、内科学（血液病）

1984年第二批学位点的审核中，苏医获得批准放射医学、药理学、儿科学3个硕士点。1986年第三批学位点申报中，鉴于学院培养研究生工作多年，师资力量较强，仪器设备具有一定条件，图书资料比较齐全，所以这次申报博士学位授予权学科10个，共15名导师，内科血液专业增补博士生导师3名。申报硕士学位授予权学科专业11个。审核结果，苏医获得批准放射医学、内科（心血管病）、外科学（普外）、外科学（骨外）4个博士点；获得批准细胞生物学、外科学（胸外科）、外科学（泌尿外）、微生物学与免疫学、精神病学、流行病学6个硕士点，朱寿彭、蒋文平、阮长耿、董天华、陈易人5

---

① 《首批博士学位授予单位及其学科、专业和指导教师名单》，《首批硕士学位授予单位及其学科、专业名单》，国务院学位委员会，1981年12月，苏州大学档案馆馆藏，档案号：81-356。

人获得批准为博士生导师。①

表4-40　苏州医学院第二批学位点申报（1984）获授权名单

类别	申报学位点名称	获批学位点名称
硕士学位点	放射医学、人体解剖学、微生物与免疫学、病理解剖学、药理学、儿科学	放射医学、药理学、儿科学

表4-41　苏州医学院第三批学位点申报（1986）获授权名单②

类别	申报学位点名称	获批学位点名称
博士学位点	病理解剖学、寄生虫学、生理学、病理生理学、放射医学、内科（心血管病、血液病）、外科学（普外）、外科学（骨外）、儿科学、放射诊断学	放射医学、内科（心血管病）、外科学（普外）、外科学（骨外）
硕士学位点	生物学、人体解剖学、细胞生物学、外科学（胸外科）、外科学（泌尿外）、微生物学与免疫学、精神病学、流行病学、内科学（呼吸）、核医学、妇产科学、口腔科学	细胞生物学、外科学（胸外科）、外科学（泌尿外）、微生物学与免疫学、精神病学、流行病学

从1981年发展到1988年，苏医已有博士点6个，硕士点19个，8名博士生导师。1978年研究生恢复招生时，苏医依靠17名教授、20多名副教授带研究生；到1988年，全院已有教授33人，副教授177人，讲师200多人，先后共有78人担任过博士、硕士生导师。至此，苏医已经形成了一支完整的学术梯队，可以为培养研究生工作做出更大的贡献。

1987年，国务院学位委员会、卫生部（今卫计委）联合组织研究生教育与学位授予质量检查组，对全国的22所医学院校和研究机构的生理学、微生物学与免疫学、病理解剖学3个专业进行检查。1988年5月，由卫生部办公室胡祖挺主任带领10位专家对苏州医学院上述3个专业进行了为期三天的检查。检查结束后，检查组对生理学、微生物学与免疫学、病理解剖学3个专业分别进行了打分，得分分别为77.22、76.53和76.58，总得分为230.33，位居中等，并在《对苏州医学院的生理学、微生物学与免疫学、病理解剖学三个学科医学硕士研究生教育与学位授予质量的评价意见中》进行了积极的评价，如："学院各级领导对研究生工作十分重视"，"由于认真执行了国家学位条例和学院制定的研究生工作细则，使得研究生的培养工作能够按照培养规范和条例的要求，有条不

---

① 《关于下达第三批博士和硕士学位授予单位名单的通知》，学位字〔1986〕第11号；《关于下达第三批博士生指导教师名单的通知》，学位办字〔1986〕第25号，苏州大学档案馆馆藏，档案号：1986-70，第1-36页。

② 《申报第三批博士与硕士授予权》，苏医〔1986〕第27号，1986年1月31日，苏州大学档案馆馆藏，档案号：1986-70，第37-53页。

紊地进行","从受检的学科培养的研究生质量来看,在专业上能够比较好地按照二级学科进行教学","研究生的论文质量是比较好的",等等。同时也指出了诸如"三级管理机构不够健全,管理干部有待进一步落实","研究生的业务经费偏低","一些学科的带头人和导师已到退休年龄,如一刀切立即退休,则明显影响学科发展和学术梯队建设"之类的问题,对学院下一阶段的工作提出了要求,指明了方向。

2. 研究生招生和学位授予

1978年恢复研究生招生制度后,学院有生理学、寄生虫学、神经外科学、血液病学、X线诊断学5个专业招收"文革"后的第一批研究生,计划招收10名。遵照教育部高教字〔1978〕第314、415号两文件的精神,按德、智、体全面衡量,择优录取的原则,并结合苏州医学院的条件和培养能力,除录取计划招生的10名外,后经报江苏省教育局批准,又增加4个招生名额,共招收研究生14人。其中,血液病学研究生陈子兴经上级批准选送出国学习,故经江苏省研招办同意补招陈之纯同学为血液病学研究生。

至1981年,1978级研究生全部顺利通过了论文答辩,愉快地服从国家统一分配,奔赴工作岗位。在这届研究生学位论文答辩时,学院聘请了武汉医学院杨爱德教授、上海第二医学院徐萌琪教授等专家任答辩委员会主任委员。答辩委员会就研究生的学位论文提出了广泛的问题,全面了解了每个研究生掌握的基础理论、专业知识和实验操作等,最后认为这届研究生学位论文水平比较高。

从1978年恢复研究生招生到1988年,苏医每年招收的硕士研究生人数稳步增长,其中从1984年起,随着各个方面条件的成熟和完善,招收研究生人数有了大幅增加。并且从1984年开始,首批招收博士研究生2名,1986年到1988年共招收博士研究生13名。

根据国家教委〔1987〕教研字第25号文件以及江苏省教委〔1987〕第24号文件的规定,1988年苏州医学院对硕士研究生招生提出如下规定:① 坚持按需招生的原则,提高招收有实践经验的在职人员的比例,扩大招收临床研究生。② 加强导师的遴选工作。招生导师必须正在本学科前沿从事科学研究工作,有比较稳定的研究方向,有培养研究生必需的科研项目和科研经费。③ 原则上已带有在校研究生达4个以上的导师当年缓招,有博士授予权的导师及个别特殊专业根据具体情况可另行考虑;考虑到有些学科专业原有导师在校外的影响,鼓励导师采取在专业目录中以老带新的做法。

至1988年秋季学期,苏医共招收硕士研究生255名,博士研究生15名。1981年,苏州医学院建立学位评定委员会,由15名教授组成。自1978年至1988年年底,学院已先后授予248名硕士研究生硕士学位,授予2名博士研究生博士学位,授予1名在职人员硕士学位,合计授予硕士、博士学位251名。

表 4-12　苏州医学院 1878—1988 年研究生招生及学位授予人数统计表　　（单位：人）

类　别		年　份										
		1978年	1979年	1980年	1981年	1982年	1983年	1984年	1985年	1986年	1987年	1988年
招生人数	博士							2		3	3	7
	硕士	14	10	3	8	11	11	22	47	46	44	39
	在职硕士										1	4
学位授予人数	博士										2	
	硕士				14	10	3	8	11	9	22	54
	在职硕士											1

3. 制度和管理

苏州医学院在研究生培养质量方面，第一，严抓研究生入学质量、新生考试。贯彻"择优录取"的原则，保证录取质量，录取分数线一般比省内同类院校高5分。第二，严抓学位课程、外语教学。外语教学方面，自1983年起，根据国家要求，开设精读、听力课；1985年聘外籍教师，建立外语语音室；1988年开设第二外语，教学水平逐年提高。开设医用统计和计算机语言为必修课，还开设了十几门选修课。第三，严抓研究生科研选题。要求必须向全室做开题报告，实行教研室、科室领导下的导师负责制，将研究生的培养工作纳入科室的任务，组成研究生培养工作指导小组。第四，严抓论文答辩。这是保证研究生培养质量的重要一环，研究生学位论文答辩工作须严格按照规定执行。①

在导师队伍的建设和导师制度的完善方面，严格按照省教委的规定对担任研究生导师的条件进行审核，提出担任研究生导师的具体条件有：① 具有教授、副教授或相当技术职称。② 政治思想好，坚持四项基本原则，热心研究生教育事业，作风正派、治学严谨，能为人师表、教书育人，有良好的科学道德，有为"四化"献身的精神。③ 有坚实的理论基础和系统的专业知识，有比较丰富的教学经验，能够为研究生开设专业必修课和可以反映学科前沿动态的选修课。④ 有较高的学术水平，在本学科、专业的某些领域内进行过比较系统的科学研究工作，并具有较丰富的从事和指导较高水平的科研工作或专门技术工作的经验。⑤ 目前正在本学科前沿从事科学研究工作，有比较稳定的研究方向，有培养研究生所必需的科研项目和科研经费。②

在培养条件方面，学院的教学、科研设备比较有利。在科研实力上，十年来科研成果获奖项目146项，在江苏省内医学院校中名列前茅，有研究所2个。江苏省卫生厅把"血栓与止血研究中心"作为定向科研基地，投资50万。全院有研究室17个，条件很

---

① 《上报苏州医学院召开研究生工作会议文件》，苏医〔1988〕第125号，1988年6月2号，苏州大学档案馆馆藏，档案号：1988-140，第7-48页。

② 《上报苏州医学院召开研究生工作会议文件》，苏医〔1988〕第125号，1988年6月2号，苏州大学档案馆馆藏，档案号：1988-140，第7-48页。

第四章 苏州蚕桑专科学校、苏州丝绸工学院、苏州医学院先后并入苏州大学

好。全院有万元以上的设备168台,中外图书30万册、期刊5万册。在后勤保障方面也有很好的基础,使学院具备了培养高层次专门人才的条件。学院将研究生工作从科研处划出,成立了研究生工作办公室,设4名干部,加强了管理工作,从培养方案的制订到论文答辩严格把关,并且陆续制定了一些条例、规定、手册,积累了一些经验。①

研究生思想政治工作。自1984年研究生招生人数增加后,学院专门配备了一位专职班主任;成立了研究生党支部,由学生工作处和总支分管;学院由副书记和宣传部分管研究生会的工作,团委也关心研究生会的工作。学院领导关心研究生的成长,注重研究生德、智、体全面发展,使学院"管理育人"与导师"教书育人"结合起来。学院毕业的研究生,许多留校,充实了教学、科研和医疗工作,大部分成了学术骨干。对已毕业的研究生(包括分配到外单位的)做了质量评估反馈调查,结果绝大多数是"好"和"较好",表明学院在培养德才兼备的高质量人才方面已探索出一条有效的途径。

4. 在职人员申请硕士学位

学院开展在职人员申请学位试点工作始于1987年,并制定了较为具体的工作实施细则。② 1989年国务院学位委员会批准学院为试点免予验收单位③,1991年国务院学位委员会学位办〔1991〕第4号文件首批批准学院生理学等16个硕士点有权授予具有研究生毕业同等学力的在职人员硕士学位。④ 至1999年年底,学院凡有硕士学位授予权且已授一届硕士学位的学科、专业(共27个),均接受学院和院外单位具有研究生毕业同等学力的在职人员申请硕士学位。

在职人员申请硕士学位的基础条件为学士学位获得者,在本专业或在相近专业工作三年以上,在工作中取得一定成绩,且外语水平全国统考取得合格证书,临床学科同时取得医学综合水平统考合格证书的在职人员。

申请人符合下述条件之一,并经申请人所在单位推荐,可以以在职申请硕士学位为目的取得参加课程学习的资格。⑤

① 申请人三年内曾参加全国硕士研究生招生考试且成绩达到或接近当年录取分数线,且已在本专业工作满三年。

② 申请人工作五年以上,并已在省级杂志上以第一署名公开发表两篇以上本专业学术论

---

① 《上报苏州医学院召开研究生工作会议文件》,苏医〔1988〕第125号,1988年6月2号,苏州大学档案馆馆藏,档案号:1988-140,第7-48页。

② 《苏州医学院一九八八年接受在职人员申请硕士学位试点的通知》,苏医〔1988〕第83号,1988年4月11日,苏州大学档案馆馆藏,档案号:1988-157,第39页。

③ 《关于1989年开展在职人员以同等学力申请硕士、博士学位试点工作有关事项的通知》,学位办字〔1989〕第18号,苏州大学档案馆馆藏,档案号:1989-171,第38-40页。

④ 《关于继续开展授予在职人员硕士、博士学位工作的通知》,学位办〔1991〕第34号,苏州大学档案馆馆藏,档案号:1991,目录13,247卷,第159-162页。

⑤ 《颁发〈苏州医学院关于授予具有研究生毕业同等学力的在职人员硕士学位实施细则〉的通知》,苏医〔1991〕第274号,苏州大学档案馆馆藏,档案号:1991,目录13,288卷,第36-42页。

文，或者有发明创造或取得科技成果奖、教学质量奖、医疗质量奖等且表现较好的在职人员。

上述人员经审查合格将与当年录取的硕士研究生同时入学，同时办理报到注册，注册即取得学籍，确定导师、制订培养计划，整个过程与国家统招的正式研究生相同。他们需要按国家要求完成所申请专业培养方案所规定的学位课程考试，完成学位论文并通过答辩，经学位委员会评定审议通过，可授予硕士学位。

至1999年年底，学院已授在职人员硕士学位182名，且尚有在校生300余名。

5. 研究生会

苏州医学院研究生会成立于1985年，研究生会的章程规定研究生会是在院党委领导下、院团委指导下的研究生组织，是研究生开展学术、科研、文体、生活、社会实践等活动的组织者。研究生会为苏医学子的学习、科研和生活增添了一道亮丽的风景线。①

多年来，研究生会紧密结合政治形势和学院的实际情况，带领广大研究生认真学习党的重要理论，积极进行政治思想和形势政策的教育宣传，在广大同学中产生良好影响。

一直以来，学院广大研究生一方面紧张学习，不断提高理论水平；另一方面不断在医学科学研究中培养实践能力。每位研究生心目中都有一个既定目标，并朝着目标进行着废寝忘食、矢志不渝的奋斗和努力。由于付出了辛勤的汗水，多名博士生成为学院学科带头人，以博士生为首的各学科带头人的学术沙龙活动，活跃了学术气氛，为推动科研，提高医疗水平起到了很好的作用。

同时，在院团委的直接指导下，研究生会配合学生会一起开展了丰富多彩的校园文化活动，极大地丰富了研究生的课余生活。

表4-13 苏州医学院历届研究生会主席、副主席名单②

选举时间	届次	主席	副主席		
1985年	首届	缪竞诚			
1986年	第二届	杨 健			
1987年	第三届	殷光中			
1988年	第四届	赵 阳			
1989年	第五届	马晓峰			
1990年	第六届	吴 新			
1991年	第七届	匡玉庭	崔 伟	吴 新	
1992年	第八届	郑世营	匡玉庭	夏利军	
1993年	第八届	郑世营	王山喜	夏利军	

---

① 《苏州医学院研究生会章程》，1986年，苏州大学档案馆馆藏，档案号：1987-108，第65－71页。

② 顾钢，等. 苏州医学院院史［Z］. 苏州：苏州医学院校办工厂，2001：286.

续表

选举时间	届次	主席	副主席		
1994年	第九届	王山喜	杨宗华	李正维	
1995年	第九届	杨宗华	王东林	李爱民	
1996年	第十届	王东林	周先举	陈亮	
1997年	第十届	周先举	王平	陈亮	
1998年	第十一届	王平	张志刚	郑世营	刘晓健
1999年	第十一届	张志刚	邵光方	郑世营	

三、再创辉煌迎接新世纪（1989—1999年）

经过了前一时期的恢复和发展，1989—1999年，苏医的研究生教育进入了一个快速稳定发展的时期。研究生学位点的建设稳步增长，导师队伍不断壮大，硕士、博士研究生的招生人数大幅增加，相关的管理制度和配套设施也不断完善。1991年，遵照苏教高科〔1991〕第64号文件，学院对研究生教育和学位工作进行总结，形成了"七五"总结和"八五"计划，该总结从六个方面回顾了学院1986—1990年的研究生教育工作，该计划对学院未来的研究生培养提出了思想政治、招生、学位、教育培养等十项工作要求，为下一步工作指明了方向。①

1. 学位点及导师队伍

（1）学位点和导师队伍的发展

1990年，第四批学位点申报和审核，学院寄生虫学获得批准成为博士点，人体解剖与组织胚胎学、精神病学被批准为硕士点，李允鹤、苏燎原、唐天驷、林宝爵、惠国桢被批准为博士生导师。同时，在第四批博士学位授予权学科、专业和博士生指导教师的通讯评议工作中，朱寿彭老师被国务院学位委员会聘请为基础医学组专家组成员。

表4-14　苏州医学院第四批学位点申报（1990）获授权名单②

类别	申报学位点名称	获批学位点名称
博士学位点	生理学、寄生虫学、免疫学、外科学（泌尿外）	寄生虫学
硕士学位点	细胞生物学、外科学（胸外科）、外科学（泌尿外）、微生物学与免疫学、精神病学、流行病学、人体解剖与组织胚胎学、妇产科学、核医学、内科学（消化系统疾病）、内科（呼吸系统疾病）、内科（内分泌与代谢病）	细胞生物学、外科学（胸外科）、外科学（泌尿外）、微生物学与免疫学、精神病学、流行病学

---

① 《报送苏州医学院研究生教育与学位工作的"七五"总结和"八五"计划》，苏医〔1991〕第264号，苏州大学档案馆馆藏，档案号：1991，13目录，287卷，第54—60页。
② 《苏州医学院关于第四批申报博士、硕士学位授权材料》，苏州大学档案馆馆藏，档案号：1989，第200-205卷。

1993 年第五批学位点申报和审核，学院获批内科学（传染病）、劳动卫生与环境卫生学为 2 个硕士点，获批陆惠民、张志德、郑祖根、黄强、郑斯英 5 名博士生导师。①

表 4-15　苏州医学院第五批学位点申报（1993）获授权名单

类别	申报学位点名称	获批学位点名称
博士学位点	免疫学、神经病学	无
硕士学位点	核医学、传染病学、妇产科学、劳动卫生与职业病学、	内科学（传染病）、劳动卫生与环境卫生学

1995 年，学院获批李士俊、夏学鸣、周岱、包仕尧、张学光 5 人为博士生导师。1996 年，学院获批外科学（烧伤）、肿瘤学、卫生毒理学 3 个硕士点（苏学位字〔1996〕第 11 号）。同年，根据学院《关于硕士生导师的遴选、聘任办法》（苏医〔1995〕第 302 号），由基层学术委员会推荐，学院学位委员会 1996 年 7 月 16 日审议通过，决定增选胡华成等 66 位硕士研究生导师。②

随着学位点的增加和导师队伍的壮大，为响应《中国教育改革和发展纲要》中指出的"建设一支具有良好政治素质、结构合理、相对稳定的师资队伍"，以及国家教委教人〔1996〕第 29 号关于印发《高等学校教师培训工作规程》的通知精神，结合学院实际，1996 年，苏医制定了《苏州医学院"九五"师资培训规划》，明确了"九五"期间，对不同学历、不同职称的教师进行不同层次的培训，培训重点是助教和讲师，并提出了 7 个方面的具体培训措施和要求。③ 同时，积极开展省"青蓝工程"跨世纪学术带头人及省优秀青年骨干教师的评选工作。④

1997 年，学院获批薛永权、张锡庆、顾振纶、江家贵、赵经涌、童建 6 人为博士生导师。1998 年，学院获批妇产科学、营养与食品卫生学为硕士点（苏学位字〔1998〕第 23 号）。1999 年，学院获批范我、诸葛洪祥、陈子兴、王兆钺、刘志华、李德春、俞光弟 7 人为博士生导师。

我国 1978 年恢复研究生招生，1981 年实行学位制度，国务院学位委员会批准的第一批博士、硕士学位授予权学科、专业中，苏医有 2 个博士点、10 个硕士点、3 位博士生导师；发展至 1999 年年底，苏医已有 7 个博士点、29 个硕士点、35 位博士生导师和 233

---

① 《关于下达第五批博士和硕士学位授权学科、专业点名单的通知》，学位〔1993〕第 39 号，苏州大学档案馆馆藏，1993 – XZ15，291 – 293 卷，第 1 – 25 页。
② 《关于增选胡华成等 66 位硕士研究生导师的规定》，苏医〔1996〕第 148 号，苏州大学档案馆馆藏，档案号：1996 – XZ12 – 8，第 1 页。
③ 《苏州医学院"九五"师资培训规划》，苏医〔1996〕第 249 号，苏州大学档案馆馆藏，档案号：1996 – XZ12 – 5，第 17 – 25 页。
④ 《转发〈关于公布 1996 年〉江苏省普通高校"青蓝工程"培养人选结果的通知》的通知，苏医〔1996〕第 199 号，苏州大学档案馆馆藏，档案号：1996 – XZ12 – 5，第 12 页。

位60岁以下的硕士生导师。先后招收硕士研究生777名，博士研究生215名，在职申请硕士学位510人，研究生课程进修班331人，总计1 833人。

（2）专业学位

1997年4月，国务院学位委员会第十五次会议审议通过了《关于调整医学学位类型和设置专业学位的几点意见》，将医学学位划分为医学科学学位和医学专业学位两种类型。并决定首先选择临床医学专业进行试点。1998年，苏医提出申请，并就试点工作的必要性、可能性和质量保证措施进行论证。① 1998年，国务院学位委员会学位办〔1998〕第59号文件《关于开展临床医学专业学位试点工作的通知》批准学院为临床医学硕士专业学位试点单位之一（学位办〔2000〕第76号文件）。② 为加强对临床医学硕士专业学位试点工作的领导，学院于1999年3月成立了临床医学硕士专业学位指导委员会，主任委员为阮长耿，副主任委员为顾钢、吴爱勤，成员有张月芳、陈卫昌等。并提出比较完善的专业学位的实施细则，尤其是在学位申请、授予方面提出了详细的要求：第一，二级学科的基础训练以二级学科的各专科轮转为主，兼顾相关学科；第二，学位课程要求完成规定的学分，总门数不少于5门；第三，学位论文要求紧密结合临床实际，以总结临床实践经验为主，可以是临床论著或病例分析报告加文献综述。③

（3）检查与评估

1991年4月，卫生部下发卫教发〔1991〕第4号文件《关于开展医学硕士研究生教育与学位授予质量检查与评估工作的通知》，学院领导高度重视，召集了会议，对此项工作进行了专门的研究和部署。5月，学院召开了由基础医学部和放射医学系共12个硕士学科、专业点的教研室主任与教学秘书，系、部主任与教学秘书参加的会议，进行了三级培训，要求各学科、专业点认真进行自检。此次自查的主要结果如下④：第一，始终把思想政治工作放在首位。采取的措施有：成立研究生思想工作指导小组，负责研究和制定研究生思想政治工作的大计方针；制定了《研究生思想政治工作条例》，使研究生思想政治工作初步实现了规范化、制度化等。第二，重视学位论文工作。学位论文是衡量导师和培养单位研究生教育水平的重要标志。主要做法有：提倡研究生一入学，就要边学习理论边进实验室，将科研工作贯彻于研究生学习的全部过程；在研究生开始准备学位论文前，首先做开题报告，并成为教研室的一项学术活动；导师和教研室对硕士论

---

① 《关于开展临床医学专业学位教育试点工作的申请》，苏医〔1998〕第51号，1998年3月24日，苏州大学档案馆馆藏，档案号：1998 - JX12 - 2，第38 - 42页。

② 《关于开展临床医学专业学位试点工作的通知》，学位办〔1998〕第59号，1998年7月10日，苏州大学档案馆馆藏，档案号：1998 - JX12 - 2，第44页。

③ 《上报〈苏州医学院临床医学硕士专业学位实施细则〉》，苏医〔1998〕第196，1998年9月29日，苏州大学档案馆馆藏，档案号：1998 - JX16 - 2，第7 - 12页。

④ 《医学硕士研究生教育与学位授予质量与评估小结》，1991年5月，苏州大学档案馆馆藏，档案号：1991，13，247卷，第11 - 23页。

文答辩严格把关，证实答辩前先进行预答辩。第三，严抓教学工作。根据1988年卫生部组织专家来学院检查时提出的一些问题进行改进。具体做法有：在二级学科的基础上设置硕士生学位课程，同一学科专业点有多个研究方向的，学位课程尽量做到相同，选修课可以各有侧重；各学科、专业点认真修订培养方案和培养计划，制定教学大纲等；注意安排硕士生的教学实践。同时针对学院自检提出的在学科建设、招生、培养经费等方面的不足严格进行整改。

1996年，国务院学位委员会发学位办〔1996〕第45号文件，要求对全国开展在职人员以同等学力申请硕士学位工作的学位授予单位进行检查评估。苏州医学院为受检单位之一。检查评估的主要内容有：申请人的资格审查、学位课程学习情况、学位论文及学位审批程序。学院按上述要求，报送了1991—1995年期间基础医学所授予7人硕士学位的资料。根据国务院学位委员会学位办〔1997〕第36号文件"关于对授予同等学力在职人员硕士学位工作检查评估结果的通报"精神，学院为"总的情况是比较好的"单位之一，顺利通过了检查。

1997年，遵照国务院学位委员会和江苏省学位委员会《关于对前四批博士、硕士点授权点进行基本条件合格评估工作的通知》精神，学院召集博士生导师及系、部、附属医院负责人会议，成立了自评工作领导小组，对学院前四批的（1992年前）7个博士点和16个硕士点进行了两个阶段的自评工作。第一阶段，传达上级精神，组织自评领导小组，并组织收集数据。第二阶段，由评审领导小组组织专家进行投票。① 同年，学院接受了国务院学位委员会组织的对博士点的合格评估和江苏省学位办公室组织的对硕士点的合格评估，根据国务院学位委员会〔1997〕第52号文件精神，学院7个博士点全部一次性通过合格评估；硕士点中，除泌尿外科、人体解剖学被令限期整改外，其余硕士点均一次性通过合格评估，要求整改的两个硕士点也在1998年的复查中顺利通过评估。

（4）自行审定博士生导师

1981—1998年，学院的博士生教育工作取得了不少成绩，先后有6批、共29名人员获批为博士生指导教师，已毕业11届、共83名博士生，尚有在读博士生82名。经过不断修改和完善，逐步建立了一套完整的招生、培养和学位授予制度，培养了一大批质量较高的硕士和博士研究生。同时，学院也较早地建立了严格的导师遴选制度。自1990年以来，学院已经多次修订导师遴选条例，并严格按照两年遴选一次的规定遴选硕士生导师，到1998年，共有硕士生指导教师160多名。同时，在申报博士生导师的过程中，严格按照导师条件，严格审议，原则上严格控制一个博士点每次申报博士导师1~2名的标准，并经学位评定委员会无记名投票获得通过后方可组织材料上报。

同时，学院遵照国务院学位委员会1998年第10号文《关于对博士生指导教师遴选

---

① 《苏州医学院博士、硕士点合格评估的自评报告》，苏医〔1997〕第55号，1997年3月28日，苏州大学档案馆馆藏，档案号：1997－JX16－4。

第四章 苏州蚕桑专科学校、苏州丝绸工学院、苏州医学院先后并入苏州大学

工作进行总结和检查的通知》精神，对学院3年来开展此项工作的情况进行总结和检查，并提出了一些意见与建议。如改善导师队伍的年龄结构，促进年轻一代学术带头人的成长；转变评选观念，不再单独评审博导，而是在审定各博士点招收培养博士生计划的同时遴选博导；等等。

鉴于以上情况，学院于1998年12月向核工业总公司人事劳动局发出了《关于申请自行审定博士生指导教师的请示》，上级主管部门于当年同月下发批复，同意学院自1999年起，自行审定博士生导师。①

（5）博士后流动站

我国的博士后制度是在改革开放的形势下，借鉴国外经验并结合我国的实际情况建立起来的。到1998年，经过20年的努力，学院积累了较丰富的博士生培养经验并拥有工程院院士1名，博士生导师29名，培养了博士研究生65名。1993年以来获得省部级科技进步奖76项，形成了合理的人才梯队结构，具备了较强的科研实力，同时与法、美、日等国开展了广泛的学术交流和科技合作。鉴于此，根据人事部全国博士后管委会发〔1998〕第19号文件精神，学院将培养放射医学的博士后流动站按临床医学和基础医学两部分申请新设博士后流动站。②

根据国务院学位委员会新的学科调整和博士后研究制度发展的需要，经1998年11月第四届专家组评审，人事部、全国博士后管委会发〔1999〕第10号文件批准苏州医学院"临床医学"为博士后科研流动站，学院临床医学一级学科范围内的博士生导师均可招收博士后研究人员。③

2. 研究生招生

（1）招生规模

1989—1999年，随着各方面条件的成熟和完善，研究生招生人数比1978—1988年有了较大和稳定的增长，苏医的研究生教育进入一个稳定高速发展时期。1989—1998年，学院硕士研究生招生人数共计522名，博士研究生招生人数共计200名，在职申请学位的人数共计499名。同时，随着招生规模的调整和改革的深化，学院逐渐改革了以前的招生办法，把招生工作纳入"按需招生"的轨道，对那些需求已趋饱和的专业，招生人数从严控制，对需求量较大的临床应用型学科，招生比例相对扩大，同时坚持优先从有在职经验的人员中招生。

---

① 《关于同意苏州医学院自行审定博士生导师的批复》，核总人校发〔1998〕第427号，1998年12月21日，苏州大学档案馆馆藏，档案号：1998-JX12-2，第31-32页。
② 《关于苏州医学院申请设立博士后流动站的报告》，苏医〔1998〕第59号，1998年4月13日，苏州大学档案馆馆藏，档案号：1998-JX12-2，第26-27页。
③ 《关于在全国设立787个博士后科研流动站的通知》，人发〔1999〕第10号，1998年12月21号，苏州大学档案馆馆藏，档案号：1998-JX12-2，第1-25页。

(2) 制度和考核

1990年,根据国家教委教高字〔1989〕第16号《关于做好推荐和接收应届本科毕业生为硕士生工作的通知》,结合实际情况,学院制定了《关于推荐1990届应届本科生为硕士生的办法》,对推荐工作从推荐条件、推荐程序等方面进行了指导和说明。

随着研究生招生数量的大幅增加,为了保证研究生入学质量,学院规定:第一,不组织单独考试;第二,不接受推荐免试生;第三,报考博士生必须是获得硕士学位的在职人员或应届毕业硕士生。20年来,学院录取的硕士研究生均为参加全国招收攻读硕士学位研究生入学统一考试成绩达录取分数线者。入学考试科目共5门,其中政治、外语、西医综合为全国统一命题,专业、专业基础科目由学院自主命题。

为适应研究生招生教育规模扩大和保证培养质量的需要,学院于1991年重新修订了研究生培养方案,制定了研究生课程教学大纲,出台了研究生考核实施办法。①

根据需要,学院还组织了4门综合试题,其中生物类综合含细胞生物学、生理学、微生物学、遗传学、生物化学;放射医学综合含放射卫生学、放射毒理学、放射生物学、辐射剂量学、核物理学;预防医学综合含环境卫生学、劳动卫生和职业病学、营养与食品卫生学、流行病学、卫生统计学;药学综合含有机化学、分析化学、药物化学、生理学、制剂学。综合试题分别供综合性大学生物系毕业生及特殊专业的毕业生选考。凡执行命题的科目均成立命题小组,且每位教师只能参加一门科目的命题,临床学科如内科学、外科学、神经病学等考试科目均由苏州医学院附属第一医院、苏州医学院附属第二医院联合命题。为了便于工作,1997年和1998年年底,由学院研究生处先后组织有关专家完成内科学、外科学各10套试题;同时,病理学、生物化学、生理学、免疫学等试卷使用量较大的科目,亦先后组织命题5套试卷。这些试题作为硕士研究生招生试卷库,连同标准答案封存。招生时,由研究生处随机抽取试卷。在校研究生的期末考核亦从1996年开始建立试题库,实行考教分离的考察办法。②

博士生教育是我国高等教育中最高层次的教育,对我国经济的发展、科技的腾飞和社会的进步有着至关重要的影响。为确保博士研究生的培养质量,1997年3月,学院出台了《苏州医学院博士研究生资格考试暂行条例》,规定在博士生入学后的第三学期末或第四学期初,学院从思想品德、业务等方面对博士生进行考核。

3. 毕业和学位授予

自1981年实施学位制度以来,国家制定和发布了一系列法规文件。根据国家的政策精神和《苏州医学院关于授予硕士、博士学位的规定》,凡按培养方案完成学位课程考

---

① 《关于重新修订攻读硕士学位研究生培养方案的通知》,苏医〔1991〕第53号,苏州大学档案馆馆藏,档案号:1991,13目录,287卷,第23-48页。
② 《苏州医学院关于实施考教分离、建立试题库的通知》,苏医〔1996〕第47号,苏州大学档案馆馆藏,档案号:1996-XZ12-5,第56-61页。

试和完成学位论文并经专家审阅认为已达到相应学位的学术水平者则可以组织论文答辩,答辩通过者可以提交院学位评定委员会审议授予相应学位。

至1999年年底,学院已授予594名毕业硕士研究生硕士学位,授105名毕业博士研究生博士学位,授予182名在职人员硕士学位,合计授予硕士、博士学位881名。

表4-16 苏州医学院1889—1999年研究生招生及学位授予人数 （单位：人）

类别		年份										
		1989年	1990年	1991年	1992年	1993年	1994年	1995年	1996年	1997年	1998年	1999年
招生人数	博士生	3	6	8	12	11	18	20	27	22	33	40
	硕士生	34	36	30	28	37	73	37	52	41	70	84
	在职研究生	9	10	18	14	11	16	35	55	88	102	147
授学位人数	博士	2	4	5	1	7	7	10	11	18	15	23
	硕士	55	44	47	36	37	28	29	41	65	33	48
	在职硕士	2	7	8		7	11		28	16	25	77

学院从1990年起,在研究生中试行评选优秀毕业生工作,取得了良好的效果。从1991年起,在认真总结工作的基础上,进一步修订、完善了评选办法,并广泛征求了意见。1991年3月制定出台的《优秀毕业生评选办法》①,提出了优秀毕业生评选的原则和具体的评分标准,使得优秀研究生的遴选工作更加规范、有效,促进了研究生培养质量的提高。

4. 教学安排

硕士研究生教学安排分为公共必修课、公共必选课、专业必修课、选修课和自选课五类,并于1990年起实行学分制。公共必修课与专业必修课均为学位课程,共29学分,为考试课程,以百分制记载成绩。公共必修课和选修课为考试或考察课程,共15学分,自选课为考察课程。课程结构除公共课程外,分基础理论课、技能课和方法学课程。公共必选课含马克思主义理论、英语、卫生统计学。基础理论课主要含卫生免疫学、分子生物学、高级生物化学、细胞生物学、医学遗传学、临床病理学、临床局部解剖学、临床药理学、医学心理学等课程；技能课含同位素示踪技术、医用计算机、细胞培养技术、电镜技术、病解新技术等；方法学课程主要有临床流行病学、文献检索、医学科技写作、科研设计与方法等。在研究生教学中,教师们不断积累经验、编写教材,以逐步完善教学。自编教材有《分子生物化学与人类疾病》《高级生物化学》《病解新技术》《医用电子显微镜技术》《临床病理学》《临床局部解剖学》《科研设计与方法》等。

---

① 《关于实施〈优秀毕业研究生评选办法〉的通知》,苏医〔1991〕第37号,苏州大学档案馆馆藏,档案号：1991,13目录,287卷,第1-10页。

5. 研究生课程进修班

为主动适应社会主义现代化建设和医疗卫生事业对高层次专门人员的需要,根据国务院学位委员会学位〔1996〕第9号文件和江苏省学位委员会苏学位办〔1997〕第9号文件精神,学院先后在苏州、南通、常州、昆山、湖州等地举办临床医学研究生课程进修班5个,预防医学研究生课程进修班1个,2000年2月、3月又分别与镇江医学院、张家港市卫生局签订了联合举办研究生课程进修班的协议。截至2000年3月31日已有3个班共151名学员获得苏州医学院"研究生课程进修班结业证书",分别是:南通班41名学员于1998年12月结业,苏州班58名学员于1999年4月结业,常州班52名学员于2000年3月结业。昆山班及湖州班分别于1999年8月和11月开学,于2001年结业。

表4-17 苏州医学院研究生课程进修班分类①

办学地点	专业	人数/人	开学年月	教学安排	结业年月
南通	内、外科学	41	1997年9月	脱产	1998年12月
苏州	内、外科学	58	1997年5月	每月一周	1999年4月
常州	内、外科学	52	1998年6月	每月一周	2000年3月
昆山	内、外科学	80	1999年8月	周六、日	2001年6月
湖州	内、外科学	78	1999年11月	周四、五、六	2001年9月
苏州	预防医学	22	2000年3月	周六、日	2002年1月

研究生课程进修班的学生来源由单位推荐、经入学考试录取的优秀在职人员,学历要求以大学本科毕业为主,适当吸收具有大学本科同等学力的优秀在职人员。1998年6月苏州医学院与苏州市卫生局联合举办的研究生课程进修班的学员称为苏州市"跨世纪学科带头人"。

苏州医学院研究生课程进修班的教学活动一般为两年,以不脱产在职学习为主,基础理论课由学院从事研究生教学的教师讲授;专业课以自学为主,辅以与学科最新进展相关的讲座,集中讲授720学时左右。学员每学完一门课程均进行考试或考察,成绩合格方获通过,并由学院研究生处登记成绩。学员学完规定的课程,经考试或考察成绩合格,由学院颁发"研究生课程进修班结业证书"。对其中具有学士学位并通过在职人员申请硕士学位全国外语和医学综合水平统一考试,且与学院在校硕士研究生完成同时同卷本专业培养方案所规定的学位课程考试和学位论文,可以按照在职人员申请硕士学位条例,向学院申请硕士学位。

6. 研究生教育管理机构

1978—1983年,研究生教学及管理由教务处和科研处兼管;1984—1987年,在科研处内配备一名科级干部负责研究生工作;1988年成立研究生工作办公室,为处级机构;

---

① 顾钢,等. 苏州医学院院史〔Z〕. 苏州:苏州医学院校办工厂,2001:153.

1993年，研究生办公室并入教务处，由一位副处长分管研究生工作；1994年与教务处分离，成立研究生处至2000年4月。

表4-18 苏州医学院苏医历任研究生办（处）负责人①

主任（处长）	副主任（副处长）
张振德（1988—1993）	强亦忠（1993—1994）
倪祥庭（1994—1998）	张月芳（1997—1999）
张月芳（1999—2000）	朱锁龙（1998—2000）（兼总支书记）

※ 附：苏医名师

苏医研究生教育的拓荒者：陈悦书

陈悦书（1918—1998），福建福州人，血液病学家，我国临床血液学的先驱和奠基者之一。1942年毕业于上海医学院（今复旦大学医学院）医学系。曾任上海红十字会第一医院（今上海华山医院）医师、主治医师。中华人民共和国成立后，历任上海第一医学院副教授、苏州医学院教授、苏州医学院第一附属医院主任医师。1976年在国内首先发现急性早幼粒细胞白血病的细颗粒型；研究并动用过氧化酶染色、PAS染色、脱氧核糖核酸（DNA）染色等组织化学方法，进行综合诊断，提高了白血病的诊断效果。1979年设计的中西医结合的HOAP方案治疗急性非淋巴细胞性白血病，完全缓解率曾达到82.1%，达到当时的国际先进水平。主编有《临床血液学》等。1960年，于苏州医学院血液病学首次招收张桂如、何机典两名研究生。1964年又招收姚尔固、王嘉祥两名研究生。和陈王善继教授等一起，对于苏医的研究生教育的起步探索有开创之功，培养了阮长耿、张日等许多著名学者。改革开放后，继续指导研究生，为苏医的研究生培养做出了重要贡献。

技高者贤，德善者王②：陈王善继

陈王善继（1911—2008），我国著名放射医学专家、一级教授，原苏州医学院院长、苏州医学院附属第一医院院长。出身于上海邮电职员家庭的陈王善继，为了感谢外公的养育之恩而改"陈"姓为"陈王"。1931年，他以优异成绩毕业于上海同德医学院（今复旦大学医学院），并于同年8月到苏州博习医院工作。此后6年，他先后在苏州、上海等地行医，并在抗战爆发后离沪参加中国红十字会医疗队，先后赴南昌、武汉、长沙等抗战第一线，积极抢救抗日救亡将士。抗战胜利后，经苏州博习医院资助，他于1947年1月赴美国纽约大学医学院放射诊断班学习，一年半的苦学使他在学术上取得了显著进步。

---

① 顾钢，等．苏州医学院院史［Z］．苏州：苏州医学院校办工厂，2001：156．
② 孙宁华．苏医"四陈" 大医精诚［N］．文汇报，2010-05-08．

中华人民共和国成立前夕,他应苏州博西医院之聘回国任内科和放射科主任,并于1949年1月起任苏州博习医院院长。值得一提的是,他用自己留学期间省吃俭用节约下来的资金购买了一台X光机和大量的X光教学片以及英文版医学书籍等,并带回苏州,全部无偿赠送给了博习医院。他为医院的发展呕心沥血,尤其是在博习医院改为苏州市第一人民医院和苏州医学院附属医院之后,他更是带领全体同人奋发图强,相继创建了各个三级临床医疗专业和专业学科,使医院各项事业取得了突飞猛进的发展。2007年9月8日,在苏州大学附属第一医院举行的"百年老院附属一院命名50周年庆典"大会上,陈王善继被授予该院历史上首个"杰出贡献奖"。

陈王善继的仁厚体现在他对患者不分贵贱、一视同仁的品格上,大爱无疆的精神正是他能成为一代大医的根源所在。

毅然回归祖国的杜子威

杜子威(1932—),脑外科专家。祖籍江苏苏州,生于日本东京并获得博士学位。1961年毕业于日本东京都庆应大学医学部。1969年获医学博士学位。曾任日本足利市红十字医院脑外科部长。1972年,他离开日本,和爱人一起回到了中国。侨居在日本的父亲为杜子威在苏州医院建造了一座研究室,花了整整一百万元人民币。杜子威不要一点报酬,把研究室献给了国家。

回国后,历任苏州医学院附属第一医院脑神经外科副主任、主任医师,苏州医学院教授、副院长、院长,江苏省侨联副主席,江苏省第五届政协副主席,江苏省第七届人大常委会副主任。第五至第七届全国人大代表。在脑神经外科、脑血管外科研究方面有突出成就。

杜子威在对脑动脉瘤夹、脑血管造影针、脑室腹腔引流装置等的改革、研制工作方面,取得了显著的成绩,其关于颅内动脉瘤夹和动脉瘤夹闭术的论文获全国科学大会奖;研制成功国产醋酸纤维薄膜,建立了中国人脑脊液蛋白电泳标准值,实现了按中国人的标准和方法,用国产醋酸纤维薄膜为中国人做脑脊液蛋白电泳;人脑恶性胶质瘤细胞体外培养建系取得成功,获卫生部乙级奖、核工业部二等奖、江苏省二等奖;开展了培养恶性胶质瘤细胞裸小鼠移植肿瘤模型的研究工作,其"人脑胶质瘤细胞裸小鼠实体瘤模型NNHG-1"的科研成果,填补了国内空白,达到国际水平。

"法国功勋骑士"阮长耿

阮长耿(1939—),上海市人。1964年毕业于北京大学生物化学系,后留学法国,获博士学位,1997年当选为中国工程院院士。现任苏州大学教授、博士生导师,江苏省血液研究所所长。1979—1981年赴法国进修期间,发现并从事国际上第一株抗人血小板单克隆抗体的研究。学成回国后,建立了我国第一个血栓与止血研究室。1983年,成功研制了我国第一组抗人血小板膜糖蛋白单克隆抗体;随后,研制成功了"苏州系列"单克隆抗体,其中的5株单抗被确认为国际血小板研究试剂。阮院士组建了"核医学生物技术重点实验室";承担了IAEA资助重点项目、中法先进研究计划课题、国家"863"计划等省部级以上课题20多项。获国家专利,国家发明三等奖,国家科技进步二、三等奖等42个奖项。主编专著4部,先后在国内外刊物上发表学术论文940篇,其中SCI收录论文155篇。1982年以来,培养了博士生36名、硕士生37名。曾荣获"国家级有突出贡献的中青年专家""全国五一劳动奖章""全国先进工作者""法国医学科学院外籍通讯院士""为江苏改革开放做出突出贡献的先进个人"及省部级劳动模范、优秀共产党员、优秀教师等荣誉称号和奖励。1994年和2011年先后两次被法国总统分别授予"法兰西国家功绩骑士勋章"和"法兰西国家功绩军官勋章"。通过他与法国建立的长期稳定的合作关系,苏州医学院已派出大量科研人员赴法国和美国进修,其中大部分人员已按期回国,成为各学科的带头人,有力地促进了学院教学和科研的发展。

※ 附录:苏州医学院历届研究生名单

1960年招收硕士研究生名单

张桂如　何机典

1964年招收硕士研究生名单

姚尔固　王嘉祥　陆惠民　杜凯一　郭兆奎

1978—1999年各年度招收硕士研究生名单

1978年

唐学恒　周洪福　顾沨　邱石　王兆钺　杨伟廉　阚祖兴　施云松　袁吉云
郭试喻　陈之纯　薛永权　周凤清　王绪

1979年

陈留华　沈为群　虞献民　于烽生　朱梦渌　陈贤志　钱海鑫　杨振燕　虞介昌
张学光

1980年

杨惠新　孙俊英　高履庄

1981年

许国平　唐少华　冯一中　张日　陈宏　黎海岑　许文美　秦正红

1982年

杜晓平　沈坚兵　周希平　耿德勤　汤革新　周泉生　孙保福　吴庆宇　李晓江
张卫和　高建新

1983年

汪一汗　沈伟坚　范盘生　殷建林　陈春生　李德春　茅建人　方海林　夏芬
柳勘质

1984 年

李向阳	姚　敏	李卫星	吴　邗	胡启跃	王金熙	陈　酌	卢坤平	耿永建
范秀娣	黄汉贤	雷　魁	孙林泉	陈德春	金黎清	陆肇阳	缪竞诚	耿勇志
肖志辉	吴浩荣	徐跃成	戴敏红					

1985 年

张　难	杨　健	任诚文	赵山川	邱　勇	徐　璎	吴锦昌	王明涛	严秩群
金　帆	曹　苇	浦金贤	龚建平	沈　炜	曹　岷	葛　虹	杨卫东	张锐敏
吴德沛	钟庆晨	蒋惠泥	李贵生	王　刚	杨惠斌	赵　宏	董　凡	朱家勇
陶　琢	陆志强	苏海洪	范日镜	李晓楠	张兆中	苗维纳	金安娜	谢　平
顾宗江	徐映东	陈忠平	吴晓东	李倩倩	王宁海	李洪泰	吴国新	伦明跃
秦　涌	黄　俭							

1986 年

魏文祥	刘　强	吴建伟	周　云	石松生	沈文荣	张　晨	潘　慧	宋继莹
蔡　枫	朱　莎	殷光中	王玉兴	孙　建	裴光源	刘立新	陶　峰	李　群
董启榕	马　峰	陈　勇	袁海平	许美凤	黄　正	陈君敏	杨　伟	朱　颖
高志昕	须　梅	唐景荣	杜泽吉	吴新珏	严春寅	张　玮	潘　昕	张　毅
龚　琪	冯　星	杨俊华	吴爱勤	沈家姬	李惠霖	黄　瑞	庞　智	丁淑兰
许　铁	宋建荣	王　勇						

1987 年

谢可鸣	徐　鸣	包　鸣	付晋翔	陈卫昌	杨　淼	曹达华	夏超明	刘　浩
成　军	王　玮	徐剑松	刁　刃	蒋志科	王虹玲	程亦陵	邢春根	程满根
邵国富	尤海清	毛佐华	陈晓梅	于　嘉	成茂华	潘峻亮	兰光华	陈佩华
郑葵阳	罗江平	朱洪发	朱　江	朱　颖	张庆臣	顾志城	孔庆兖	郑其平
徐浩东	赵　阳	陈汝贤	李　红	许玉杰	朱广迈	夏国兴	谷俊侠	

1988 年

马晓峰	李　锐	鲍　虹	韩莘莘	李建勇	袁伟点	李金泉	张石宁	冯小平
束永前	汪　良	仇红霞	胡春洪	刘笑梅	赵郁光	徐雪元	赖冠华	韩忠林
蒋迁波	董万利	汪　健	苏　枭	陈宗龙	凌　翔	徐跃增	李　勋	刘春凤
侯建全	李春辉	程庆璋	曹　霞	马海涛	陶　敏	朱国静	时　岩	诸　江
潘　涌	李冬梅	耿德勤						

1989 年

胡晓磐	蒋国勤	李福刚	姜为民	吴汉勇	欧阳俊	岑建农	马琪林	刘建夏
曹祥山	石桂秀	顾国浩	顾建明	茅永明	肖　东	张会键	邱春光	徐广迎
胡　锦	荣　跃	徐　杰	陈家福	冯建华	金　雁	张春晓	周幽心	杨向军
杨苏敏	俞　辉	许　平	韩顺生	朱雪明	倪才方	刘一之		

第四章 苏州蚕桑专科学校、苏州丝绸工学院、苏州医学院先后并入苏州大学

1990 年

徐 超	龚向东	王季石	杨莉玲	彭东华	张 明	沈树红	潘宜智	曾宪华
姚京东	沈坤堂	管洪庚	谢宗涛	张宏来	张伟中	李忠花	胡劲松	王 珏
李建祥	付 强	陈家旭	姜开余	吴 新	何志洁	陈 弹	兰 青	王 中
陈君填	殷渠东	王 易	张建华	李晓忠	刘士海	夏 敏	周正杨	丁志坚

1991 年

连玉官	王江方	陈 新	赵 瑛	李登锦	钱忠来	匡玉庭	肖德生	矫勇益
张占英	徐敏华	王育林	朱晔涵	许春芳	叶 丹	周生妹	王之敏	王晓东
郝创利	董晓强	李向东	胡 浩	毛忠琦	何靖康	李金虎	谢道海	薛寿儒
李 文	石洪成	王晓春						

1992 年

郭 涓	胡铭荣	孙梦晖	彭文军	邵立荣	汤宁泉	沈树泉	陈太基	施宗高
孙春雷	王宇卉	邵国良	王观法	杨炳华	王旻晨	李新燕	李 岭	卢国元
陈建昌	刘征辉	张海涛	黄立新	郑世营	崔 岗	胡勤勇	傅 琦	张新凯
高安静								

1993 年

赵家伟	韩芝燕	韩力薇	江晓峰	阮玉华	陈仁鹄	王 阳	郝思国	陈 功
严季根	董永红	吕孝东	孙传洋	李根华	郑伟良	王 甦	邓长春	朱如玮
涂继德	严惟力	李 元	王山喜	朱 莉	吴建强	吴思荣	孙永明	钱汉根
严 军	刘亦凡	肖接承	马兴久	朱汉达	徐中华	滕宝群	俞生林	刘含秋
殷信道								

1994 年

许 爽	陈 姝	孙宪峰	原淑娟	汤宇澄	朱 民	王 泳	卞杰勇	李爱民
马建民	郭 玲	邵 源	迟东升	何 山	孙信成	许志远	薛 群	刘俊恒
徐永忠	阳东荣	刘庆宏	张健平	龙慧民	邱小强	唐晓文	刘 跃	严永东
严 苏	羊继平	陈勇兵	刘锦波	曾慧兰	周海斌	朱晓黎	蒋菊伟	郭宏伟
朱晓良	申立军	孙向荣	周华云	汤继宏	张寒芳	陆宇新	汤建平	刘卫军
董宁征	袁 静	潘永明	朱雪萍	赵红如	方 琪	钱志远	吴建东	刘 建
李庭赞	沈海林	程志坚	邹洪梁	盛晓东	顾振良	封其华	金 钧	秦锡虎
李洪秀	王 毅	杨宗华	管双权	赵小瑜	马兆龙	张 杰	张忠林	张联合
王耀龙								

1995 年

刘运林	阳小卫	杨 凯	孙春明	秦立强	张子祥	杨晓红	秦爱兰	钱 江
陈卫国	潘 军	秦泰春	张宏斌	傅建新	丁 峰	嵇富海	王 庆	王雪元
赵 欣	祝 联	陆光良	朱春荣	尹德录	董 啸	金泳海	王东林	蒋 斌

庄志祥　申咏梅　吕海涛　杨文涛　沈月平　官　卫　邱瑞桂　王国忠　方中良
詹晓斌

1996年

刘元华　危少华　危少华　王月丹　韩　峰　周先举　周剑彪　傅争争　廖正强
韩　悦　张克忠　周丽娟　蒋志彬　丁　礼　胡　芳　查建华　刘建军　王　斌
郑　玲　陈　文　彭明发　蔡秀英　秦　磊　戴连生　施　勤　张金华　王红卫
金　彬　韩　峰　陈　琦　刘蓓岭　沈美凤　雷群英　黄超群　温仲民　李玉文
凌伟华　蒋栋毅　张　弘　郭美琴　李　森　占向鸿　徐　明　邹建伟　周照华
孙书方　庄建平　王永清　王　卫　孙爱军　姚卫康　查云飞　王冬青　韩晓枫

1997年

李旭平　单立冬　金　涛　向　敏　王　平　王学莉　缪海珍　刘晓健　张敬宁
张　晖　戴永萍　周　刚　叶　明　郭震宇　潘　峻　王金华　王爱东　刘俊卯
张洪涛　郑竞存　张　坚　王文才　范祥明　见文成　沈丽琴　李　颖　鲁　严
吴淑燕　董　亮　刘玉龙　唐海英　常英军　杨兵生　赵卫峰　杨　波　陈　伟
潘　浩　于　亮　林　岐　姜红江　李天宇

1998年

王金志　苏丽萍　魏福堂　朱　猛　江　阳　于　鸿　郝富荣　吕兑财　高维强
高　磊　陈劲松　倪崇俊　武　婕　李华杰　江敏华　刘松涛　林大春　张志刚
孟自立　张全斌　邱志杰　余云生　张增利　赵　涛　陈晓峰　董秋明　李丽娥
居颂光　蒋菊香　钱　军　国　风　孙　饼　孙　凌　楚　冰　钱爱民　朱新国
丁志良　周晓中　杨晓春　李　勇　王建平　王玉祥　李勤学　朱一蓓　樊一笋
杜　广　郭晓红　张雅娟　卢宏梅　许卫东　周炳元　范　琳　钱　敏　袁勇贵
沈　涛　程宝兴　陆　艺　韩　冰　吴　旻　朱　昀　卜曙阳　江红卫　孟维春
袭伟祥　庞利群　杨新月　谭华桥　王　峰　徐　军　史　宁

1999

姚雪梅　季修庆　刘晓颖　李世刚　白海涛　张永芳　周亚峰　沈　冰　吴　昊
杨　斌　胡晓慧　季震宇　张劲琦　李　丽　王善毅　金建强　罗二平　高春林
沈　伟　陈为安　孔　岩　叶志钢　章　斌　梁晓东　蔡巍巍　鞠海星　陆　俭
陆政峰　陈海南　张跃明　丁维军　邵光方　李新莉　杜玉珍　朱永进　沈新娥
焦　阳　刘　琰　喻　忠　黄加益　黄煜伦　邵耐远　吴志远　陈泽军　吴　斌
臧　晋　倪　斌　吴永友　范圣登　孙　峻　黄亚珍　翟小明　王晓霞　梁文飚
周宵隼　钱　斌　李　烜　柏淑禹　李　爽　陈　宏　刑　伟　杨朝湘　高广中
艾乐民　曹春芳　王利明　席　泓　樊红光　张　健　鲁　燕　朱永林　李雪飞
雷　洁　徐　耀　谢　健　朱巍巍　王　清　金留根　朱建明　倪善军　刘道君
叶文学　蒋定华　凌　莉

1984—1999年各年招收博士研究生名单

1984年
杨伟廉　蒋　昆

1986年
朱剑虹　张　日　任　本

1987年
胡启跃　沈坚冰　陈义平

1988年
黄　俭　曹　苇　李德春　王金熙　周泉生　吴国新　袁世文

1989年
潘峻亮　蒋惠源　翁文杰

1990年
李晓楠　陈忠平　成　军　吴锦昌　徐浩东　杨占山

1991年
潘蔚然　卞建明　徐耀增　杨慧林　王庆才　陆　彤　杜泽吉　施云松

1992年
夏春林　孙林泉　周幽心　潘玉君　王钢锐　夏利军　姜为民　顾建民　周　晋
田海林　毛佐华　李玉峰

1993年
吴建伟　郑葵阳　金　坚　潘　涌　杨向军　王政伟　胡　锦　纪斌平　付　强
邹华伟　管洪庚

1994年
刘一之　吕　智　郑召民　李建勇　肖　东　俞　辉　束永前　王之敏　李正维
芮　理　李震宇　曹　岷　郑召民　张　玮　兰　青　成茂华　董晓强　曹祥山
高　琪

1995年
王　中　徐　青　姜文学　刘征辉　邹路芸　陈晓旭　倪才方　衣服新　匡玉庭
董启榕　姜开余　赵雨杰　吴德沛　邹路云　邵国富　俞能宝　徐　杰　缪丽燕
胡小盘　朱雪明

1996年
夏晓波　王迎春　王季石　张　毅　王江方　蒋延波　朱建华　董　军　龚建平
宋建荣　刘春风　李向东　张春霖　殷国勇　陈　亮　谢道海　徐又佳　孙庆林
胡　浩　侯建全　陈家旭　赵雪英　张占英　张建华　王晓东　柯开富　李　勋

1997年
陈　姝　古桂雄　孔向蓉　徐永忠　刘　跃　刘笑梅　李新燕　许志祥　张　明

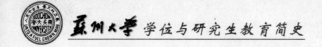

| 钱忠来 | 黄立新 | 王东来 | 张海涛 | 刑春根 | 汪　健 | 秦锡虎 | 薛寿儒 | 雀　岗 |
| 罗良生 | 李　文 | 王　凡 | 李金泉 | | | | | |

1998 年

杨秋林	张军宁	庞　智	周建华	楚建军	安广宇	李海乾	施菊妹	阳小卫
朱剑昆	邱玉华	时宏珍	傅晋翔	李晓东	高宜录	孙立军	施铭岗	包大士
王大海	王文宏	沈海林	谢　红	程庆璋	徐宝山	申才良	严　军	刘　松
孙永明	荆珏华	郑世营	蒋国勤	陈少骥	段进东			

1999 年

涂　彧	周菊英	孙　亮	周华云	盛　茗	戴克胜	韩　悦	董宁征	陈卫昌
朱兴虎	王　玮	申咏梅	王月丹	周照华	陆长明	董建安	李晓忠	尹德录
吴小盈	王文祥	何靖康	李爱民	俞文华	吴思荣	杨立业	吴建强	贡志刚
卞杰勇	董万利	方　琪	瞿玉兴	刘景波	殷渠东	程映华	郝敬东	蔡　兵
刘子君	李军成	王　敦	张一心					

第五章 新世纪研究生教育的飞跃发展(1999—2009年)

第一节 研究生教育发展概述(1999—2009年)

1999—2009年,随着经济和科技的全球化趋势不断发展,国际竞争日益激烈,知识经济已经逐步占据当今世界经济发展的主导地位,具有创新能力与创新技术的人力资源已经成为国际竞争中的制胜因素。在日趋激烈的综合国力竞争中,以研究生为代表的高层次人才越来越成为竞争的焦点。在我国,新世纪的研究生教育肩负着为国家现代化建设培养高素质、高层次创造性人才的重任,是我国建设国家创新体系和未来夺取世界知识经济制高点的重要支撑力量。随着我国改革开放的不断深入,各项事业对高层次人才的依赖程度不断增加,大力发展与完善研究生教育对实现科技创新和知识创新,增强我国综合国力和提高国际竞争力起着重要的作用。新世纪的研究生教育还推动了高等学校科研机构的科研工作,为我国的经济建设、社会进步和科学技术的发展做出了巨大贡献。据不完全统计,我国各研究生培养单位中75%以上的科研项目都由在读研究生参与完成。新世纪的研究生教育规模也不断扩大。经各方共同努力,我国接受研究生教育的人数年均增长率在世界上已处于领先位置。全日制研究生年招生人数由1978年恢复研究生教育时的1万人增加到2009年的47.5万人,其中,博士为6万人,硕士为41.5万人;在学研究生总人数由1980年的2.1万人增加到2009年的119.5万人;社会公众攻读硕士、博士学位的热情高涨,报考研究生人数由1978年的6.3万人上升到2009年的124.6万人。

苏州大学在1999—2009年期间的研究生教育顺应了时代发展的大趋势,在这期间研究生教育管理水平日益提高,与我国学位和研究生教育制度国家、地方、学位授予单位三级管理体制实现了良好的衔接和互动。上级主管单位在苏州大学研究生教育统筹、学科建设、"211工程"建设、学位点评审、学位授予质量监督等方面发挥了重要的作用;而苏州大学为确保学位与研究生教育管理的规范化、科学化,逐步探索和完善了一整套涉及研究生招生、培养、学位授予、学科建设等各个环节的比较完整的规章制度与管理办法，对上级部门进行改革、规划与决策又起到了良好的借鉴和参考作用。

纵观苏州大学近10年的学位与研究生教育发展过程，其中既存在令人鼓舞的辉煌成就，也存在一些不容回避的突出问题，主要有：由于长期受计划经济体制的影响，传统的学位与研究生教育管理体制已略显僵化，学校自主办学的调节空间不足；学位与研究生教育的运行活力不够，学校还没有建立起主动适应市场经济体制和社会发展需要的调节机制；虽然处于经济发达的苏南地区，但由于受诸多因素的制约，学校还没有形成与地方经济社会发展水平相适应的、成熟的、现代化的办学环境，研究生培养条件亟待进一步改善；学科专业结构有待进一步优化；研究生教育与社会的结合不够紧密，科技创新尚待加强；研究生教育国际竞争力较弱；等等。而在诸多矛盾与困难中，最突出的问题是如何解决研究生招生规模的不断扩大与研究生培养质量控制这一首要问题。

第二节 研究生教育的跨越式发展
（1999—2005年）

一、研究生培养规模持续扩张

1999年，教育部出台的《面向21世纪教育振兴行动计划》文件提出，到2010年高等教育毛入学率将达到适龄青年的15%。此后我国高等教育的规模发生了历史性变化，在短短的五六年中，大学招生扩大（含本科生、研究生）了将近3倍，"大众化教育"取代了"精英教育"。至2005年统计结果显示，中国内地适龄青年高校在校人数居世界第二位，仅次于美国。据教育部统计，从1999年高校连续扩招以来，研究生教育一直保持快速增长的势头。1999年全国招收研究生9.22万，比上年增长21.4%；2000年全国招收研究生12.85万，比上年增长39.4%；2001年全国招收研究生16.52万，比上年增长28.6%；2002年全国招收研究生20.3万，比上年增长22.8%；2003年全国高等学校和研究机构共招收研究生26.89万人，比上年增加32.72%；2004年全国高等学校和研究机构共招收研究生32.63万人，比上年增加21.59%；2005年全国高等学校和研究机构共招收研究生36.48万人，比上年增加11.8%。到2006年年底，中国研究生在校数量突破100万人，在世界上仅次于美国的研究生教育规模。

表 5-1　1999—2005 年全国研究生招生数和在校生数　　　　　　（单位：人）

类别	年份						
	1999年	2000年	2001年	2002年	2003年	2004年	2005年
硕士	65 720	102 923	132 762	157 324	211 842	277 575	314 717
博士	18 330	25 142	32 093	34 004	43 315	54 870	57 195
在校生数	233 513	301 239	393 256	473 459	617 544	651 217	824 282

注：此表统计数据为高等学校招生和在校生数，不含科研机构的。

苏州大学在这 7 年的招生情况是：1999 年招收研究生 369 人，比上年增长 69.52%；2000 年招收研究生 592 人，比上年增长 60.44%；2001 年招收研究生 985 人，比上年增长 66.39%；2002 年招收研究生 1 206 人，比上年增长 22.44%；2003 年招收研究生 1 632 人，比上年增加 35.32%；2004 年招收研究生 2 047 人，比上年增加 25.42%；2005 年招收研究生 2 294 人，比上年增加 12.07%。研究生招生数年平均增长率达到了惊人的 41.65%，7 年间招生数增长了 6 倍多。各类研究生在校人数从 1999 年的 763 人增加到 2005 年的 8 954 人，增长了近 12 倍。

表 5-2　1999—2005 年苏州大学招生、授学位和在校生数①　　　　（单位：人）

类别	年份												
	1999年		2000年		2001年		2002年		2003年		2004年		2005年	
	招生	学位	招生	学位	招生	学位	招生	学位	招生	学位	招生	学位	招生	学位
硕士	303	146	491	241	850	282	1 042	325	1 390	537	1 756	747	1 999	931
博士	66	11	101	37	135	46	164	65	242	75	291	84	295	144
在校研究生数（博士生数）	763 (94)		1 488 (262)		2 095 (346)		2 804 (404)		5 681 (579)		8 092 (791)		8 954 (905)	

注：学位授予数统计为授予科学学位（含高校教师），不含同等学力和专业学位。同等学力硕士学位授予情况为：1999 年 70 人，2000 年 89 人，2001 年 117 人，2002 年 141 人，2003 年 143 人，2004 年 193 人，2005 年 216 人。

二、第一次申请试办研究生院

自 1984 年国务院批准在部分重点高等学校试办研究生院以来，截至 2002 年年底全国研究生院的总数已超过 50 所。在这 18 年里，高等教育研究生院在我国学位与研究生教育的改革与发展中发挥了重要的骨干基地作用和示范作用，不但加速了人才培养机制的转换，建设了一批高水平学科，而且迅速提高了科学研究水平，改善了教师队伍整体结构和素质，为建立和完善适合中国特色，且遵循培养高层次人才特点及规律性要求的

---

① 根据 1999—2005 年历年的《苏州大学年鉴》统计。

学位与研究生教育制度做出了重大贡献。多年的实践经验证明，在中国实行研究生院制度不仅完全必要，而且已经取得了极为显著的效果。

20世纪末，我国尚未有在地方高等学校设立研究生院的先例，但随着21世纪日益激烈的国际经济竞争和飞速发展的新技术革命的挑战，加快高层次人才培养的步伐，努力提高高层次人才培养的质量，以促进地方经济发展与社会进步，已经成为地方高等学校在21世纪面临的紧迫而艰巨的战略任务；同时，在研究生教育方面，无论是部委高校还是地方高校，从招生到毕业生的就业，均是面向全国、辐射全国。因此，在教育部所属高等学校正式设立研究生院的基础上，择优在条件成熟、具有较高办学水平和良好办学经验，整体实力、研究生教育和本科教育在全国地方同类高等学校中居于前列的地方高等学校试办研究生院，不仅有利于实施"科教兴国"战略，进一步提高地方高等学校整体发展水平，加快地方高等学校前进步伐，而且有利于充分发挥地方高等学校在国家和地方经济建设、科技进步与社会发展中的重要作用。苏州大学作为地方重点综合性大学、首批博士与硕士学位授权单位及博士后流动站建站单位、国家"211工程"重点建设高校，到2002年，学校在办学条件、教育质量、科学研究、人才培养、学科建设等诸多方面均取得了迅速发展，已经符合了教研字〔1984〕第26号文及教研〔1995〕第1号文中所规定的关于高等学校试办研究生院的基本要求。

不仅如此，苏州大学试办研究生院也是21世纪苏南社会和经济发展的需要。苏州大学地处经济发达的苏南地区，是苏南地区的最高学府，也是苏南地区唯一的一所重点综合性大学。在长期的办学过程中，学校始终把为江苏省的社会和经济发展服务，特别是为苏南地区的社会和经济的发展服务作为办学的根本出发点，并得到了社会各界的广泛肯定。但由于苏州大学不是研究生院单位，这在一定程度上影响了学校为地方经济服务的能力。苏州是苏南经济区的龙头，拥有5个国家级开发区，特别是苏州工业园区，这个具有国际竞争力的高科技工业园区，对高层次人才的需要极为迫切。为了进一步适应建设高科技工业园区的人才需要，为地方社会经济发展培养高级科研技术人才和管理人才，加快提升苏州和工业园区的国际竞争力，苏州市人民政府决定在苏州工业园区建立研究生教育机构。在由国务院原副总理李岚清主持的苏州工业园区中新联合协调理事会中方理事会第六次会议上，苏州市人民政府的这一计划得到了批准，同意由苏州大学与新加坡国立大学在苏州工业园区合作开办研究生院。这一决定无疑在当时给苏州大学带来了新的发展机遇，如能促成将有力地促进苏州大学的对外交流，增强苏州大学为地方经济建设服务的能力，同时也将在一定程度上提高苏州大学的办学水平和国际知名度。然而，由于苏州大学当时还不是研究生院单位，这给苏州大学与新加坡国立大学的对等合作交流带来了诸多不利影响。

在苏州工业园区建立苏州大学—新加坡国立大学研究生院，对苏州大学来说，这是研究生教育跨国合作的一种新尝试，对此苏州大学进行了认真务实的反复论证，就其名称、功能等提出了切实可行的方案。首先，苏州大学在成立研究生院的基础上，承担与新加坡国立大学合作开办研究生教育机构的任务，在苏州工业园区建立中新研究生院，为苏州工业园区所需要的高层次人才培养提供服务。第一，在建立苏州大学—新加坡国立大学研究生院（苏州大学中新研究生院）后，根据苏州工业园区的发展需要，可以设置相关的学科专业，特别是园区内各公司、企业急需的学科专业，苏州大学和新加坡国立大学联合招收博士研究生、硕士研究生，按照国际培养模式进行培养；第二，在苏州大学中新研究生院内设立园区公司（企业）研究生指导委员会，指导委员会主要由工业园区相关公司（企业）的董事长或总经理组成，同时成立工业园区的公司（企业）研究中心，工业园区的公司（企业）可以根据实际工作需要，提出课题并提供相应研究经费，由苏州大学及新加坡国立大学的学者合作研究，也可由公司（企业）自己的研究人员带课题及经费进入研究中心进行研究，从而为公司（企业）解决实际问题。其次，在建立苏州大学中新研究生院后，能够进一步促进苏州大学和新加坡国立大学之间的学术交流，双方可以互派教师进行合作研究、讲学，互派学生到对方学习，联合培养研究生，等等，这对苏州大学的发展是极为有利的。鉴于上述理由，2002年7月苏州大学向省政府和教育部申请成立研究生院，并希望在此基础上成立苏州大学中新研究生院。①

为了推动苏州大学中新研究生院的成立，2002年下半年，学校有关领导、工业园区管委会领导以及有关职能部门的同志多次走访了教育部和新加坡国立大学，就试办研究生院和中新合作办学等事宜进行了多次洽谈。然而从当时洽谈的情况来看，新加坡国立大学在工业园区与苏州大学合作成立研究生教育机构的可能性很小。不仅如此，教育部随后复函江苏省政府："苏州大学自身尚未获准成立研究生院的前提下，暂不宜建中外合作的研究生院。"教育部在批复中同时指示："支持苏州大学和新加坡国立大学合作，积极引进国外优质教学资源，利用工业园的有利条件大力发展研究生教育，探索新的产学研紧密结合的人才培养模式。"至此，苏州大学第一次试办研究生院的努力未果。

三、学位点建设与首轮学科评估

1. 第八、第九批学位点申报

1999年，苏州大学在加强已有学位点建设的基础上，积极申报新的学位点，当年，获得了法律硕士专业学位的授予权，工程硕士专业学位在原有纺织工程领域的基础上，又增加了计算机技术领域。另外，还积极申报工商管理、公共管理、教育硕士专业学位的授予权。根据国务院学位委员会、省学位委员会的要求，学校还制定了1999—2004年博士、硕士点建设规划，6年内拟建设博士一级学科点10个，博士点32个，硕士点58个。2000年，经国务院学位委员会批准，在第八次学位点申报中，学校增列了金融学（含保险学）、政治学理论、体育教育训练学、设计艺术学、物理化学、材料学、计算机

---

① 《关于苏州大学成立研究生院及苏州大学中新研究生院的请示》，苏大研字〔2002〕第32号，2002年8月4日，苏州大学档案馆馆藏，档案号：2002年学位字、研字发文。

应用技术、免疫学、外科学9个博士学位授权点（其中外科学在原有基础上拓展了3个三级学科），中国哲学等11个硕士学位授权点以及临床医学博士专业学位授权点。[①]

2001年，经国务院学位委员会批准，苏州大学取得了公共卫生硕士（MPH）专业学位点、工程硕士专业学位点，新增化学工程和材料工程2个工程领域。2002年，根据国务院学位办的要求，学校组织了一级学科整体评估工作，并根据第九批学位点申报的需要，组织了学位点申报的预测调研，在广泛调研、充分论证的基础上突出各学科的优势和特色，组织上报了学校第九批学位点申报材料，共申报一级学科博士点10个、二级学科博士点31个以及硕士点46个。2003年苏州大学有19个学科获得教育部批准开展高等学校教师在职攻读硕士学位工作。2003年9月，在全国第九批学位点增补工作中，学校被批准新增6个一级学科博士学位授权点，33个二级学科博士点，34个硕士点，以及工商管理、公共管理、教育硕士3个专业学位点。[②] 至此，学校已经拥有了6个一级学科博士学位授权点，63个博士学位授权点，132个硕士点，7个专业学位硕士点，1个一级学科专业学位博士点，学位点数量和规模在全国地方高校中位居前列，为学校今后的发展奠定了良好的基础。

表5-3 苏州大学第八批、第九批学位点申报数和获批数　　　　　　（单位：个）

申报批次	2000年（第八批）		2003年（第九批）	
申报类别	申报数	获批数	申报数	获批数
一级学科博士点	5	0	10	6
博士点	24	9	31	33
硕士点	40	11	46	34

2. 第一轮学科评估

学科评估是一级学科整体水平评估的简称。学科评估由高等学校和科研院所学位与研究生教育评估所（以下简称评估所）组织，自2002年开始，开展了除军事学门类外的全部80个学科的评估。

我国研究生教育学科分为文学、理学、工学等12个学科门类；每个学科门类包含若干一级学科，共有88个一级学科，如经济学门类包含理论经济学和应用经济学两个一级学科；大部分一级学科下设若干个二级学科（通常称学科专业），共有388个学科专业，如哲学一级学科下设马克思主义哲学、中国哲学等8个学科专业。

评估所在广泛调研和征求专家意见的基础上，本着为学位授予单位的学科发展和社

[①] 《关于第八次学位授权审核通讯评议结果的通知》，评估所〔2000〕第8号，苏州大学档案馆馆藏，档案号：2000-JX16-YS1-2，第13-15页。

[②] 《关于下达第九批博士、硕士学位授权学科、专业名单的通知》，学位〔2003〕第57号，苏州大学档案馆馆藏，档案号：2000-JX16-YS1-1，第3页。

会服务的目的，于2002年启动了全国范围的学科评估，并在《中国研究生》杂志、教育部学位与研究生教育发展中心网站、《中国教育报》和《光明日报》发布了消息或公布了部分排名。这是我国首次由权威教育评估中介机构开展的研究生教育学科排名，结果公布后在社会上特别是高校中引起了强烈的反响。

学科评估采用自愿参加的方式进行，凡具有培养研究生资格的学科均可申请参加评估。第一轮学科评估共有229个单位，1 336个学科参加了学科评估。2002年首次评估了12个一级学科，2003年评估了42个一级学科，2004年评估了26个一级学科。

苏州大学在此次学科评估中共有11个一级学科参加，具体的排名情况如下：①

表5-4　苏州大学11个一级学科在第一轮学科评估中的排名

学科名称	排名	学科名称	排名
哲学	15/21	应用经济学	21/35
政治学	16/26	历史学	18/30
临床医学	16/24	药学	15/21
数学	21/32	物理学	33/35
化学	27/31	计算机科学与技术	30/31
材料科学与工程	39/49		

四、导师队伍的快速增长

1999年后，苏州大学学位点建设的快速发展，促进了研究生教育办学规模的迅速扩大。2000年增补了博士生导师28人、硕士生导师4人。而当年苏州大学博士生招生人数较1999年增加了53%，硕士生招生人数增加了88%，此外还招收专业学位135人，录取高校、中专教师进修班学员188人，招收研究生课程进修班学员1 000多名，这对学校的导师队伍建设提出了新的要求。2001年，学校增列博士生导师26名，增列硕士生导师4人，推荐了钱培德、朱秀林、张学光、薛鸣球、任平、杨海坤等89人为全国学位与研究生教育评估专家。2002年，为了进一步做好第九批学位点增列工作，配合学校申报工作，当年共增列博士生导师45名（含外校挂靠）以及4名教授的博士生导师资格认定。2003年苏州大学内科学（血液病）学科阮长耿院士、体育教育训练学学科王家宏教授分别被聘任为国务院学位委员会临床医学、体育学学科第五届学科评议组成员，同年学校批准增列177名教师为硕士生导师，另有19名硕士研究生导师的资格通过认定。2004年，为了进一步推进苏州大学的学科建设和师资队伍建设，学校开始大力引进特聘教授，

---

① 《关于一级学科整体水平评估结果的通知》，学位中心〔2002〕第51号，苏州大学档案馆馆藏，档案号：2000-JX12-YS1-3，第1页。

随着特聘的陆续到位，同年 4 月根据统一部署，学校新增列博士生导师 29 人，认定博士生导师 56 人；增列硕士生导师 40 人，认定硕士生导师 78 人。2005 年 12 月，经校学位评定委员会综合学部讨论通过，增列博士生指导教师 48 人。

从 2003 年开始，为了进一步加强导师队伍的管理，稳定导师队伍质量，苏州大学开始对研究生导师队伍进行了全面梳理，制定了研究生导师定期考核制度，建立了研究生导师信息库，以提高信息化管理水平，并对研究生导师增列的有关条例进行了修订。2004 年，在学校人事处、科研处的协助下，学校首次对近 700 名研究生导师进行了考核，在全校范围内产生了积极的影响。

五、学位评定委员会的改革

2000 年，为了适应苏州大学研究生教育发展和苏州医学院并入学校的新局面，学校调整了校学位评定委员会及各院（系）学位评定分委员会。第六届学位评定委员会由 42 位委员组成，钱培德教授任主席，朱秀林、殷爱荪、张学光 3 名教授任副主席。学位评定委员会为了适应新的形势，也做出了调整，按照学校的学科门类，相应地成立了人文社会科学学部、理工学部、医学与生命科学学部以及综合学部。2006 年，选举成立了第七届校学位评定委员会，由 46 位委员组成，朱秀林教授任主席，殷爱荪、张学光 2 名教授任副主席。

※ 附：第六届、第七届校学位评定委员会委员名单

苏州大学第六届学位评定委员会成员（42 人）[1]

主　席：钱培德
副主席：朱秀林　殷爱荪　张学光
委　员：周炳秋　任　平　陆建洪　蔡镜浩　刘　淼　王晓升　杨海坤　万解秋
　　　　徐青根　王家宏　朱士群　路建美　朱巧明　黄贤武　闻荻江　芮延年
　　　　崔志明　沈美媛　阮长耿　唐天驷　蒋文平　童　建　顾振纶　朱　江
　　　　沈卫德　吴爱勤　刘春风　孟　平　刘祥夏　蒋星红　朱　烈　李振亚
　　　　沈　琪　严迪昌　朱栋霖　王国平　方汉文　陆惠民

人文社会科学学部：
召集人：殷爱荪
成　员：周炳秋　任　平　陆建洪　蔡镜浩　刘　淼　王晓升　杨海坤　万解秋
　　　　徐青根　王家宏　廖　军　周　川

---

[1]《关于公布苏州大学第六届学位评定委员会名单的通知》，苏大〔2000〕第 95 号，2000 年 10 月 26 日，苏州大学档案馆馆藏，档案号：2000 - XZ12 - 72。

理工学部：

召集人：朱秀林

成　员：钱培德　白　伦　薛鸣球　唐忠明　朱士群　路建美　朱巧明　黄贤武
　　　　闻荻江　芮延年　崔志明　沈美媛

医学与生命科学学部：

召集人：张学光

成　员：阮长耿　唐天驷　蒋文平　童　建　顾振纶　朱　江　沈卫德　吴爱勤
　　　　刘春风　孟　平　刘祥夏　蒋星红

综合学部：

召集人：钱培德

成　员：周炳秋　朱秀林　白　伦　薛鸣球　张学光　阮长耿　唐天驷　蒋文平
　　　　童　建　陆惠民　朱　烈　李振亚　沈　琪　严迪昌　朱栋霖　王国平
　　　　任　平　杨海坤　方汉文　蔡镜浩

苏州大学第七届学位评定委员会成员（46人）①

一、校学位评定委员会（46人）

主　席：朱秀林

副主席：殷爱荪　张学光

委　员：万解秋　王卫平　王　尧　王国平　王卓君　王家宏　王腊宝　艾永明
　　　　白　伦　任　平　朱士群　朱巧明　刘春风　纪顺俊　阮长耿　李振亚
　　　　杨海坤　芮延年　沈卫德　沈　琪　陈国强　郁申华　周　川　周可真
　　　　孟　平　赵鹤鸣　顾济华　徐汀荣　钱振明　钱培德　唐天驷　唐丽华
　　　　唐忠明　诸葛铠　崔志明　蒋文平　蒋星红　温端改　童　建　廖　军
　　　　缪竞诚　薛鸣球　魏福祥

二、有关学部

1. 人文社会科学学部（14人）

召集人：殷爱荪

委　员：万解秋　王卫平　王　尧　王国平　王卓君　王家宏　王腊宝　艾永明
　　　　任　平　周　川　周可真　廖　军　钱振明

2. 理工学部（14人）

召集人：朱秀林

成　员：白　伦　朱士群　朱巧明　芮延年　纪顺俊　陈国强　赵鹤鸣　顾济华
　　　　徐汀荣　钱培德　唐忠明　薛鸣球　崔志明

---

① 《关于公布苏州大学第七届学位评定委员会名单的通知》，苏大〔2006〕第49号，2006年8月25日，苏州大学档案馆馆藏，档案号：2006-XZ10-67。

3. 医学与生命科学学部（14 人）

召集人：张学光

成　员：刘春风　阮长耿　沈卫德　郁申华　孟　平　唐天驷　唐丽华　蒋文平
　　　　蒋星红　童　建　温端改　缪竞诚　魏福祥

4. 综合学部（24 人）

召集人：朱秀林

成　员：万解秋　王　尧　王国平　王卓君　王家宏　王腊宝　白　伦　任　平
　　　　朱士群　阮长耿　李振亚　杨海坤　沈　琪　张学光　周　川　殷爱荪
　　　　钱培德　唐天驷　唐忠明　诸葛铠　蒋文平　童　建　薛鸣球

※附：第六届、第七届校学位评定委员会主席、副主席简介

朱秀林（1955— ），男，汉族，1955 年生，江苏泰州人。1982 年毕业于浙江大学化学系，1988 年获浙江大学博士学位。教授、博士生导师。2006 年任苏州大学校长。主要研究方向为：活性自由基聚合（包括 ATRP、RAFT、TEMPO 等）、微波辐射聚合、等离子体引发聚合和功能高分子材料的研究。近年来在 Macromolecules，Langmuir，J. Polym. Sci. Part A：Polym. Chem.，Polymer 等国际主流期刊上发表 SCI 源期刊论文近 150 篇，发表的文章他引 500 多次。1999 年和 2002 年度分别获江苏省科技进步二等奖及苏州市科技进步一等奖。

殷爱荪（1953— ），男，汉族，1953 年 2 月生，上海市人。1982 年西南政法大学本科毕业，获法学士。教授。现为苏州大学副校长，兼苏州大学王健法学院院长和作为独立学院的苏州大学文正学院院长。中国国际私法学会常务理事，教育部本科教学工作水平评估专家委员会委员，主要从事法学（国际私法）教学和高等教育管理研究。曾独立获得教育部下达的研究项目：《教育立法》《教育立法（续）》《学校章程》《文科学生素质教育的培养目标、规格要求、培养模式及评价方法研究》等，发表研究成果十多项。

张学光（1951— ），男，1951 年 11 月出生，教授、博士生导师。曾任苏州大学副校长，兼医学生物技术研究所所长、教授、博士生导师。主要研究方向：肿瘤免疫、血液免疫、分子免疫、辐射免疫。主要科研成果：近几年获省部级科技成果一等奖 1 项，二等奖 4 项，三等奖 7 项，以通讯作者名义在国内外发表论文 140 余篇。2000 年获江苏省优秀博士生导师称号。

六、研究生教育管理工作的加强

1. 规章制度的进一步完善

1999 年，随着研究生招生规模开始扩大，学校提出了"抓好学科建设，提高培养质

第五章 新世纪研究生教育的飞跃发展（1999—2009年）

量，扩大招生规模"的方针，大力加强研究生教学管理，努力提高培养质量。研究生部根据新的专业目录，修订了硕士研究生培养方案，制订了工程硕士、法律硕士专业学位的培养方案，并为博士研究生培养方案的修订做了准备工作。颁布了《关于贯彻落实研究生培养工作会议精神的几点规定》[①]，强化培养研究生的创新能力和科研能力。此外，学校还对研究生政治理论课程的教学进行了改革，积极聘请校内外知名教授、专家来校讲学，介绍国内外学科发展的前沿内容。此外，还试点建立了博士生导师联席会议制度，努力提高博士生培养质量。2000年，学校为了适应研究生教育发展的新局面，制定了《苏州大学研究生奖学金条例》和《苏州大学研究生经费管理条例》，并建立起学校、院（系）两级管理网络，进一步规范了研究生管理工作。2001年，学校在研究生教学管理方面先后出台了《苏州大学研究生英语教学改革实施方案（试行）》《苏州大学研究生学术报告实施细则》《苏州大学研究生提前毕业暂行规定》，进一步重申了《苏州大学研究生课程进修班管理规定》等文件。2002年，为继续深化研究生教学改革，加强过程管理，提高研究生培养质量，研究生部进一步建立健全了关于研究生培养工作的规章制度，明确了有关管理工作的流程和要求，并将有关规章制度、培养目标、工作流程、研究生课表及有关教学信息及时在网上公布，方便了基层研究生培养单位的工作，提高了工作效率。此外，还加强研究生培养的过程管理和学籍成绩管理，清理了1999年以来的研究生学籍，认真做好迎新、注册、毕业生离校工作及相关的信息统计工作，同时落实了研究生信息计算机管理系统的应用实施，实现了现代化管理。在前两年的基础上，进一步梳理、调整了博士与硕士研究生培养方案，出台并完善了专业学位研究生的培养方案和有关实施细则，制定了临床医学专业学位考核办法、程序及工作文件，保证了专业学位的教学质量。2003年随着学校研究生人数的迅速扩张，在其培养过程中陆续出现了一些问题，师生反应比较强烈，为此，学校召开了多次会议，决定花大力气狠抓研究生培养的过程管理。一方面做好研究生的成绩管理和审核工作，另一方面推广使用了研究生成绩管理系统软件，并对各基层培养单位研究生秘书进行培训，保证系统能顺利运转。此外，学校研究生部还认真贯彻执行学校制定的听课制度，并召开了研究生代表座谈会，了解研究生培养过程中存在的问题，提出有效的整改措施。随着学校学位与研究生教育规模的持续扩大，各基层研究生培养单位的研究生教育管理人员配置更显不足。由于各基层研究生培养单位延用以往的管理体制，研究生秘书大多由各基层单位的科研秘书、人事秘书、教务秘书兼任，研究生秘书普遍感到工作量大、任务过多过重，无法按时按质完成研究生招生、培养、学位、管理、导师增列管理等各项工作，严重影响了学校学位与研究生教育各项工作的顺利进行。为此，2004年学校印发了《关于研究生管理人员

[①]《关于印发〈关于贯彻落实研究生培养工作会议精神的几点规定〉的通知》，苏大研〔1999〕第24号，苏州大学档案馆馆藏，档案号：1999-JX11-4，第37页。

配备的暂行规定》(苏大人〔2004〕第46号),① 为基层研究生培养单位配备了研究生工作助理和研究生事务秘书,完善了学校学位与研究生教育的管理体制和管理队伍。同年,研究生部修订完成了《苏州大学学位与研究生教育文件条例汇编》。2005年,学校制定了苏州大学学生管理规定及相关的研究生课程管理实施细则,编印了与研究生培养方案配套使用的研究生课程教学大纲和研究生精品课程建设实施与管理方法,并从2004级研究生开始实行严格的教考分离制度;修订了《苏州大学专业学位研究生教育管理条例》,重新制订了专业学位的培养方案,进一步规范了学校专业学位教育培养和管理工作。同时,研究生部加强了对全日制研究生和非学历人员的教学检查与管理,以保证良好的教学秩序和教学质量。

2. **管理机构设置的改革**

研究生部原来的机构设置是下设招生办公室、教学管理科、学位办公室。随着研究生招生人数的不断增加,学生管理的压力也越来越重。为了应对新形势下的研究生管理工作,2002年4月成立了研究生部思想教育管理科,以加强研究生的思想教育管理工作。该科室在成立的当年即制定了研究生思想教育管理、就业等工作制度,编印了《苏州大学研究生日常管理工作说明》手册,将研究生的日常思想教育管理工作纳入规范化、制度化的轨道。思想教育管理科的工作主要是研究生的奖、助、贷、惩。思想教育管理科的成立,使学校的研究生思想政治教育工作大有起色。当年共评定288名研究生获优秀奖学金、朱敬文奖学金等各类奖学金,发放各类奖学金33.22万元,发放各类助学金32万元,进行了全校研究生困难情况调查,建立了特困研究生档案,并在此基础上认真做好助学贷款审核确认工作。思想教育管理科的成立,大大加强了学校对毕业研究生的就业指导工作以及研究生的毕业派遣工作,科室不仅认真做好就业信息搜集和宣传咨询工作,及时公布用人单位的人才需求信息,还主动与用人单位做好信息沟通,为毕业研究生提供多方面的就业渠道。思想教育管理科还定期举办研究生"学术标兵"优秀学术成果巡回展览,组织研究生学术沙龙活动,组织出版《苏州大学研究生论文集》,通过积极开展各类学术活动、文体活动和社会调查活动,丰富和活跃研究生的校园文化氛围,为研究生的茁壮成长创造了一个良好的氛围。

3. **研究生培养质量的控制**

2000年,苏州大学完成了与苏州医学院的合并工作,由于原苏医的研究生培养体制与苏州大学存在一定的差异,所以学校在调查研究的基础上,进行了并校后研究生教学规章制度的衔接协调工作,初步实现了研究生培养方案的统一化和规范化。在此基础上,学校研究生部还进行了研究生教育教学改革。研究生公共外语的教学注重实践性,向功能化、实用化发展;政治理论课和部分业务课的教学实行了讲座制。为了进一步提高培

---

① 《关于研究生管理人员配备的暂行规定》,苏大人〔2004〕第46号,苏州大学档案馆馆藏,档案号:2004-JX11-YS1-5,第89-95页。

养质量，学校研究生部还在政治理论和公共外语课程教学改革实践的基础上，进行了认真总结和评估，明确了必须进一步深化改革，注重创新，不断提高研究生的培养质量。2001年，又进一步制定和完善有关管理规章制度，保证良好的教学秩序和教学质量，并先后制定了多个涉及培养质量的规章制度。学校还初步建立了研究生教育管理局域网，建设和完善了研究生教育信息网，实现了研究生招生信息、导师及学位点信息、教学管理信息、毕业生信息、全国学位与研究生工作信息等各类信息全面上网，方便了师生查询与共享，用现代化手段保障了研究生质量控制工作的效率，适应了学校研究生教育迅猛发展的需要。2003年，为了进一步做好研究生的成绩管理和审核工作，学校研究生部开始使用研究生成绩管理系统软件，并完成了对各基层培养单位研究生秘书的培训，使系统进入正常的使用状态；继续推进研究生外语、政治课程的教学改革，取得了较好的成效。2002年，江苏省开始开展论文抽检工作，此项工作旨在适应研究生扩招后，推进研究生教育的培养工作，切实提高研究生教育水平，加强学位论文管理工作，提高论文质量，抽检的比例为所抽到学位点当年学位论文总数的5%，而下一年的抽检的重点是上一年有论文不合格的学位点。为做好此项工作，学校出台了《苏州大学关于博士、硕士学位论文抽检评议结果的处理办法》，并根据形势的发展变化对该办法不断做出适当的修改。该处理办法对抽检不合格的硕士、博士学位论文提出了修改论文、重新答辩、取消学位等可操作办法；并把抽检结果与指导教师的考评和招生资格挂钩，以期引起导师和研究生的高度重视，从而提高学校学位授予的质量，把好研究生培养的"出口关"。开展论文抽检工作对提高学校研究生学位论文的质量起到了良好的作用。[①]

第三节 稳定增长时期（2006—2009年）

一、研究生培养规模进入稳定时期

这一时期，我国学位与研究生教育发展的总体特点是：经过多年的持续扩招后，研究生培养规模进入了快速扩张后的稳定发展时期。2006—2009年，全国博士招生规模每年都稳定在6万人左右，在校研究生人数每年都稳定在110万人左右。

[①]《苏州大学关于2002年研究生学位论文评议结果的处理意见和送检有关事宜的报告》，苏州大学档案馆馆藏，档案号：2006-JX11YS1-9，第59页。

表 5-5 2006—2009 年全国研究生招生数和在校生数　　　　　（单位：人）

类别	年份			
	2006 年	2007 年	2008 年	2009 年
硕士	341 970	360 590	386 658	约 415 000
博士	55 955	58 022	59 764	约 60 000
在校生数	1 104 659	1 195 047	1 194 787	1 271 862

注：此表统计数据为高等学校招生和在校生数，不含科研机构的。

这一时期，苏州大学研究生教育的发展特点是：博士招生培养规模基本稳定，硕士研究生招生培养规模小幅增长，专业学位教育快速增长。2006 年学校共录取博士研究生 302 人，硕士研究生 2 230 人；2007 年学校共录取博士研究生 315 人，硕士研究生 2 306 人；2008 年学校共录取博士研究生 318 人，硕士研究生 2 391 人；2009 年学校共录取博士研究生 324 人，硕士研究生 2 813 人，其中全日制专业学位 427 人，各类在校研究生人数突破 12 000 人。

图 5-1　2006 年学校学位授予仪式（钟楼南草坪）

图 5-2　2011 年学校博士学位授予仪式（钟楼礼堂）

表 5-6　2006—2009 年苏州大学研究生招生数、授学位数和在校生数　　（单位：人）

类别	年份							
	2006 年		2007 年		2008 年		2009 年	
	招生	学位	招生	学位	招生	学位	招生	学位
硕士	2 203	1 540	2 306	2 187	2 391	2 315	2 813	2 407
博士	302	276	315	224	318	201	324	230
在校研究生数（博士生数）	11 026（973）		12 057（999）		12 265（1027）		12 429（984）	

注：授予学位数统计指科学学位授予数（含高校教师），不含同等学力和专业学位。同等学力硕士学位授予情况为：2006 年 189 人，2007 年 178 人，2008 年 134 人，2009 年 78 人。

二、学位点建设与第二轮学科评估

1. 第十批学位点申报①

2006年1月,第十批学位点申报中,苏州大学有财政学、马克思主义基本原理、思想政治教育、光学、信号与信息处理、儿科学、流行病与卫生统计学、劳动卫生与环境卫生学、企业管理学9个二级学科取得博士学位点授权。同时,学校获得哲学等17个一级学科硕士学位授权点,基础心理学等64个硕士学位点获得授权。至2009年,我校共有6个一级学科博士学位授权点、24个一级学科硕士学位授权点、84个博士学位授权点(含自设专业)、210个硕士点(含自设专业)。专业学位点自1999年取得工程硕士和法律硕士点后,共取得1个一级学科专业学位博士点以及13个专业学位硕士点。

2. 第二轮学科评估及反馈

2006年,苏州大学参加了硕士学位授权点和一级学科整体评估的申报,共有7个硕士点和11个学科共计22个学位点参加了评估,学校还就如何突出各学科的优势和特色、科学设置研究方向、优化整合学科梯队等方面提出了合理化建议。② 2007年苏州大学研究生部开展了博士学位授权一级学科自主设置学科专业调研工作并将调查结果报送了学位中心。为促进学科的交叉与融合,苏州大学研究生部组织了博士学位授权一级学科自主设置学科专业金融数学、系统生物学两个交叉学科的申报工作;组织完成了第八批博士学位授权点定期评估工作,评估学科为政治学理论、体育教育训练学、金融学3个学科。2008年,为了做好第十一批学位点申报的准备工作,学校还主动组织22个一级学科参加由教育部学位中心开展的全国一级学科整体水平评估,希望通过学科整体排名评估,以助学校各学科了解自身优劣,有的放矢地加强学科建设,为学位点申报打下良好的基础。

根据教育部学位中心2009年公布的学科评估结果,在苏州大学参评的33个一级学科中,只有艺术学、数学、马克思主义理论、纺织科学与工程4个学科的排名处于相同学科的前三分之一的位置;体育学、哲学、法学、外国语言文学、中国语言文学、光学工程、教育学、材料科学与工程、政治学、化学、新闻传播学、心理学、计算机科学与技术、公共管理、农林经济管理、药学16个学科的排名处于相同学科的中间三分之一的位置;化学工程与技术、应用经济学、基础医学、临床医学、畜牧学、工商管理、公共卫生与预防医学、机械工程、历史学、生物学、图书馆情报与档案管理、社会学、水产13个学科的排名处于相同学科的后三分之一的位置。学校参评学科的平均得分为66.39,

---

① 《关于下达第十批博士和硕士授权学科、专业名单的通知》,国务院学位委员会,苏州大学档案馆馆藏,档案号:2005 - JX16 - YS1 - 1,第1页。
② 《关于反馈一级学科整体水平评估结果的函》,学位中心函〔2007〕第29号,苏州大学档案馆馆藏,档案号:2006 - JX16 - YS1 - 2,第1-2页。

在参评的7个省属高校中列第6位。由此可见,进一步加强内涵与质量建设,是今后我校学科建设需要攻坚的突破口。

表5-7　2009年苏州大学各级学科在第二轮学科评估中的排名

学科名称	排名	位置分数	学科名称	排名	位置分数
艺术学	10/37	0.270 27	公共管理	28/44	0.636 364
数学	19/61	0.311 475	农林经济管理	13/20	0.65
马克思主义理论	22/69	0.318 841	药学	17/26	0.653 846
纺织科学与工程	2/6	0.333 333	化学工程与技术	27/40	0.675
体育学	9/26	0.346 154	应用经济学	47/68	0.691 176
哲学	19/49	0.387 755	基础医学	18/26	0.692 308
法学	19/47	0.404 255	临床医学	18/26	0.692 308
外国语言文学	19/45	0.422 222	畜牧学	14/20	0.7
中国语言文学	21/47	0.446 809	工商管理	42/59	0.711 864
光学工程	12/26	0.461 538	公共卫生与预防医学	15/21	0.714 286
教育学	17/34	0.5	机械工程	51/70	0.728 571
材料科学与工程	37/69	0.536 232	历史学	28/38	0.736 842
政治学	18/33	0.545 455	生物学	50/62	0.806 452
化学	29/50	0.58	图书馆情报与档案管理	13/16	0.812 5
新闻传播学	18/31	0.580 645	社会学	26/30	0.866 667
心理学	14/23	0.608 696	水产	10/10	1
计算机科学与技术	44/70	0.628 571			

三、精心打造一流的导师队伍

2006年,为了进一步做好新增学位点的建设工作,苏州大学组织了第十批新增博士点的导师增列。在导师增列的申报、通信评审、材料审核等环节上均严格把关、仔细核实,共增列博导14人。[①] 2006年以后,随着学校师资队伍建设的发展,新一批特聘教授陆续到位,为强化导师队伍建设带来了新的契机。2007年学校增列、认定工作,共特聘博导4人,增列博导60人,认定博导16人;增列硕导148人,认定硕导78人。2008年共特聘博导7人,增列博导36人,认定博导33人;增列硕导161人,认定硕导28人。2009年特聘博导两批23人。此外,近三年还组织完成了专业学位研究生校外指导教师增列工作。2000年以来的导师队伍建设有一个突出的特点,即注重大力引进顶尖的高端人

---

① 《苏州大学关于增列博士生指导教师的决定及申报材料》,苏州大学档案馆馆藏,档案号:2006-JX11-YS1-9,第1-314页。

才作为研究生导师。而到了 2006 年后，为把握学科发展的前沿方向，谋划学科发展战略布局，苏州大学还在全球范围内加大了高端人才的引进工作，并充实到研究生教育的第一线。这几年我校的导师队伍中不仅增加了院士，还出现了"长江学者奖励计划"特聘教授、杰出青年基金获得者以及在国内外有较大影响的特聘教授，代表人物有李述汤院士、钟志远、刘海燕、秦正红、徐智策、周国栋、张焕相、晁福林、金太军、游宏等教授。截至 2009 年，全校 2 255 名专职教师中，博士生导师总数达到 329 名，硕士生导师总数达到 1141 名。导师中有两院院士 8 人（含双聘院士），教育部"长江学者奖励计划"特聘教授 1 人，国家杰出青年科学基金获得者 4 人，国务院学科评议组成员 4 人。

※ 附：我校国务院学科评议组成员简介[①]

王家宏（1955— ），教授，男，1955 年生，汉族，江苏苏州人。原苏州大学体育学院院长，教授，于北京体育大学获得硕士学位，体育教育训练学博士研究生导师，国务院学位委员会第五、第六届学科评议组成员，国家社科基金通信评审组成员，全国高等院校体育教学指导委员会技术学科组副组长，国家体育社会科学重点研究基地负责人，体育教学与训练方法的应用研究方向学术带头人，主要研究方向为体育教学理论与实践、体育现代化和体育产业。1997 年获"新苗体育奖学金"。近年来主持多项国家级和省市级社科项目，其中包括"国家公务员理想体力活动与健康关系的研究""我国篮球产业的发展及对策研究""关于在苏州市实施体育现代化示范工程的研究"三项国家社科基金研究项目，以及"中华人民共和国篮球运动发展史学研究""篮球运动内外环境研究"等省部级研究项目。出版了专著、教材 10 余部，发表论文 40 余篇，其中在核心期刊上发表 10 多篇。

陈国强（1957— ），教授，男，1957 年 11 月生，江苏张家港人。1982 年毕业于苏州丝绸工学院染整工程专业，1986 年在中国纺织大学获工学硕士学位，1995 年国家公派赴意大利留学，原苏州大学纺织与服装工程学院院长、博士生导师。2009 年当选国务院学科评议组成员。主要研究方向：蚕丝、羊毛、棉纤维的结构和性能，蚕丝纤维化学改性与纤维（织物）功能性整理，纤维（织物）聚合物整理材料的合成与应用，已发表研究论文 60 余篇（其中 SCI、EI 收入 10 篇）。获省部级科学技术进步二等奖、三等奖、香港桑麻基金会纺织科技二等奖各 1 项。获国家发明专利 2 项，国家级新产品奖 2 项。

杨惠林（1960— ），男，1960 年 3 月出生，主任医师，教授，博士研究生导师。主攻方向为脊柱外科。苏州大学附属第一医院骨科主任、大外科主任。享受国务院政府特殊津贴。国务院学位委员会第六届学科评议组成员。现为江苏省"333

---

① 《推荐为国务院学位委员会第六届学科评议组成员情况简表》，苏州大学档案馆馆藏，档案号：2008 - JX16 - YS1 - 1，第 13 - 27 页。

工程"中青年首席科学家，江苏省医学领军人才，卫生部有突出贡献中青年专家。近年来共获奖项 30 余项，其中国家科技进步二等奖 1 项，江苏省科技进步一等奖 1 项、三等奖 6 项，教育部科技进步二等奖 1 项，江苏省卫生厅新技术引进特等奖 1 项、一等奖 3 项、二等奖 2 项。承担省级以上科研课题 15 项，其中国家自然科学基金 1 项，国家卫生行业专项基金 1 项，省创新学者攀登计划 1 项及其他省级科研课题 12 项。SCI 收录论文 10 余篇，发表中华级期刊论文近 50 篇。主编（译）参编专著 17 部，获国家专利 21 项。

四、全力开展研究生教育培养质量工程

（一）规章制度的进一步健全

"十一五"期间，苏州大学人才培养工作的重点是稳步发展重质量，在规模稳步发展的同时，将提高教育质量作为头等大事来抓，切实提高人才培养质量、管理质量、科研质量。学校在改革与发展"十一五"规划中明确指出：要实施研究生教育创新计划，加强研究生创新能力培养，推动研究生教育观念、体制和运行机制的创新。以加强创新能力培养为核心，深入开展研究生培养环节的改革；鼓励研究生选择学科前沿领域课题或对国家经济建设、科技进步和社会发展具有重要意义的课题进行研究，提高研究生对学校科研工作的贡献率；强化过程管理，完善选优和淘汰机制，建立有效的质量保证体系。积极争取社会支持，利用社会资源共建各种形式和内容的校外研究生培养基地。2006 年，随着形势的发展，为了进一步提高研究生培养质量，学校拟定了《苏州大学博士、硕士学位论文盲审暂行实施办法》《苏州大学关于研究生科研成果的有关规定》《苏州大学专业学位研究生指导教师遴选办法》等文件。在教学方面，苏州大学研究生部还制定了《苏州大学研究生精品课程建设与管理办法（试行）》①《苏州大学研究生优秀教材建设实施办法（试行）》等文件。为了进一步加强制度建设，苏州大学于 2008 年先后出台了多个工作文件，《苏州大学硕士、博士学位授予工作细则》（苏大学位〔2008〕第 7 号）、《苏州大学关于博士、硕士学位论文抽检评议结果的处理办法》（苏大学位〔2008〕第 8 号）、《苏州大学研究生指导教师考核暂行条例》（苏大学位〔2008〕第 9 号）、《苏州大学学位评定委员会工作条例》（苏大〔2008〕第 9 号）等，以制度为保障，加强了对博士、硕士学位论文的抽检和盲审，强化和细化对研究生指导教师的考核与管理，奖优罚劣，从源头和主体上确保学校学位授予质量的稳步提高。为了进一步强化质量控制制度创新，学校在 2009 年又先后修订和拟定了多个工作文件，涉及研究生教学、毕业和学位授予、学位论文评优和抽检、研究生招生和培养、导师管理、学科建设等各

---

① 《关于印发〈苏州大学 2006 年研究生精品课程研究建设实施与管理办法（试行）〉的通知》，苏州大学档案馆馆藏，档案号：2006 – JX17 – YS1 – 1，第 6 – 15 页。

个方面，主要有《苏州大学硕士、博士学位授予工作细则》《苏州大学关于博士、硕士学位论文抽检评议结果的处理办法》《苏州大学学术性学位研究生导师任职资格审核办法》《苏州大学专业学位研究生指导教师评聘办法》《苏州大学优秀博士、硕士学位论文评选和奖励条例》《苏州大学研究生教育质量工程指导委员会工作条例（试行）》《苏州大学优秀博士学位论文选题立项资助办法》《苏州大学2010年招收攻读博士学位研究生入学考试实施办法》等，以进一步完善规章制度，以制度建设为保障，全面提升学位与研究生教育各个环节的质量。

（二）全面推行研究生学位论文盲审制度

2008年，苏州大学研究生培养质量控制工作开始全面实行学位论文盲审制度。根据《苏州大学硕士、博士学位论文盲审暂行实施办法》[①] 规定，博士学位论文由校学位办负责盲审，硕士学位论文由各单位负责抽检。

1. 博士学位论文全部参加盲审

① 每年3月底，各培养单位统一将博士学位论文（一式五份）及博士学位论文单盲评阅书（一式五份）（评阅书有关内容请按要求填好后，夹在每本学位论文内）按汇总表的排列顺序送交校学位办。

② 博士学位论文、单盲评阅书以及汇总表中的学科专业名称的填写，必须规范准确（可查阅苏州大学研究生部主页—学科建设—博、硕士点），并按二级学科填写（不设二级学科的按一级学科填写，内科学、外科学除填写二级学科外，还须用括号注明三级学科）。

③ 凡逾期未交或提交盲审材料不符合要求者，学位办一律不予受理，其学位论文推迟到下学期再进行盲审。学位论文未经盲审，不得组织答辩。

2. 硕士学位论文抽检

硕士学位论文采用随机抽取和重点抽取的方式进行盲审，各培养单位根据上一年的抽检工作实施情况和有关规定，于每年3月中旬将纸质版和电子版同时报校学位办备案，并在各单位上网发布。抽中的学位论文按单盲方式送审。

硕士学位论文盲审实施方案应包括抽检比例、抽检方式及报送时间等内容，并符合如下规定：

① 硕士学位论文抽检对象为硕士研究生、高等学校教师在职攻读硕士学位人员以及同等学力申请硕士学位人员。

② 每位导师所指导的学位论文，每次至少有1篇（不含提前申请硕士学位人员的学位论文）必须参加盲审。

---

① 《关于印发〈苏州大学硕士、博士学位论文盲审暂行实施办法〉的通知》，苏大学位〔2008〕第8号，苏州大学档案馆馆藏，档案号：2008-JX16-YS1-5，第57-65页。

③ 提前申请硕士学位人员的学位论文必须参加盲审。

④ 新增列或培养人数多的学位授权点的学位论文、新增列或指导人数多的导师所指导的学位论文，应重点抽检。

⑤ 凡省学位论文抽检评议结果和校学位论文评阅结果有不合格者，其导师在两年内所指导的学位论文必须全部参加盲审。

实际工作情况表明，苏州大学研究生论文盲审抽检制度对提高论文质量和保证研究生培养质量起到了良好的推动作用。

（三）成立研究生教育质量工程指导委员会

2009年5月12日，为进一步提高苏州大学研究生教育质量，培养研究生的科研创新能力，参照兄弟高校的做法，结合学校的实际情况，正式建立了苏州大学研究生教育质量工程指导委员会。该委员会作为研究生培养的科学管理与决策的智囊组织，是研究生教育质量监控和评价的有机组成部分，也是维护研究生教育教学秩序、推动学位与研究生教育可持续协调发展的重要保障。该委员会在学校统一组织领导下开展工作，检查与指导全校研究生教育与学位工作。指导委员会下设指导委员会办公室，挂靠研究生部，具体负责指导委员会的日常事务工作。根据每位指导委员会委员对应负责一个学院（部）的原则，指导委员会的设岗数与学院（部）的设置数相匹配。指导委员会设主任委员1人，副主任委员3人

图5-3　研究生教育质量工程指导委员会全体会议

（文科、理工科、农医科各1人），秘书1人由研究生部派人担任。指导委员会可根据工作需要设置若干个工作小组。

指导委员会负责全校范围内研究生教育与学位工作的检查、指导，其主要工作职责是：

1. 督导研究生教学工作

① 监督、检查各学院（部）的研究生培养方案、教学计划及研究生培养规章制度的执行与落实情况；检查、指导各学院（部）研究生教学质量监控机制的建立与运行。

② 深入课堂，定期或随机对研究生课程进行随堂听课，检查各院（部）课程安排（课程表）的执行情况，检查课堂秩序及教学效果，并对所听课程的教学情况做出总体评价并提出建议，形成书面反馈意见。

③ 发现教学典型，向学校职能部门提出推广先进教学经验和优秀教学成果的建议。

④ 定期召开师生座谈会，听取教师和学生的意见和建议。

⑤ 参加学校相关的研究生教学工作会议，配合研究生部开展教学研究。

⑥ 参加学校研究生期初、期中、期末等教学环节的教学检查工作。

2. 督导学位工作

① 检查学位论文开题情况，了解各院（部）是否按要求规范进行研究生学位论文的开题工作。

② 检查学位论文答辩环节，了解各院（部）是否按规定组织论文评阅（含盲审）和审核学位论文答辩申请，答辩过程是否遵照应有的程序和规则，随机旁听研究生论文答辩会。

3. 参与研究生工作的评估

进行研究生培养环节的检查，参与学校研究生教育工作评估。

4. 开展调查研究

围绕学校研究生教育的阶段目标、年度计划，开展调查研究，就研究生教育改革发展中遇到的重要问题进行专家意见征询，共同探讨难点和热点问题，为未来发展出谋献策。

苏州大学研究生教育质量工程指导委员会顺利开展工作后，通过问卷调查、师生座谈会、下堂听课、分析研讨等形式对学校研究生教学质量进行全面了解和把握。苏州大学研究生教育质量工程指导委员会定期发布《苏州大学研究生教育质量工程指导委员会工作通讯》，旨在交流新经验，加强监督，从而有力地促进学校研究生教育质量的不断提高。

（四）积极推行研究生教育国际化战略

学校鼓励和支持研究生参加各种学术交流活动，提高和促进学校研究生教育的国际化水平。从 2007 年开始，学校加强和国家留学基金委的合作，积极推荐学校研究生参与"国家公派留学生专项"。2008 年，学校有 5 位研究生获得国家留学基金委资助出国留学，攻读博士学位或联合培养博士。2009 年，学校有 3 位研究生获得资助。为了进一步加强公派留学工作，2009 年 10 月，学校专门成立了国家公派留学工作小组和评审委员会，出台了《苏州大学推进实施"国家建设高水平大学公派研究生项目"的工作方案》和《2010 年苏州大学国家公派研究生候选人推荐、选派细则》，目标是力争进入国家留学基金委"建设高水平大学国家公派留学生项目"签约高校行列。这是苏州大学推进国际化战略、提升学校知名度，建设"国内一流、国际知名高水平大学"的重要举措，对增强学校学生培养显示度

图5-4　国家公派留学工作座谈会

和导师竞争力，提升学校学科建设水平、高水平国际合作程度和国际影响力，以及培养、

引进和储备人才资源起到积极作用。

2010年10月，国家留学基金委副秘书长杨新育女士莅临苏州大学指导工作，原副校长田晓明接见并参加座谈会。学校于2007年正式与国家留学基金委合作。2007—2011年，学校共成功选拔推荐研究生32人到境外高水平大学攻读博士学位或联合培养博士研究生。2011年苏州大学正式成为国家留学基金委"国家建设高水平大学公派研究生项目"签约高校。

（五）加强企业研究生工作站建设

为了深化高层次创新人才培养模式改革，培养研究生的创新实践能力，进一步加强产学研平台建设，推动在校研究生的科研创新能力培养，除了做好已有的苏州大学研究生创新平台建设之外，2009年苏州大学积极参加"江苏省企业研究生工作站"建设，推动产学研联合培养研究生工作的开展。首批建成了8个"企业研究生工作站"。2010年1月，又有6个"企业研究生工作站"得到认定。2009—2011年，苏州大学共建成37个"江苏省企业研究生工作站"。

江苏省企业研究生工作站是由企业申请设立、出资建设并引入高校研究生导师指导下的研究生团队以技术研发、人才培养培训为主要任务的机构，是江苏省规模企业与高校产学研合作的重要平台，也是高校研究生培养的重要创新实践基地。"企业研究生工作站"的建设在推动企业自主创新的同时，亦将极大地促进学校研究生创新实践能力的提高。

图5-5 江苏企业研究生工作站启动建设大会

表5-8 苏州大学首批"江苏省企业研究生工作站"的合作企业名单

序号	获建成省企业研究生工作站的合作企业名称
1	江苏沙钢集团有限公司
2	骏马化纤股份有限公司
3	张家港锦丰扎花剥绒有限责任公司
4	张家港龙杰特种化纤有限公司
5	江苏银河电子股份有限公司
6	江苏维达机械有限公司
7	江苏金陵体育器材股份有限公司
8	张家港市大唐纺织制品有限公司
9	昆山中创软件工程有限责任公司
10	苏州捷美电子有限公司

续表

序号	获建成省企业研究生工作站的合作企业名称
11	常熟阿特斯阳光电力科技有限公司
12	张家港国泰华荣化工新材料有限公司
13	江苏星A包装机械集团有限公司
14	东吴证券有限公司

五、名誉博士工作

名誉博士是学位的一种,是根据授予对象所取得学术成就或对国家和社会所做出的贡献而授予的荣誉学位。不进行考试和论文答辩。我国授予名誉博士的条件是:国内外卓越的学者或著名的社会活动家,经学位授予单位提名,国务院学位委员会批准。它主要授予:① 在学术上造诣高深,在科学界享有盛誉,或在某一学科领域取得重大成就的科学家、学者、工程师等;② 具有杰出管理才能,取得卓越经营业绩的企业家、商界领袖等;③ 享有崇高国际威望的政治家,对促进国际合作做出重大贡献的社会活动家,等等。

2007年9月4日,苏州大学授予著名作家金庸名誉博士学位,这是苏州大学颁授的第一个名誉博士学位。2009年11月13日,经国务院学位办同意,学校授予老挝人民革命党中央委员会总书记、国家主席朱马利·赛雅贡,老挝人民民主共和国总理波松·布帕万名誉博士学位。2010年2月,朱秀林校长亲赴老挝颁授名誉博士学位。2010年12月6日,授予韩国首尔市市长吴世勋名誉博士学位。

图5-6 2007年9月23日著名作家金庸来苏州大学接受名誉博士学位,王卓君书记和朱秀林校长亲自迎接

图5-7 朱秀林校长颁授金庸名誉博士学位

图 5-8 2010 年 2 月 2 日朱秀林校长给朱马利·赛雅贡颁授名誉博士学位

图 5-9 朱秀林校长给波松·布帕万颁授名誉博士学位

第四节 积极实施"江苏省研究生培养创新工程"

一、"江苏省研究生培养创新工程"实施背景

2002 年,为贯彻实施科教兴国战略,进一步落实江苏省研究生教育工作会议精神,建设教育强省,构建江苏人才高地,江苏省学位委员会、江苏省教育厅发布了《关于实施"江苏省研究生培养创新工程"的通知》[①],其目的是扩大江苏省研究生教育规模、加强重点学科建设、优化学科专业结构,同时进一步规范管理、注重培养、提高质量,为江苏现代化建设提供更多高素质、高质量的高层次人才。

(1) 研究生优秀学位论文评优奖励项目

研究生学位论文工作是研究生培养的重要环节和主要内容,是研究生尤其是博士研究生科研能力与学术水平的集中表现,也是衡量研究生培养质量的重要标志。为进一步提高研究生培养单位的质量意识和江苏学位与研究生教育的品牌意识,江苏省决定在每年评选一次优秀硕士研究生学位论文的同时,启动优秀博士论文的评选。每年评选优秀博士学位论文 50 篇,优秀硕士学位论文 100 篇,给予相应的表彰和物质奖励。同时对全国百篇优秀博士学位论文获得者给予配套奖励。

(2) 研究生学位论文抽检评价项目

进一步完善论文评审指标体系,使理论型、应用型(工程型)论文以及跨学科性的学位论文都能得到科学的评价;论文抽检评议结果与优秀博士和硕士论文评选、学位点

---

① 《关于实施"江苏省研究生培养创新工程"的通知》,苏教研〔2002〕第 13 号,苏州大学档案馆馆藏,档案号:2002 - JX11 - YS1 - 10,第 2 - 39 页。

培养质量评估、重点学科评选考核等管理环节挂钩，江苏每年拨专款 20 万元，委托江苏省教育评估院进行博士、硕士学位论文抽检，抽检论文数占当年授予学位研究生总数的 5%～7%，博士论文与硕士论文的比例为 1∶2。论文抽检实行一般抽检与重点抽检相结合的形式。在一般抽检的基础上，加大热门、招生量大、在职人员多的专业抽检比例。抽检结果向各培养单位通报，对抽检出现"不合格"的论文，由本单位学位评定委员会复议，并做出相应处理决定。

（3）产学研联合培养研究生示范基地建设项目

产学研联合培养研究生基地建设，是研究生教育突破自身束缚，向社会开放，以提高人才质量的一项重大举措。基地建设主要着眼于鼓励和推动高校与生产企业或科研单位联合培养研究生，以基地为载体，充分吸纳社会优质导师资源和科研资源，加快高层次应用型人才培养。这是在研究生连年扩招的情势下，解决高校导师与科研资源紧张状况的必然选择。在基地建设中，高校与生产企业或科研单位实行资源共享、优势互补、互惠互利，这也是一个双赢举措。它不仅对于普通研究生，对于专业学位教育来说更为重要，又在一定程度上解决了工程型、实践型导师力量薄弱的问题，还能够避免学科知识与生产企业或科研单位工程实践的脱节。因此，产学研基地建设，可以作为拓展研究生教育资源的新途径。

（4）研究生开放课程建设项目

研究生课程建设是研究生培养工作的基础，研究生课程教学，直接关系到研究生基础知识的获取、科研能力的培养以及学位论文的质量，在实现研究生的培养目标中占有重要地位。开放型的研究生教育必须加强培养单位研究生教育资源的相互开放，所以将研究生课程的开放作为第一个突破口，推动其在教材建设、教学手段、教学方法等方面的建设和创新。通过协调各单位研究生教育管理部门的工作，使这些课程实现在培养单位学科之间以及江苏省培养单位之间的课程互选、学分互认，作为构建开放式的研究生教育体系的一部分，实现研究生教育内部的优质资源共享。

（5）研究生创新计划项目

实施研究生创新计划项目，是为了强化研究生创新意识、创新能力的培养，充分发挥研究生的创新优势和创新潜能，积极支持研究生大胆开展创新性强，尤其是具有原创性课题的研究，造就一流的高层次人才，同时也为江苏省涌现更多的优秀博士、硕士学位论文，提高研究生培养质量创造条件。该项目主要面向在校博士研究生，少量特别突出的硕士生也可申报，资助其独立主持设计的具有重大理论价值和应用价值的创新型研究课题，使研究生的科学研究工作打破以往围绕导师做课题的局限，激发其独立创造能力、创新能力，以加速培养和造就拔尖型的科学创新和技术创新人才。同时以此提高江苏省博士学位论文在全国优秀博士论文中的比重。

（6）开办"江苏省博士研究生学术论坛"

论坛以"登高望远，百川汇海，求是求新"为主题，旨在为研究生尤其是博士研究生提供一个学术交流的重要平台，同时作为全国博士研究生学术论坛的重要延伸和补充，是拓宽研究生学术视野、启迪研究生创新智慧的一个新的尝试。

二、苏州大学"江苏省研究生培养创新工程"项目的总体实施情况

和其他高校一样，苏州大学研究生教育经历着跨越式发展。目前学校在籍研究生已突破一万人。教育规模的急剧扩大给各高校研究生培养质量带来严峻挑战，突出表现为研究生教育资源日趋紧张，研究生教育投入相对不足，研究生培养环境难以适应提高研究生质量的要求。2002—2009年，苏州大学分别有4个产学研基地入选"江苏省产学研联合培养研究生示范基地"，15门课程被确定为"江苏省优秀研究生课程"，113名研究生获"江苏省研究生创新计划"项目资助，18个江苏省学位与研究生教育发展研究课题（含2002年"江苏省研究生培养创新工程"课题）立项，承办了江苏省博士研究生学术论坛5项，优秀博士学位论文30篇，优秀硕士学位论文64篇。14个研究生工作站获得批准。累计获资助511.5万元。学校以此为新的抓手，建立研究生科研创新激励机制，营造创新氛围、强化创新意识、创业精神和创新能力的培养。其核心是提高研究生培养质量，特别是博士生的创新意识和创新能力，以进一步推动学校研究生教育健康、快速、持续发展。

三、苏州大学创新工程管理运行机制及具体实施措施

苏州大学各级领导高度重视研究生教育创新计划项目实施工作，提高研究生教育质量，积极推进研究生教育创新工程，已成为学校研究生教育工作中的重中之重。研究生的教育质量的提高涉及全校的许多方面，需要全校上下的理解和重视。为此，学校结合教育部和江苏省学位办的相关精神，先后出台了一些鼓励政策和具体措施，对江苏省创新工程的立项项目给予大力度的资金配套投入，精心组织，制订适合各自特点的实施方案，运用项目管理形式，采取综合配套措施进行管理，以凝聚各方面的合力，形成重视研究生教育和提高培养质量的良性互动机制，目前已取得了良好的效果，产生了较大的积极影响。

具体支持措施：

① 将研究生教育创新计划列为学校整体建设和发展的重要内容，特别是与学校"211工程"等重点学科建设和重点大学建设计划紧密结合，充分利用重点学科建设奠定的良好条件，实现优质研究生教育资源的开放和共享，同时要发挥重大科研项目的牵引作用，促进研究生科研创新能力和培养质量的不断提高。

② 对立项项目给予1:1配套经费支持。

③ 组织保障，对立项项目由研究生部负责具体组织落实，实行项目责任人制度，在项目实施过程中或项目结束时组织必要的检查和评价，以保证项目实施的效益。

④ 学校省立项项目专项经费（包括配套经费）是在学校财务部门规定的使用范围内

第五章 新世纪研究生教育的飞跃发展(1999—2009年)

由项目负责人（或项目负责人导师）、研究生部相关负责人逐级审批后使用。

四、苏州大学结合省级创新工程所采取的配套创新举措

学校结合省级创新工程多方位地开展研究生教育的改革和创新：

① 研究生精品课程建设，"十一五"期间每年投入30万元，每年建设10门左右精品课程。

② 研究生优秀教材建设，"十一五"期间每年投入30万元，每年建设10门左右优秀教材。

③ 设立"研究生学术论坛"，每年通过《苏州大学学报（教育版）》出版一期"研究生论文集"。

④ 优秀研究生论文培育。

⑤ 设立"苏州大学研究生科技文化艺术节"。

⑥ 研究生教育质量评估和监控体系建设。

⑦ 研究生教育信息化建设，建立研究生教育管理信息系统等。

⑧ 拟建立轻纺研究生创新中心。为研究生进行学术交流、自主开展科学实验和实践创新思想提供专门场所；为跨学科研究生之间开展交流与合作提供平台；紧密结合社会需要，为研究生加强实践训练和创新能力培养提供条件。

五、苏州大学历年获得"江苏省研究生培养创新工程"资助的详细情况[①]

（一）2002年获得资助情况

1. 江苏省产学研联合培养研究生示范基地评选结果

序号	基地名称	学科名称
1	苏州生物医药产学研研究生联合培养基地	免疫学

2. "江苏省研究生培养创新工程"立项课题评选结果

序号	课题名称	主持人	备注
1	"产学研"联合培养基地建设的研究与实践	张学光	一类课题
2	关于创新型教育学硕士研究生培养模式的研究	赵蒙成	二类课题
3	研究生培养模式的综合研究	郁秋亚	二类课题
4	建立并实施研究生培养淘汰机制的研究与实践	曹健	三类课题
5	研究生培养过程中的人文关怀	陆思东	三类课题

---

① 根据2002—2009年历年《苏州大学年鉴》统计。

3. 江苏省学位与研究生教育管理先进工作者评选结果

序号	姓名	单位名称
1	曹 健	苏州大学研究生部

4. 江苏省优秀博士生、硕士生指导教师评选结果

序号	姓名	申报类型	一级名称
1	戴 洁	硕导	化学
2	童 建	硕导	预防医学
3	张学光	博导	基础医学
4	宁兆元	博导	物理学

5. 江苏省优秀博士、硕士学位论文评选结果

序号	作者	论文题目	备注
1	许志祥	人可溶性 FLt3 配体的基因工程生产、生物学活性及抗辐射作用的研究	优秀博士论文
2	黄智虎	反垄断法的垄断认定问题研究	优秀硕士论文
3	卞海霞	村民自治发展与乡镇政府作用——江苏省上灶村个案研究	优秀硕士论文
4	叶 超	α-C：F 薄膜的沉积、结构与介电性质研究	优秀硕士论文
5	高维强	尿激酶受体检测方法的建立及其临床应用	优秀硕士论文
6	杨树兵	高新技术产业开发区与高等教育的发展——兼论苏州高新技术产业开发区发展与苏州高等教育	优秀硕士论文

6. 江苏省优秀研究生课程评选结果

序号	课程名称	学科名称	主持人
1	计算机辅助教学概论	课程与教学论	董慎行
2	伦理学原理	伦理学	李兰芬
3	医用细胞工程学	病原生物学	杨吉成
4	中国行政法基本理论	宪法学与行政法学	杨海坤
5	艺术设计原理	设计艺术学	诸葛铠
6	比较文学基本原理	比较文学与世界文学	方汉文
7	现代汉语语法理论	汉语言文字学	朱景松
8	科学社会主义理论与实践	科学社会主义与国际共产主义运动	乔耀章
9	复合材料原理	材料学	闻荻江

第五章 新世纪研究生教育的飞跃发展(1999—2009年)

（二）2003年获得资助情况

1. 江苏省研究生创新计划项目

序号	主持人	课题名称
1	马德峰	三峡移民社区安置模式研究：以大丰市安置点为例
2	朱 健	RAFT方法合成两亲性星形和嵌段聚合物
3	居颂文	4-1BBL逆向信号在单核细胞和DC分化发育中的作用和机理
4	程序曲	RNA干扰在胶质瘤分子病因研究中的应用
5	张慧灵	前列腺素A1对缺血性脑中风的保护作用及其分子机制

2. 江苏省优秀硕士学位论文评选结果

序号	姓名	论文题目
1	徐 涛	融资结构与公司治理结构的变迁
2	钱志强	新中国群众篮球运动发展史的研究
3	姚东来	铁电薄膜的物理性质研究
4	唐秀波	三阶非线性光学材料——聚酰亚胺的微波辐射合成及其成膜性研究
5	梁文飚	鼠抗人B7－1分子功能性单克隆抗体的研制及其生物学特性的研究
6	黄煜伦	雷公藤单体抑制胶质瘤细胞与血管生成的实验研究

3. 江苏省研究生培养开放课程

主持人	课程名称
杨吉成	医用细胞工程

4. 江苏省产学研联合培养研究生示范基地

序号	基地名称
1	苏州大学新型纺织纤维材料产学研联合培养研究生示范基地

（三）2004年获得资助情况

1. 江苏省研究生创新计划项目

序号	主持人	课题名称
1	蔡田怡	半金属材料磁输运的网络效应
2	徐庆锋	功能含簇超分子的合成与性能研究
3	汪顺义	吲哚类杂环化合物的合成研究
4	戚春建	CD40突变体在恶性肿瘤中的表达及其信号传导
5	罗加林	AMT、反义hTOP3对AT细胞辐射敏感影响及对P53、P21调控的研究

2. 江苏省优秀博士、硕士学位论文评选结果

序号	姓名	论文题目	备注
1	孙 华	高极化颗粒复合体系的物理性质研究	优秀博士论文
2	程振平	甲基丙烯酸甲酯和苯乙烯在微波辐射及常规加热作用下的原子转移自由基聚合	优秀博士论文
3	陈苏宁	伴有t（6；11）（q27；q23）易位的裸小鼠高致瘤性人单核细胞白血病细胞系 SHI-1 的建立和鉴定	优秀博士论文
4	丁丽芬	语言世界图景理论及其在俄语中的研究	优秀硕士论文
5	陈高健	微波辐射及常规加热作用下的（甲基）丙烯酸酯类单体的原子转移自由基聚合	优秀硕士论文
6	董正高	脉冲激光法沉积镧掺杂钛酸铅薄膜及钛酸锶钡薄膜	优秀硕士论文
7	戚春建	CD40 信号对多发性骨髓瘤细胞生物学行为的影响及其分子机制	优秀硕士论文
8	李冰燕	氡及子体吸入对大鼠靶器官的损伤效应	优秀硕士论文

3. 江苏省学位与研究生教育发展重点研究课题评选结果

主持人	课题名称
曹 健	地方高校学科建设与研究生培养研究

4. 江苏省博士研究生学术论坛项目评选结果

承办单位	论坛题目
苏州大学	永不衰落的纺织

（四）2005 年获得资助情况

1. 江苏省研究生创新计划项目评选结果

序号	主持人	课题名称
1	陈 新	篮球文化与篮球市场
2	徐小平	桥联双芳氧基稀土配合物的合成、结构及反应性能
3	朱艳琴	超椭圆曲线密码体制的有效计算算法研究及优化
4	孟 静	光学层析图像的重建算法研究
5	周文林	转基因家蚕丝腺生物反应器表达 hGM-CSF 研究
6	徐乃玉	氡及其子体致肺癌的蛋白质组学研究

2. 江苏省优秀博士、硕士学位论文评选结果

序号	姓名	论文名称	备注
1	睢 胜	半金属颗粒复合体系中磁输运的网络效应	优秀博士论文
2	钱 军	骨髓增生异常综合征患者的基因表达谱研究	优秀博士论文
3	高维强	血管性血友病因子裂解酶单克隆抗体的制备及该酶与血栓和肿瘤发病的关系	优秀博士论文
4	张晓渝	磁性氧化物颗粒复合材料的逾渗效应和磁输运性质研究	优秀硕士论文
5	王 勤	人 OX401L 转基因细胞的构建与单克隆抗体的研制及其生物学功能的研究	优秀硕士论文
6	姚 明	异丙酚对内脏痛的抗伤害性刺激作用及其机理的实验研究	优秀硕士论文

（五）2006 年获得资助情况[①]

1. 江苏省研究生创新计划项目评选结果

序号	主持人	课题名称
1	陈进华	财富共享何以可能——"斯密问题"的问题
2	芮国强	苏南县级政府转型研究——以昆山为个案
3	肖卫兵	中国近现代大学校长高等教育思想的时代特征研究
4	陈国安	清代诗经学研究
5	黄鸿山	中国近代慈善事业研究：以晚清江南为中心
6	笪海霞	多铁性光子晶体光磁电效应的研究
7	朱松磊	靛红螺杂环化合物的合成研究
8	郝 翔	固态系统中的纠缠及其在量子计算和通讯中的应用
9	王海艳	网格计算环境下基于移动代理的信任机制研究
10	李娜君	含偶氮基团的丙烯酸酯类单体的聚合及其电光学性能研究
11	毛一香	新型负性共刺激分子 B7－H4 未知受体的寻找及其生物学功能的研究
12	焦 旸	新抗肿瘤药物 N544 的动物研究
13	仇惠英	伴有 t（16；17）（q23；q12）易位的人急性髓细胞系 SH－2 的建立和鉴定
14	吴银艳	用基因工程鼠研究胶质瘤起源细胞

---

① 《省教育厅、学位委员会关于公布 2006 年度江苏省研究生培养创新工程项目的通知》，苏教研〔2006〕第 5 号，苏州大学档案馆馆藏，档案号：2006－JX11－YS1－2，第 1－20 页。

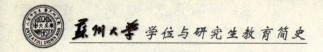

2. 江苏省优秀博士学位论文评选结果

序号	姓名	论文题目
1	王秀哲	隐私权的宪法保护
2	赵 晶	我国篮球训练与竞赛组织系统的优化配置研究
3	张 勤	西王母神话传说研究
4	蔡晓荣	晚清华洋商事纠纷之研究
5	王健敏	删位和插位纠错码的组合构造
6	曹海霞	梯度铁电薄膜的热力学性质研究
7	李红喜	具有胺基稀土/苯硫酚化合物的合成、结构与反应性能研究
8	李天宇	恶性血液病中一种新的罕见的20号染色体异常-der（20）del（20）（q11q13）idic（20）（p11）的临床、细胞遗传学FISH和基因表达谱的研究

3. 江苏省优秀硕士学位论文评选结果

序号	主持人	论文题目
1	周建刚	王阳明晚年的精神世界
2	陈 一	中国当代新闻报道的"叙事继点"研究
3	沈志良	超声波辐射、离子液体以及无溶剂合成技术在有机化学反应中的应用研究
4	刘 超	稀土元素促进光合作用的机制研究
5	周小红	新型激光直写系统的优化设计与应用工艺研究
6	顾 平	智能型数码输入技术的研究与设计
7	陶 伟	再生柞蚕丝素多孔材料的制备及其结构
8	张光波	人B7－H3分子的克隆、表达及其生物学功能的初步研究
9	罗加林	AT细胞高辐射敏感性及其信号传导机制研究
10	王 磊	赛来昔布对人结肠癌原位移植瘤生长及血管形成影响的实验研究
11	王根林	X线分步监测胸腰椎椎弓根螺钉准确植入的实验研究
12	王 燕	自噬/溶酶体途径在海人藻酸受体介导的神经兴奋性毒性中的作用
13	成涛林	西部大开发对长江三角洲地区经济发展的影响与对策研究

4. 江苏省优秀研究生课程评选结果

序号	课程名称	主持人
1	分子生物学	杨吉成
2	心理学研究方法	刘电芝

5. 江苏省博士研究生学术论坛评选结果

序号	论坛名称	论坛方向
1	心肺疾病临床诊疗进展与创新	胸心血管外科、心血管内科、呼吸内科、移植免疫学、心血管护理学

6. 江苏省研究生教育创新课题

序号	课题名称	主持人
1	研究生教育培养过程的国际比较研究	周 川
2	建立并实施拔尖创新人才培养机制的研究与实践	章晓莉
3	社会工作机制与研究生思想政治教育	刘 枫

（六）2007年获得资助情况

1. 江苏省优秀研究生课程评选结果

序号	主持人	课程名称
1	任 平	哲学前沿
2	姜 瑾	硕士研究生英语

2. 江苏省普通高校研究生科研创新计划评选结果

序号	主持人	项目名称
1	姜 振	高压氧与运动对骨骼肌细胞凋亡影响机制的研究
2	马广利	《西方霸权理论研究》
3	王广瓦	非线性微分方程解的存在性、渐近性及稳定性研究
4	吴 亮	光学网络的混沌同步及保密通讯
5	程美令	含吡唑基稀土硫醇（酚）化合物的合成、结构与性能研究
6	赵朋朋	Deep Web 信息集成关键技术研究
7	张 峰	端胺基超支化合物的制备及对棉纤维的功能化改性
8	张瑞欣	抗菌高岭土改性聚酯纤维的研究
9	赵华强	与拟除虫菊酯抗性相关的野桑蚕钠离子通道基因突变的研究
10	孙 静	PD－L 信号在乳腺癌免疫逃逸中的作用及机制
11	吕娟秀	母体的尼古丁对子宫羊胎发育的影响
12	王 燕	线粒体在 NMDA 受体介导的自噬激活中的作用
13	赵益明	抗 von Willebrand 因子 A3 区（vWFA3）单抗的研制和功能研究
14	宇汝胜	腺病毒介导 NF－γBp65 的 siRNA 抗大鼠移植肝缺血再灌注损伤的研究
15	潘新亭	重组增殖缺陷性腺病毒携 hIL－24/MDA－7 基因治疗胰腺癌的研究
16	李晓强	骨髓血管内皮祖细胞移植治疗慢性静脉血栓的实验研究
17	陆政峰	嗅鞘细胞和骨髓干联合移植治疗脊髓损伤的实验研究

3. 江苏省博士研究生学术论坛评选结果

序号	论坛名称
1	全球化与中国语言文学研究

4. 江苏省产学研联合培养研究生示范基地

序号	承办院系	基地名称
1	计算机科学与技术学院	软件与集成电路产学研联合培养研究生示范基地
2	信息光学工程研究所	先进显示材料与光学制造技术产学研联合培养研究生示范基地

5. 江苏省优秀博士学位论文评选结果

序号	姓名	论文题目
1	张淑芳	行政法援用问题研究
2	朱 琳	昆曲与近世江南社会生活——以昆曲受众群体为对象的考察
3	蔡田怡	半金属氧化物的磁输运网络效应和复杂性
4	陆 军	含铟催化体系在不对称合成中的应用研究
5	吴淑燕	遗传性出血性疾病的临床和发病机理研究
6	张恒柱	远外侧锁孔入路的显微解剖学研究

6. 江苏省优秀硕士学位论文评选结果

序号	姓名	论文题目
1	马唯杰	体面劳动：劳动的伦理批判
2	刘 亮	上市公司财务危机预测的实证研究
3	高 磊	《现代》杂志的文学研究
4	王丽萍	从激进到反思——论凯特·格伦维尔的女性主义小说
5	朱炎君	含吡啶丙烯酸配体的金属配位聚合物的合成、结构及其性质
6	曾晓飞	吲哚类衍生物合成方法学研究
7	季轶群	大工作面 F－Theta 镜头的设计研制
8	杨 伟	基于时间序列预测的 IP 控制网关集群的设计与实现
9	何宋兵	趋化因子 MIP－1α 动员的 DC 经基因修饰后抗胃癌效应的研究
10	苏世标	氡及其子体对大鼠和铀矿工人靶细胞的生物学效应
11	杨亚萍	自噬在三氧化二砷诱导白血病细胞系 HL60 细胞残废中的作用
12	朱 铮	档案的数字化研究

（七）2008年获得资助情况

1. 江苏省普通高校研究生科研创新计划评选结果

序号	主持人	项目名称
1	方以启	论马克思经济学研究立场的根本转变
2	宋煜萍	我国地方政府执行力评估机制研究——以江苏省苏州市与宿迁市为个案
3	陶玉流	篮球运动的文化哲学阐释
4	邱　睿	南社诗歌发展演进研究
5	杜明业	詹姆逊的文学形式批评研究
6	周福娟	指称转喻：词汇语义的认知途径——基于英汉语诗歌语篇的认知研究
7	曾桂林	民国时期慈善法制研究
8	李　阳	t－覆盖阵列及相关课题的研究
9	张丽芬	铁盐催化的亲水性甲基丙烯酸酯类单体的 AGET ATRP
10	方　巍	基于本体的 Deep Web 数据源发现与选择技术研究
11	胡　博	供体 NK 细胞对非清髓性异基因造血干细胞移植的促进作用及其作用机制
12	薛胜利	G－CSF/G－CSFR 系统对 ALL 细胞增值活性的影响及在其诱导治疗中的应用
13	叶建新	重组 4－1BBL 基因疫苗菌对荷瘤大鼠免疫系统的影响
14	王彩英	人胚胎神经干细胞迁移和凋亡的影响
15	黄煜伦	雷公藤红素纳米脂质体对脑胶质瘤体外和体内的实验研究
16	李朝顶	脊索细胞与椎间盘退变的相关性研究
17	赵耀东	胶质瘤干细胞参与胶质瘤血管形成的实验研究
18	赵宏林	蒙古族 ACE 基因多态性与炎症对高血压及心血管病的交互作用

2. 江苏省博士研究生学术论坛评选结果

	承办学院	论坛专题名称
1	苏州大学体育学院	中国体育：创新与发展

3. 研究生教育教学改革研究与实践课题评选结果

序号	课题名称	主持人
1	中文学科研究生培养模式的改革与创新	王　尧
2	嵌入式软件工程硕士的订单培养模式探索与研究	朱巧明
3	研究生医学心理学教学模式创新的实验研究	付文清
4	中、美研究生教育的比较研究	赵蒙成
5	马克思主义伦理思想教学改革研究	李兰芬

4. 江苏省优秀博士学位论文评选结果

序号	姓名	论文题目
1	樊继山	可压缩 Navier–Stokes 方程的一些数学结果
2	张晓渝	磁性氧化物磁输运和磁热效应的研究
3	汪顺义	1,4-共轭加成及其相关反应的研究
4	王 勤	OX40/OX40L 在 T 细胞上表达特性及其双向信号对 T 细胞共刺激作用机制的研究

5. 江苏省优秀学位硕士论文评选结果

序号	姓名	论文题目
1	王 妍	伪满体育研究
2	杨俊义	金属团簇聚合物 [Cu3IWS4(4-bpy)3]n 的激发态吸收动力学
3	张源源	活性自由基法合成侧链型偶氮聚合物及其表面起伏光栅的制备
4	杨 帆	纳米氧化钛在菠菜光化学反应与氮代谢中的若干作用机制
5	邹 玮	荧光分子断层成像的算法研究
6	刘 刚	转向制动工况下的车辆模块化建模及其共防抱控制方法的仿真研究
7	刘建立	基于小波分析和 BP 神经网络的织物疵点识别
8	李红霞	人起搏通道 HCN2 基因在大鼠骨髓间充质干细胞的表达及其意义
9	毛成洁	帕金森病患者非运动症状研究
10	陈 骅	人脑胶质瘤细胞发生发展相关基因 CDC2 的 RNAi 实验研究
11	张 岩	蛇床子素对大鼠高酯性脂肪肝的治疗作用及机制研究

(八) 2009 年获得资助情况

1. 江苏省普通高校研究生科研创新计划评选结果

序号	主持人	项目名称
1	杨 军	马克思的新唯物主义主与主客二分的思维方式
2	卜 亚	银行业金融创新发展及其风险防范机制研究
3	蔡 笑	融资融券交易机制对境内外证券市场的影响研究
4	刘 亮	商业银行顺周期经营与货币政策调控
5	吴 睿	江苏省农民权利保障制度的实证分析
6	葛先园	公民直接立法权研究
7	方 文	高校思想道德建设与社会主义核心价值观教育
8	陈华荣	体育纠纷的临时救济研究
9	李爱春	氢水对运动性骨骼肌氧化损伤的保护作用及其机制研究
10	郭 权	我国具有多次奥运会经历运动员的训练学特征研究
11	范永康	文化批评的文本政治学

续表

序号	主持人	项目名称
12	周四贵	元明汉语介词研究
13	施仲贞	惊才风逸壮志烟高——《离骚》文心论
14	梁尔涛	唐代家族文学研究
15	李美皆	从丁玲看20世纪知识分子与时代、革命和政治的关系
16	岳 峰	二十世纪英国文学中的非洲形象
17	石 娟	《新闻报》副刊文学商业运作研究（1929—1937）
18	李彩霞	中国金鸡奖综合研究
19	毕宙嫔	朱迪思·赖特的和解诗学
20	刘 珊	造型艺术空间
21	李海涛	中国早期钢铁工业发展研究（1840—1927）
22	陈汉辉	企业家社会责任与企业价值关系研究：社会企业家视角
23	董迎辉	跳扩散模型在衍生品定价与信用风险模型中的应用
24	仲崇贵	多铁性材料的磁电耦合特性研究
25	杨俊义	基于相位物体的光学非线性测量技术
26	陈 阳	溶剂热有机原位反应及其配合物的固态性能研究
27	何金林	生物可降解型刺激响应性水凝胶的设计、制备及性质研究
28	刘 全	亚波长深刻蚀偏振光栅的研制
29	黄萍珍	基于超支化聚合技术的高频印制电路板用改性聚苯醚树脂
30	龚呈卉	基于联合因子分子的汉语耳语音说话人确认研究
31	张书奎	面向WMSN的多节点协同数据传输技术研究
32	刘 洋	静电纺丝法在碳纳米管增强导电性纳米纤维纱中的应用研究
33	甘丽萍	家蚕二级数据库分析平台构建与茧色调控基因挖掘应用
34	吕 杰	伤寒沙门菌质粒毒力基因与树突状细胞自噬的关系
35	许 静	日本血吸虫感染早期及疗效考核的DNA诊断研究
36	姜 智	胃癌发生及转移中O-糖基化的分子机制
37	李世刚	缺氧对胎羊血管平滑肌功能发育的影响及其机制研究
38	倪健强	miRNA在疼痛调节机制中作用的初步研究
39	李 锐	调控CD40信号的microRNA分子鉴定及其抗胃癌转移研究
40	陈延斌	PD-L1在肺癌免疫逃逸中的机制探讨
41	黄顺根	手术应激对婴幼儿吞噬体成熟和杀菌功能的影响及其作用机理的研究
42	张艳林	自噬/溶酶体途径对氧化低密度脂蛋白降解的作用研究
43	周 进	基因沉默EGFL7联合重组Endostatin双靶点抑制胰腺癌新生血管生成
44	毛海青	新型电荷钙磷材料在脊柱融合中的应用研究

续表

序号	主持人	项目名称
45	赵天兰	窄蒂长宽比与皮瓣成活面积关系及皮瓣成活机理实验研究
46	鞠 忠	炎症和内皮功能标志与脑卒中发病关系的队列研究
47	张素萍	肿瘤干细胞在α粒子致SAEC细胞恶性转化过程中的作用机制研究
48	张幸鼎	DRAM激活自噬的信号通路研究

2. 江苏省博士研究生学术论坛评选结果

序号	论坛名称	承办单位
1	免疫的基础与临床	医学部

3. 江苏省研究生教育教学改革研究与实践课题评选结果

序号	主持人	课题名称	课题类别
1	沈百荣	系统生物学专业研究生跨学科培养模式的实践与探索	教学实践
2	曹 健	全日制专业硕士研究生教育的理论和实践研究	专业学位
3	王则斌	国际化背景下会计学研究生复合型人才创新能力培养模式研究	教学实践
4	魏文祥	研究生分子生物学教学改革初探	教学实践

4. 江苏省优秀研究生课程评选结果

序号	主持人	课程名称	专业名称
1	陈 龙	当代传播理论与思潮	传播学
2	王 宏	典籍英译研究	外国语言学及应用语言学

5. 江苏省优秀博士学位论文评选结果

序号	姓名	论文题目
1	陈国安	清代诗经学研究
2	郑丽虹	明代中晚期"苏式"工艺美术研究
3	张文华	利用Mo/Cu/S簇结构导向设计组装超分子
4	关晋平	有机磷化合物对真丝绸的阻燃整理
5	赵益明	阻断vWF-胶原和vWF-血小板相互作用的新型的vWF-A3区单抗的研制及其功能研究

第五章 新世纪研究生教育的飞跃发展(1999—2009年)

6. 江苏省优秀硕士学位论文评选结果

序号	姓名	论文题目
1	陈媛丽	二氧化硅纳米结构的手性控制
2	王建文	可抛弃型葡萄糖生物传感器的研究
3	徐 杰	两亲性偶氮苯聚合物及三苯胺和联吲哚功能化聚合物的RAFT法制备及其性能研究
4	刘泽毅	3号染色体短臂抑癌基因CpG岛甲基化表型与非小细胞肺癌关系的研究
5	郝 晗	多晶硅薄膜晶体管开态模型
6	白龙梅	栀子贰通过抑制脂多糖诱导的炎症因子的分泌增加星形胶质细胞对多巴胺能神经元的保护作用
7	胡晓云	放射性肺损伤64层螺旋CT灌注成像的临床初步研究
8	刘仕俊	三种代谢综合征诊断标准适用性的比较研究以及腰围和体重指数构成的代谢综合征对心血管疾病、2型糖尿病发病率的影响
9	孙 凡	蛇床子素抑制小鼠酒精性脂肪肝的形成及其机制研究

7. 我校历年获全国优秀博士学位论文及提名奖名单

序号	作者姓名	性别	论文题目	导师姓名	备注
1	王晓骊	女	文化冲突与词的演进——唐宋词与商业文化研究	杨海明	2003年提名
2	戴克胜	男	血栓性疾病及抗栓基因工程抗体的分子生物学研究	阮长耿	2004年优秀奖
3	陈苏宁	男	伴有t（6；11）（q27；q23）易位的裸小鼠高致瘤性人单核细胞白血病细胞系SHI-1的建立和鉴定	薛永权	2005年提名奖
4	李天宇	男	恶性血液病中一种新的罕见的20号染色体异常 -der（20）del（20）（q11q13）idic（20）（p11）的临床、细胞遗传学、FISH和基因表达谱的研究	薛永权	2007年提名奖
5	顾季青	男	峰前状态理论及中国可测量类项群优秀运动员峰前状态的评定与应用	田麦久	2009年提名奖
6	汪顺义	男	1,4-共轭加成及其相关反应的研究	纪顺俊	2009年提名奖
7	魏 磊	男	CBA与NBA赛制、市场、文化的比较研究	王家宏	2011年提名奖
8	秦传香	女	苯乙烯吡啶盐染料制备与荧光纤维研究	陈国强	2012年提名奖
9	魏 磊	男	CBA与NBA赛制、市场、文化的比较研究	王家宏	2012年优秀奖
10	李 华	女	共轭分子设计合成及其电存储性能研究	路建美	2013年优秀奖
11	刘 东	男	功能配位聚合物的合成、光化学反应以及物理性能研究	郎建平	2013年提名奖
12	秦传香	女	苯乙烯吡啶盐染料制备与荧光纤维研究	陈国强	2013年提名奖

第五节 专业学位研究生教育（1999—2009 年）

专业学位（professional degree），是相对于学术型学位（academic degree）而言的学位类型，其目的是培养具有扎实理论基础，并适应特定行业或职业实际工作需要的应用型高层次专门人才。专业学位以专业实践为导向，重视实践和应用，培养在专业和专门技术上受到正规的、高水平训练的高层次人才，授予学位的标准要反映该专业领域的特点和对高层次人才在专门技术工作能力与学术能力上的要求。专业学位教育的突出特点是学术性与职业性紧密结合，获得专业学位的人，主要是从事具有明显的职业背景的工作，如工程师、医师、教师、律师、会计师、公务人员、建筑设计人员等。

一、我国专业学位教育发展历程

我国的专业学位教育起源于 20 世纪 80 年代研究生班的在职人员申请学位，于 1990 年提出"专业学位"的概念。我国专业学位教育的发展经历了四个阶段。

1. 专业学位教育的肇基阶段（1983—1990 年）

为了解决高等学校某些急需的学科、专业以及某些公共课、基础课的师资问题，1983 年 8 月 13 日，教育部发布了《关于 1984 年在部分高等学校试办研究生班的暂行规定》。为实施这一暂行规定，国务院学位委员会召开的第五次会议决定在我国部分高校开展在职人员申请学位的试点工作，1985 年召开的第六次会议提出要继续开展在职人员申请学位的试点工作，并于第七次会议上决定扩大在职人员申请学位的试点工作。自 1985 年开始，国务院学位办公室选择部分学位授予单位，陆续开展了在职人员申请博士、硕士学位的试点工作，并在 1986—1990 年分别召开了检查验收会。

为了面向经济建设和社会发展的实际工作部门，国家有关部门开展了应用型高层次专门人才培养的试点工作。国家教委在 1989 年 6 月 23 日发出了《关于加强培养工程类型工学硕士研究生工作的通知》，提出："面向厂矿企业、工程建设等单位，培养工程类型工学硕士研究生，是高等工科学校研究生培养工作中的一项重要任务，是研究生教育的一项重要改革，也是办学思想上的一次转变。"

在我国，职业学位概念的提出是高层次、应用型人才学位教育中的一个重要事件。我国首次提出职业学位的概念是在 1988 年 10 月召开的国务院学位委员会第八次会议上，决定在医科着手研究职业学位，并开始了职业学位的调查、考察、研究、论证工作。1990 年国务院学位委员会第九次会议决定，将"职业学位"修改为"专业学位"。1990 年国务院学位委员会第十次会议明确指出：在我国设置专业学位，是为了促进我国应用学科的建设和发展，加速培养应用学科的高层次人才，是为了改变我国学位规格单一局面的一种措施。

2. 专业学位教育制度的创建阶段（1991—1995年）

经过几年的努力，我国的专业学位教育取得了一定成效。到1990年年底，全国共授予在职人员博士学位56人，硕士学位6 027人。全国有近百所理工科高等学校招收了近万名工程类型工学硕士生，约有30所医药院校招收培养了临床医学博士生近千人。财经、政法等应用类专业的研究生教育业已做到以招收应用型硕士生为主。但专业学位制度在我国的正式建立却是在20世纪90年代初。国务院学位委员会第九次会议于1990年10月通过了《关于设置和试办工商管理硕士学位的几点意见》，提出在我国设置工商管理硕士学位和试行培养工商管理硕士研究生是十分必要的，确定了工商管理硕士学位的学位名称问题，决定在少数高等学校试行培养工商管理硕士。工商管理硕士学位设立以来，为我国的经济建设和社会发展培养了一批能够适应社会主义商品经济发展需要的复合型、应用型高级管理人才。

社会对应用型人才的需求日益增长，这引起了国家对专业学位教育的重视。《中国教育改革和发展纲要》提出"八五"期间研究生教育和学位工作的主要任务之一是，"努力适应我国经济建设和社会各方面的需要，大力加强应用学科人才（如工程技术、临床医学、财政金融）的培养和专业学位的设置工作""在临床医学、建筑学、工商管理等学科，建立我国的专业学位制度"。1992年11月10日国务院学位委员会第十一次会议原则通过建筑学专业学位设置方案，规定建筑学专业学位分建筑学学士、建筑学硕士两级。为了培养德才兼备、适应社会主义市场经济和社会主义民主与法制建设需要的高层次的复合型、应用型法律专门人才，1995年国务院学位委员会第十三次会议审议通过了法律硕士专业学位设置方案，批准北京大学、中国人民大学、中国政法大学等8所高校进行法律硕士专业学位的试点工作。

专业学位制度的设立，改变了我国学位类型和规格单一的状况，是我国学位制度的一项重要改革内容，适应了社会主义经济建设对高层次、复合型、应用型人才的需要，培养了一批适应社会发展的高级专门人才，丰富和发展了我国的学位制度。

3. 专业学位教育的快速发展阶段（1996—2008年）

自1996年开始，我国专业学位教育进入了一个快速发展时期，国家在招生政策上高度重视经济建设急需的高层次应用型专业人才的培养，要求"九五"期间研究生招生数的增量部分，优先用于培养专业学位和其他各类应用学科的人才；大力加强复合型应用人才的培养，统筹规划专业学位的研究生教育，扩大专业学位研究生教育占硕士生教育的比重。国务院学位委员会第十四次会议原则通过了《专业学位设置审批暂行办法》，并于1996年发出了《关于印发〈专业学位设置审批暂行办法〉的通知》（学位〔1996〕第30号文件）。该暂行办法共有13条，对专业学位设置的目的，专业学位的性质、名称、级别、申报条件、审批程序等做了全方位的规定。该暂行办法是一个关于我国专业学位教育的法规性文件，它的颁布对完善我国学位制度，培养经济建设和社会发展所需要的高层次应用型专业人才具有重要的指导作用。

为了进一步加强专业学位教育工作，国务院学位委员会、教育部于 2002 年下发了《关于加强和改进专业学位教育工作的若干意见》（学位〔2002〕第 1 号文件），针对我国专业学位教育中存在的问题，强调要充分认识发展专业学位教育的重要性；统筹规划专业学位教育，积极、主动适应经济社会发展需要；深化专业学位教育制度改革，提高培养质量；建立和完善专业学位教育评估制度；加强国际合作与交流。2006 年 3 月 22 日，教育部原副部长吴启迪在北京召开的全国专业学位教育指导委员会联席会议上指出："我国已成功完成了专业学位的试验阶段，应该进入整体推进、制度创新、提高质量、较快发展阶段。"这既是对我国专业学位教育工作的充分肯定，又是对专业学位教育工作进一步发展提出的新要求。

1996 年以来，无论是从专业设置的种类上还是从招生规模上看，我国专业学位教育都获得了快速发展，取得了显著的成绩。目前，已基本形成了以硕士学位为主，博士、硕士、学士三个学位层次并举的专业学位体系。截至 2008 年 6 月 30 日，我国专业学位教育已累计招生 86.5 万人，其中学历教育招生 24.6 万，占专业学位总体招生数的 28.4%；在职攻读招生 61.9 万，占专业学位总体招生数的 71.6%。目前我国参与专业学位教育的院校总数为 431 个，占我国博士、硕士学位授权单位总数的 60%。可以说，我国已经初步建立了具有中国特色的专业学位教育制度，为社会主义现代化建设培养了大量高层次、应用型专门人才。

4. 专业学位教育的完善发展阶段（2009— ）

由于我国经济社会的快速发展，经济结构正处于调整和转型时期，职业分化愈来愈细，职业种类愈来愈多，技术含量愈来愈高，社会在管理、工程、建筑、法律、财经、教育、农业等专业领域对高级专门人才的需求越来越强烈，专业学位教育所具有的职业性、复合性、应用性的特征也在逐渐地为社会各界所认识，其吸引力定会不断增加。因此，专业学位研究生培养的规模必须相应有较大的发展。目前我国已经设置了法律硕士，社会工作硕士，教育硕士、博士，体育硕士，汉语国际教育硕士，翻译硕士，艺术硕士，风景园林硕士，工程硕士，建筑学学士、硕士，农业推广硕士，兽医硕士、博士，临床医学硕士、博士，口腔医学硕士、博士，公共卫生硕士，会计硕士，工商管理硕士，公共管理硕士，军事硕士共 19 种专业学位。

由于在 1999 年以前，我国硕士研究生规模较小，而且主要是为教学和科研岗位培养学术性人才，因此，当时的专业学位教育主要针对的是在职人员，满足他们在职提高的要求。为此，国务院学位委员会开通了在职人员攻读专业学位教育的渠道，实施非全日制培养，大大地满足了社会在职人员学习提高的愿望。但专业学位教育不仅仅是要满足现有在职人员的需要，更重要的是要吸引优秀生源，调整优化硕士研究生培养结构，成为硕士研究生教育的主体，成为高层次人才培养的重要方面。因此，专业学位教育有双重任务，一是吸引优秀应届毕业生，实施全日制学习方式，培养实践部门需要的应用型人才；二是面向在职人员，开展非全日制学习方式。两种模式，两种学习方式，两种招收对象，但两者培养目标相同，都同等重要。为适应我国当时的社会经济形势对研究生教育结构转变的需要，教育部决定从2009年开始，除工商管理硕士（MBA）、公共管理硕士（MPA）、工程硕士的项目管理方向、公共卫生硕士、体育硕士的竞赛组织方向、艺术硕士等管理类专业和少数目前不适宜应届毕业生就读的专业学位外，其他专业学位面向应届毕业生增招3.8万名专业硕士，实行全日制培养。增加招收一定数量的专业学位研究生，不仅可以应对当前的就业问题，提高人才培养质量，提高学生的就业竞争力，而且还能通过一定的增量，促进完成研究生培养结构的调整。据教育部近日发布的通知：社会工作硕士、艺术硕士、公共卫生硕士三类专业学位2010年首次招收全日制硕士研究生；2010年1月起，专业硕士学位联考新增艺术硕士、MPA、MPAcc（专业会计硕士）等新专业，MBA联考将改为管理类硕士研究生联考，研究生培养新政策层出不穷。

综合来看，我国研究生教育领域专业硕士的变化主要集中在两方面，一是报考范围的扩大，优秀应届本科毕业生也可以报考；二是报考时间的变化，除了每年10月的在职攻硕联考之外，每年1月还有专业硕士学位联考，不同的是，每年10月的考试是"单证"，每年1月的考试是"双证"。这些变化对于在职人员而言，将产生较大的影响。国家自20世纪90年代设置在职攻硕考试，以加速培养经济建设和社会发展所需的高层应用型专门人才，然而参加10月在职攻硕联考的考生，毕业时只可获学位证书，并无学历证书。随着市场经济与研究生教育的发展，"单证"已无法满足考生提高学历水平及对职场晋升机会的迫切渴求，由此，专业硕士的扩招成为大势所趋，这带来的好处是使在职人员深造选择余地大大增加。预计今后，每年1月专业硕士考试的招生专业仍将有增加趋势，使更多专业方向的在职人员有机会获取"双证"。

总之，现代化、全球化、信息化的21世纪，社会需要大量应用型人才，培养具有专业技能的专业学位硕士正是大势所趋。到2015年左右，我国的专业学位硕士占硕士总量的60%，超过此前的27%。随着社会对人才的需求变化及就业压力增大，各类专业学位硕士逐渐将变成社会的"新宠"。专业学位教育制度也将进一步完善，更加适应经济社会发展对高层次人才培养的需要。

二、苏州大学专业学位教育的快速发展

苏州大学门类齐全的各个学科及数目众多的学位点为专业学位教育提供了强有力的学科支撑平台。自1999年被授权并开始工程硕士和法律硕士招生培养工作以来①，苏州大学已经陆续取得工程硕士、工商管理硕士、教育硕士、法律硕士、公共卫生硕士、公共管理硕士、农业推广硕士、体育硕士、艺术硕士和高校教师共10个领域的硕士专业学位培养资格，并为社会培养了大批合格的专业人才。经国家相关部门审定，苏州大学又于2009年新获

---

① 《关于转发〈关于批准复旦大学等校新增为法律硕士专业学位试点单位的通知〉》，苏学位办〔1999〕第1号，苏州大学档案馆馆藏，档案号：1999-JX16-96，第54页。

得翻译硕士、汉语国际教育硕士和社会工作硕士三个专业学位的招生资格并开始招生。

表5-9 苏州大学研究生专业学位授权点简况表

学位点类别	学位点名称、领域		批准时间
博士专业学位授权点	临床医学博士		2001年
硕士专业学位授权点	工程硕士（10个领域）	纺织工程	1999年
		计算机技术	2000年
		材料工程	2001年
		化学工程	2001年
		软件工程	2002年
		机械工程	2002年
		光学工程	2002年
		电子与通信工程	2002年
		工业设计工程	2003年
		集成电路工程	2006年
	法律硕士		1999年
	临床医学硕士		1999年
	公共卫生硕士		2002年
	公共管理硕士		2004年
	工商管理硕士		2004年
	教育硕士	语文	2004年
		数学	2004年
		物理	2004年
		化学	2004年
		教育管理	2004年
		思想政治教育	2005年
		英语	2005年
		历史	2005年
		美术	2005年
		体育	2005年
	农业推广硕士		2004年
	体育硕士		2005年
	艺术硕士		2005年
	翻译硕士		2009年
	汉语国际教育硕士		2009年
	社会工作硕士		2009年

随着经济发展和科技进步，专业学位研究生教育培养的复合型、应用型、高层次人才在国家经济建设和社会各部门发挥越来越重要的作用。从工程硕士教育开始，苏州大学就明确地树立品牌意识，在发展专业学位培养的思路上，始终坚持面向国家经济建设主战场，注意处理好自主与自律、数量与质量、改革与发展的关系。始终把培养质量放在首位，不盲目追求规模的扩大。同时，学校根据国际高等专业学位发展的潮流与我国研究生教育发展的趋势，把专业学位教育放在与硕士教育同等重要的位置上，给予了高度的重视，从专业学位教育的招生到培养的各个环节的各方面坚持高标准、严要求，制订了专门的培养方案，根据各个专业的特点，设置了多种培养模式，为学生提供了优良的教学设施、宜人的学习环境和合理的师资队伍。秉承"养天地正气，法古今完人"的校训，坚持"立足苏南，服务社会，育人为本，追求卓越"的办学理念，积极地为政府部门及非政府公共机构培养高层次、复合型、应用型的公共管理人才做不懈的努力。截至2008年年底，苏州大学已经招生培养各种领域的专业学位研究生共9 173人，授予专业学位人数共计4 649人。

表5-10　苏州大学在职人员攻读硕士学位历年招生人数统计表　　（单位：人）

年份	1999年	2000年	2001年	2002年	2003年	2004年	2005年	2006年	2007年	2008年
法律硕士	58	111	111	130	308	251	327	329	203	205
工程硕士	23	48	80	282	174	147	188	208	295	232
公共管理硕士						80	53	65	82	92
工商管理硕士						46	72	48	81	133
教育硕士						160	519	399	422	510
公共卫生硕士				28	25	13	17	24	24	19
农业推广硕士						26	13	11	3	5
高校教师						462	708	428	267	121	54
体育硕士							44	60	72	75
艺术硕士							50	50	50	50
合计	81	159	191	440	969	1 431	1 711	1461	1 355	1 375

表5-11　苏州大学在职人员攻读硕士学位获授硕士学位人数统计表　　（单位：人）

年份	2002年	2003年	2004年	2005年	2006年	2007年	2008年	2009年
专业学位	91	199	240	356	498	606	1 337	1 322

为更好地适应国家经济社会发展对高层次应用型人才的迫切需要，调整优化研究生教育类型结构，进一步完善研究生教育培养体系，增强研究生教育服务经济社会发展的能力，推动硕士研究生教育从以培养学术型人才为主的模式向以培养应用型人才为主的模式转变。经教育部批准，从2009年开始，苏州大学开始招收法律硕士（法学）、体育

硕士、农业推广硕士、临床医学硕士、教育硕士、工程硕士六个领域的全日制专业学位硕士研究生。

我国专业学位的基本属性是实践性、职业性和综合性。专业学位教育是根据学生的知识结构和专业学位的培养目标来制订培养方案，设计课程体系，确定教学内容。这种教育密切结合经济建设和社会发展实际需要。学校根据专业学位的教育特点，制订了总的培养方案以及各个专业的培养方案。

三、苏州大学专业学位研究生人才培养方案

1. 培养目标与要求

苏州大学专业学位教育培养目标是特定职业领域的中高层技术与管理工作的应用型、复合型高层次人才，要求教育过程中注重培养中高水平专业技能、高度的职业道德以及忘我的职业奉献精神，同时要求掌握较深入的专业理论知识，具有创新意识并能独立承担专业领域实际工作的能力。此类人才的基本特征如下：

① 掌握马列主义、毛泽东思想和邓小平理论的基本原理，贯彻党和国家的各项方针政策，具有为人民服务、勇于开拓创新、艰苦创业的事业心和责任感，联系群众，遵纪守法，具有良好的道德品质和文化素养。

② 掌握比较宽广而深厚的专业基础理论知识，掌握本专业最新动向和发展趋势，掌握解决学科问题的先进技术方法和现代技术手段；具有创新意识和独立担负工程技术或工程管理工作的能力。

③ 具有较强的实际工作能力，并善于处理好人际关系。

④ 比较熟练地掌握一门外语，并能比较熟练地阅读本专业的外文资料。

⑤ 身心健康。

2. 招生与考试

① 招生对象：苏州大学硕士专业学位招生条件要求报考者有一定年限的工作经历，一般要求本科毕业，有的专业要求报考者具有学士学位，绝大多数专业学位要求在职人员报考须经所在单位或相应管理部门的同意，有的甚至要求所在单位推荐等。但也有对工作经验没有规定的，如农业推广硕士中，规定"应届大学本科毕业生被录取为农业推广硕士生的，需在修完研究生课程并从事农业推广实践两年以上，结合农业推广任务完成学位论文，才能进行硕士论文答辩"。博士专业学位报考则对考生所获得硕士学位的类型和工作经验的性质都有较严格的要求，如苏州大学《2009年临床医学博士专业学位招生简章》规定报考苏州大学临床医学博士专业的考生，需满足：第一，考生通过研究生培养的途径获得临床医学硕士学位者（参加全国入学考试的考生），自获得学位后在相应专业从事临床工作三年以上，可以免于提交住院医师规范化培训证书；第二，考生获得临床医学硕士专业学位者，必须通过住院医师规范化培训第二阶段，并取得合格证书；第三，年龄一般要在45周岁以下。另外，苏州大学全日制硕士专业学位招生条件要求报

考者为应届本科生以及参加全国硕士研究生招生统一入学考试的调剂生。

② 考试方式：硕士专业学位的入学考试以10月"在职人员攻读硕士学位全国联考"为主，报考工商管理硕士、法律硕士等专业的求学者也可参加年初的全国统考。

③ 录取方式：10月联考专业学位的录取分数线由苏州大学自主划定。年初"统考"由国家统一划定最低录取分数线，苏州大学的招生名额必须报上级主管部门审批。

3. 课程设置

课程设置一般由专业学位教育指导委员会提供一套"参考性"课程体系，此体系理论上以"职业能力"为本位进行设计，而实际上还是以掌握某门学科的知识体系为目标，部分课程采用案例来解释理论。苏州大学研究生课程设置中所涉及案例一部分则为典型案例，一部分由本校老师自编。

4. 导师制

专业学位导师对学生的指导不仅要注重理论知识的教授，还要注重实践经验的传授，苏州大学专业学位研究生导师的培养采用校内外双导师的培养模式，即由校内具有深厚理论基础的导师和校外的具有较丰富实践经验的各职业部门的导师共同指导来培养研究生。

5. 学习方式

专业学位教育的学习方式比较灵活，可以分为非全日制学习和全日制学习两类。所有的专业学位教育都招收在职攻读的硕士研究生，在职研究生以业余学习为主，采取进校不离岗的方式，也有些专业采用半脱产的形式。课程学习实行学分制，但要求在校学习的时间累计不少于6个月。部分专业学位可以招收全日制研究生，学制一般为2年。

6. 学位论文与学位论文评阅、答辩

专业学位硕士和博士的学位论文主要是从事应用性研究，侧重实践探索的创新，能够体现综合运用所学专业或相关专业的理论、知识和方法，分析与解决实践问题的能力，体现具有一定的创新性和独立承担专业领域实际工作与管理工作的能力。学位论文选题应有一定的技术难度、先进性和工作量，能体现作者综合运用科学理论、方法和技术手段解决工程实际问题的能力。学位论文形式可以是专业设计或研究论文。

专业学位研究生的论文评阅、论文答辩等环节按《苏州大学硕士、博士学位授予工作细则》中的有关规定办理。

四、苏州大学的专业学位教育

1. 教育硕士

苏州大学是国务院学位办〔2003〕第99号文件批准培养教育硕士的第三批试点院校①，也是首批开展教育硕士培养试点工作的综合性大学之一。自2004年开始教育硕士

---

① 《关于2003年批准新增专业学位研究生培养单位的通知》，学位办〔2003〕第99号，苏州大学档案馆馆藏，档案号：2003－JX11－YS1－7，第79－81页。

的招生培养工作。

苏州大学教育硕士设置10个专业领域（教育管理、语文、数学、物理、化学、英语、思想政治、历史、体育和生物）。学校十分重视招生工作，积极开拓生源，得到了省、市、县各级教育行政部门的大力支持。许多市、县先后出台了一些鼓励中小学教师报考教育硕士的政策，为学校提供了高素质的教育硕士生源。2004—2009年共招收教育硕士学员2 010人。

表5-12　苏州大学2004—2009年度教育硕士招生统计表　　（单位：人）

年度	教管	思政	语文	英语	历史	数学	物理	化学	体育	生物	合计
2004年	34		35			27	32	32			160
2005年	127	41	88	85	22	58	53	38	7		519
2006年	158	48	125			35	33				399
2007年	158	49	108			60		47			422
2008年	125	41	100	60	32	41	37	36		38	510
小计	602	179	456	145	54	221	155	153	7	38	2 010

2007年，在首届全国教育硕士评优活动中，苏州大学王家伦教授获全国教育硕士优秀教师称号；徐晓明老师获全国教育硕士优秀教学管理工作者称号；教育管理专业学员陈琳、语文学科教学专业学员孙建获全国教育硕士优秀学员称号。

图5-10　新增教育硕士研究生培养单位（第三、四批）培养工作研讨会代表合影

2. 工商管理硕士（MBA）①

苏州大学自2004年秋开始试办MBA教育。通过多年的探索和实践，苏州大学MBA

---

① 《关于2003年批准新增专业学位研究生培养单位的通知》，学位办〔2003〕第99号，苏州大学档案馆馆藏，档案号：2003-JX11-YS1-7，第79-81页。

教育已形成鲜明的办学理念、稳定的师资队伍和生源，教学设施、实验手段、课程体系、培养方案和管理体制不断完善，招生人数逐年显著增加，学生对教学质量和项目管理的满意度不断提高，已经由"夯实基础、缩小差距"进入"提高质量、办出特色"的新阶段。

表5-13　苏州大学2004—2009年MBA报考、录取和授予学位情况表　（单位：人）

年份	2004年	2005年	2006年	2007年	2008年	2009年
春季班录取人数	-	43	61	48	81	133
春季班报名人数	-	88	121	128	152	214
秋季班录取人数	25	49	51	54	71	80
秋季班报名人数	41	123	119	140	218	332
当年录取人数	25	92	112	102	152	213
当年报名总人数	41	221	240	268	370	546
MBA联考最高分	秋276分	秋219分 春222分	秋243分 春232分	秋212分 春219分	秋240分 春251分	秋207分 春239分
MBA联考最低分	秋218分	秋165分 春130分	秋170分 春151分	秋165分 春142分	秋175分 春165分	秋155分 春160分
MBA联考平均分	秋241.5分	秋183.6分 春175.3分	秋192.9分 春190.5分	秋183.6分 春178.6分	秋198.4分 春201.8分	秋174.1分 春196.3分
当年学位授予人数	—	—	—	55	91	—

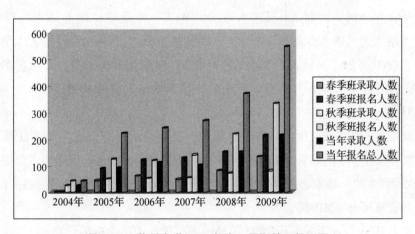

图5-11　苏州大学MBA报考、录取情况柱形图

从报名和录取的增长情况可以看出，学校MBA已经受到市场的认可，生源质量已在逐步提高。

从2006年开始学校MBA有毕业生，截至2008年年底共授予硕士学位146人。

3. 农业推广硕士①

农业推广硕士专业学位是与特种经济动物养殖、水产养殖技术推广和多种经营领域任职资格相联系的专业性学位，主要为特种经济动物养殖、水产养殖技术、多种经营、特种经济动物养殖、农业经济改制、农业资源与环境保护、植保、园艺等企事业和管理部门培养应用型、复合型高层次人才。根据国务院学位委员会有关会议精神和国内外举办农业推广硕士专业学位的经验，按照教育部的有关规定，苏州大学于 2004 年开始招收培养农业推广硕士，截至 2008 年年底，学校已招收农业推广硕士 58 人。

经过几年来师生的共同努力，农业推广硕士专业获得了可喜的成绩。最显著的是由沈卫德老师指导、费建明撰写的《桑花叶萎缩病病源和防治技术的研究》被评为 2009 年度全国农业推广硕士专业学位优秀论文。

图 5-12 《桑花叶萎缩病病源和防治技术的研究》获奖证书

4. 艺术硕士（MFA）

苏州大学为全国第一批 32 所艺术硕士（MFA）专业学位培养试点院校之一，自 2005 年开始招收艺术硕士专业学位研究生，每年招生 50 人。硕士点设在艺术学院，其前身是创建于 1960 年的苏州丝绸工学院工艺美术系，学院拥有美术系、染织艺术系、服装艺术系、视觉传达系、环境艺术系、音乐系、艺术学系、设计基础课部 8 个教学单位、9 个专业方向。

学院近几年来在职研究生的培养硕果累累，已毕业的在职研究生中有江苏省美术家协会副主席、江苏省中国画学会副会长、国家一级美术师徐惠泉；天津美术学院设计学院院长、平面设计专家、画家郭振山教授；河北科技大学艺术学院院长高峻峰教授；等等。

5. 公共管理硕士（MPA）

苏州大学 MPA 专业学位点于 2003 年经国务院学位委员会批准设立②，同年成立苏州大学 MPA 教育中心，挂靠于政治与公共管理学院，2004 年开始招生，至 2009 年，共招

---

① 《关于 2003 年批准新增专业学位研究生培养单位的通知》，学位办〔2003〕第 99 号，苏州大学档案馆馆藏，档案号：2003 - JX16 - YS1 - 17，第 66 页。

② 《关于 2003 年批准新增专业学位研究生培养单位的通知》，学位办〔2003〕第 99 号，苏州大学档案馆馆藏，档案号：2003 - JX16 - YS1 - 17，第 66 页。

收 MPA 学员 383 名，其中已取得硕士学位的有 126 名。MPA 教育中心主要依托政治与公共管理学院的师资力量和教学设施，并整合全校相关优质资源来共同建设。

图 5-13　公共管理硕士专业学位点的相关活动

自 2003 年以来，在学校领导的高度重视和大力支持下，在全体师生的共同努力下，苏州大学 MPA 教育结合我国国情，发挥自身优势，积极探索具有公共精神、法治意识、国际视野的现代管理人才的培养途径，不断强化教学管理，提高教学质量，在培养专业性人才方面取得了可喜的成绩。

6. 工程硕士

苏州大学于 1999 年获得纺织工程领域招收工程硕士专业学位的研究生办学资格①，并于 1999 年开始招生。目前，苏州大学工程硕士主要涵盖纺织工程、计算机技术、材料工程、化学工程、软件工程、机械工程、光学工程、电子与通信工程、工业设计工程、集成电路工程 10 个领域。自 1999 年到 2008 年，共招收学生 1 667 名。

五、小结

复合型人才的实质是指综合性人才。我国专业学位教育正处于发展的大好时机，我们要认真总结办学的经验和教训，虚心学习同行的先进经验，不断在管理和教学方面进行改革，切实结合专业学位的要求，提高办学水平，为企业、社会培养更多的优秀人才。同时，我们要抓住机遇，加快研究生教育培养模式和培养机制的改革，促进专业学位教育事业的发展，积极增加专业学位教育在现有研究生教育中的比重，适当减少科学型学位硕士研究生的培养，加强应用型人才的培养。

---

① 《关于转发〈关于批准复旦大学等校新增为法律硕士专业学位试点单位的通知〉》，苏学位办〔1999〕第 1 号，苏州大学档案馆馆藏，档案号：1999 - JX16 - 96，第 54 页。

第六章
研究生教育的内涵发展时期(2009年至今)

第一节 概 述

2018年是我国研究生教育恢复招生培养40周年。40年来,我国累计招收研究生近600万,其中,硕士研究生529万,博士研究生69万。目前,在校研究生近200万人,仅次于美国,我国成为世界研究生教育第二大国。

1978—1998年的21年间,我国每年研究生招生数均不到10万人,21年间累计招生只有70万,其中,博士生不到10万人。这是一个打基础、构建制度的阶段。在学位点建设、导师队伍建设、学科建设、研究生培养制度建设以及研究生教育规律探索等方面,做了大量的基础性、建设性工作,为研究生教育的进一步发展奠定了重要的良好基础。1999—2008年的10年间,是持续快速发展阶段。其间,研究生招生年均增长率20.79%,最高年份是2000年,比上一年度增长39.32%。研究生教育的快速发展,使我国在短期内实现了从研究生教育规模较小的国家一跃成为世界研究生教育大国,实现了立足国内独立自主培养高层次专门人才的战略目标。2009年以后,研究生教育着眼国家和区域发展战略,优化学科专业布局,创新人才培养模式,改革管理监督机制,全面提升培养质量,提高质量成为这一阶段研究生教育改革发展最重要最紧迫的任务。

近10年来,我国研究生教育遵循内涵发展、服务需求、提高质量的发展主线,综合改革力度、结构调整力度空前,国家先后出台一系列重大政策。如:财政部、国家发展改革委、教育部《关于完善研究生教育投入机制的意见》,教育部、国家发展改革委、财政部《关于深化研究生教育改革的意见》,国务院学位委员会、教育部发布学术学位《一级学科博士、硕士学位基本要求》《关于加强学位与研究生教育质量保证和监督体系建设的意见》《关于开展博士、硕士学位授权学科和专业学位授权类别动态调整试点工作的意见》,教育部等六部委《关于医教协同深化临床医学人才培养改革的意见》,教育部、人力资源社会保障部《关于深入推进专业学位研究生培养模式改革的意见》,教育部、国家发展改革委、财政部《统筹推进世界一流大学和一流学科建设实施方案》，国务院学位委员会《关于开展博士、硕士学位授权学科和专业学位授权类别动态调整工作的通知》《博士、硕士学位授权审核办法》，教育部《关于全面落实研究生导师立德树人职责的意见》，国务院学位委员会《关于高等学校开展学位授权自主审核工作的意见》，国务院学位委员会、教育部《关于对工程专业学位类别进行调整的通知》，等等，文件出台之密集、涉及面之广、改革力度之大，前所未有，影响深远。这些政策构建了新时代我国研究生教育改革发展的政策框架体系，形成了我国研究生教育改革发展的战略走向。总之，这一阶段研究生教育取得了令人瞩目的成绩，研究生教育战略地位日益凸显，简政放权、转变政府职能力度不断扩大，研究生教育投入机制改革影响深远，专业学位研究生教育发展迅速，学位与研究生教育质量保证与监督体系日益健全，学位授权审核机制日益完善，世界一流大学和一流学科建设进入新阶段。研究生教育战略地位逐渐确立并不断提升，高层次专门人才培养能力和水平日益增强并不断提高，研究生教育制度不断健全与成熟并更具竞争力。研究生教育正在坚持走内涵式发展道路，以服务需求、提高质量为主线，更加突出服务经济社会发展，更加突出创新精神和实践能力培养，更加突出科教结合和产学结合，更加突出对外开放。中国特色社会主义进入新时代，中国研究生教育也进入了新的时代。

2. 研究生招生培养规模状况（2009—2013年、2014—2018年分表）

表6-1　2008—2017年期间全国研究生招生规模增长情况

年 份	合计研究生招生数	合计研究生招生年均增长率	硕士生招生数	硕士生招生年均增长率	博士生招生数	博士生招生年均增长率
2008—2017年	5 996 319人	6.92%	5 298 331人	7.37%	698 008人	3.77%

表6-2　2009—2013年苏州大学研究生招生数、授学位数和在校生数　　（单位：人）

类 别	年 份									
	2009年		2010年		2011年		2012年		2013年	
	招生	学位	招生	学位	招生	学位	招生	学位	招生	学位
硕士	2 813	2 407	2 959	2 315	3 037	2 807	3 127	2 747	3 196	3 898
博士	324	230	326	233	330	318	331	220	337	293
在校研究生数（博士生数）	8 170（984）		8 723（950）		9 038（975）		9 375（975）		9 649（990）	

表 6-3 2014—2018 年苏州大学研究生招生数、授学位数和在校生数　　（单位：人）

类　别	年　份								
	2014 年		2015 年		2016 年		2017 年		2018 年	
	招生	学位	招生	学位	招生	学位	招生	学位	招生	学位
硕士	3 255	3 926	3 277	3 980	3 504	4 006	3 349	3 513	3 789	—
博士	346	315	349	287	361	329	382	266	411	—
在校研究生数（博士生数）	9 875（1 005）		9 981（1 020）		10 316（1 040）		10 576（1 076）		12 223（1 697）	

备注：表6-2、6-3 中招生及在校生数均为全日制研究生数量。

第二节　规范过程管理和初步改革阶段（2009—2013 年）

一、学位点建设与第三轮学科评估

1. 第十一批学位点申报与调整

第十一批学位点申报工作。2010 年 5 月，随着教育部、国务院学位办、江苏省教育厅和江苏省学位办学位〔2010〕第 18 号文、学位〔2010〕第 20 号文、学位中心〔2010〕第 30 号文、苏学位字〔2010〕第 5 号文等重要文件出台，酝酿已久的第十一批学位点申报工作正式启动。

苏州大学早在 2009 年就已经着手展开第十一批学位点申报的各项准备工作。2009 年 10 月，在全校范围内开展了一次深入细致的调研，对学校学科建设工作的现状有了一个全面的、直观的了解；11 月，组织了全校各"十一五"国家重点学科、江苏省重点学科和"211 工程"三期各重点学科建设、项目进行建设情况的汇报，在此基础上对今后一段时期学校的学科建设工作和学位点申报工作做出了总体上的展望与布局谋划；2010 年 3 月，又走访了各个院系，开展了第二轮学科调研工作；5 月，组织了各申报学科进行汇报，对各申报学科的材料组织情况以及遇到的困难有了初步的了解。学校领导对此次学位点申报工作也非常重视，校务会议曾多次进行讨论，并决定由熊思东副校长全面负责，路建美副校长协助主抓理工类学科申报工作，田晓明副校长协助主抓人文社科类学科申报工作，熊思东副校长主抓医学生命科学类学科申报工作。

2010 年 5 月 20 日，学校召开了学位点申报工作动员大会，校党委书记王卓君、校长朱秀林亲自做了学位点申报工作动员。在学校的周密部署、详细调研和综合平衡基础上，学校向江苏省学位办申报一级学科博士点 18 个（其中，机械工程为破格申报），一级学科硕士点 14 个（后"中药学"撤报）。随后，各申报单位和相关职能部门按照严格的时间节点，进一步充实材料，查漏补缺，并在暑期组织了申报学科的学校预答辩，精心准备江苏省厅的专家评审和正式答辩工作。

8 月 19 日，一级学科博士、硕士学位授权点申报答辩工作在南京汤泉举行。经过专家评审和投票，苏州大学申报的 18 个一级学科博士点获得通过 13 个，申报的 13 个一级学科硕士点获得通过 11 个，取得了初步成功。

2011 年 3 月 16 日，江苏省学位委员会下发《关于下达 2010 年审核增列博士和硕士学位授予权一级学科名单的通知》（苏学位字〔2011〕第 2 号），转发国务院学位委员会文件《关于下达 2010 年审核增列博士和硕士学位授予权一级学科名单的通知》（学位〔2011〕第 8 号），2010 年审核增列博士和硕士学位授予权一级学科名单，经国务院学位委员会第二十八会议审议批准，苏州大学增列 13 个一级学科博士点，12 个一级学科硕士点。名单如下：

一级学科博士点：哲学、应用经济学、法学、政治学、体育学、外国语言文学、历史学、物理学、材料科学与工程、计算机科学与技术、临床医学、公共卫生与预防医学、药学。

一级学科硕士点：社会学、教育学、心理学、体育学、外国语言文学、艺术学、仪器科学与技术、电子科学与技术、计算机科学与技术、化学工程与技术、畜牧学、图书情报与档案管理。

学位点对应调整工作。2011 年 3 月，国务院学位委员会、教育部印发《学位授予和人才培养学科目录（2011 年）》。该目录在 1997 年版本基础上修订而成，为了保证研究生招生、培养和学位授予工作有序进行，需将按原目录批准的现有博士、硕士学位授权点，对应调整到新目录相应的一级学科。为此，国务院学位委员会于 4 月 20 日下发《关于按学位授予和人才培养学科目录进行学位授权点对应调整的通知》（学位办〔2011〕第 25 号）。通知要求：本次学位点调整所涉及的学科，主要是新目录中由原目录一级学科拆分或以二级学科为基础新增，且与原目录相关学科有明确对应关系的一级学科。其他一级学科的现有学位授权点不做调整，相关研究生人才培养和学位授予按原渠道进行。

根据这一通知精神，苏州大学立即对照新的人才培养目录，整合现有的学科和人力资源，在学科调整范围内，于 2011 年 5 月 20 日前，向江苏省教育厅、国务院学位办提交了学校对应调整申报材料，共申报调整 7 个一级学科博士点和 13 个一级学科硕士点。

8 月 5 日，国务院学位委员会发布《关于下达按学位授予和人才培养学科目录进行学位授权点对应调整结果的通知》（学位〔2011〕第 51 号），经过学校申报，国务院学位委员会学科评议组审议，苏州大学又有统计学等 6 个一级学科获得博士学位授予权，中国史、软件工程等 13 个一级学科获得硕士学位授予权。同时，原有的历史学博士学位授权一级学科撤销，设计艺术学博士学位授权二级学科撤销；原有艺术学、历史学硕士学位授权一级学科撤销，设计艺术学、园林植物与观赏园艺硕士学位授权二级学科撤销。

表6-4 苏州大学一级学科博士点

中国语言文学	数学	化学	光学工程	纺织科学与工程	基医学
哲学	政治学	体育学	外国语言文学	历史学	物理学
材料科学与工程	计算机科学与技术	临床医学	公共卫生与预防医学	药学	法学
应用经济学	统计学	护理学	特种医学	软件工程	设计学

表6-5 苏州大学一级学科硕士点

哲学	应用经济学	法学	政治学	中国语言文学
中国史	信息与通信工程	数学	化学	生物学
光学工程	材料科学与工程	物理学	纺织科学与工程	生物医学工程
临床医学	公共管理学	药学	管理科学与工程	工商管理学
新闻传播学	机械工程	基础医学	公共卫生与预防医学	特种医学
护理学	艺术学理论	音乐与舞蹈学	戏剧与影视学	美术学
设计学	仪器科学与技术	计算机科学与技术	电子科学与技术	世界史
生态学	统计学	风景园林学	软件工程	社会学
教育学	心理学	体育学	畜牧学	外国语言文学
化学工程与技术	图书馆、情报与档案管理			

至此，苏州大学共有24个一级学科博士点，47个一级学科硕士点。据统计，按照一级和二级学科博士点数量，苏州大学的博士学科门类覆盖率已跻身全国前三名，这前三名高校分别是浙江大学、中山大学、苏州大学。按照一级学科博士点数量，苏州大学和其他14所高校一起并列全国第三，全国第一是浙江大学；第二是清华大学、北京大学、四川大学、吉林大学；第三层次有14个大学，其中包括苏州大学。苏州大学在全国一级学科博士点数量前30所高校中，是唯一的一所省属高校。从这个数据可以看出在"十一五"期间，苏州大学在学科建设方面取得的成绩，更重要的是，显示了苏州大学在学科建设方面巨大的发展空间和发展潜力。

2. 第三轮学科评估过程、结果

2011年年底，教育部学位与研究生教育发展中心启动了第三轮学科评估工作。此次学科评估历时一年，按照自愿申请参评的原则，采用客观评价与主观评价相结合的方式，所需数据由相关政府部门、社会组织公布的公共数据和参评单位报送的材料构成。通过对相关数据的公示、核查，同时还邀请了学科专家、政府部门及企业界人士进行主观评价，在此基础上形成最终评价结果。苏州大学共有32个学科参评，根据评估结果（《中国研究生》2013增刊，总字第99期）（苏州大学档案馆馆藏，档案号：2012－JX12－

YS1-1.0001），纺织科学与工程、体育学、设计学、中国语言文学、外国语言文学、法学、数学7个学科排名进入前20%或前三位，软件工程、化学、光学工程、基础医学4个学科排名进入前30%。相较于2007—2009年学科排名情况，上升幅度排前五名的学科分别是：应用经济学（排名上升11位）、化学（排名上升9位）、政治学（排名上升7位）、中国语言文学（排名上升6位）、基础医学（排名上升5位）。

表6-6 苏州大学2012年学科排名情况

学科名称	2012年学科排名情况			2007—2009年学科排名情况			排名对比	位置百分数对比
	排名	位置百分数	备注	排名	位置百分数	备注		
纺织科学与工程	3/12	0.25	排名进入前20%或前三位	2/6	0.33	排名进入前20%或前三位	↓1位	↑0.08
体育学	9/53	0.17	排名进入前20%或前三位	9/26	0.35		持平	↑0.18
设计学	9/54	0.17	排名进入前20%或前三位	—	—			
中国语言文学	15/85	0.18	排名进入前20%或前三位	21/47	0.45		↑6位	↑0.27
外国语言文学	17/92	0.18	排名进入前20%或前三位	19/45	0.42		↑2位	↑0.24
法学	17/86	0.2	排名进入前20%或前三位	19/47	0.4		↑2位	↑0.2
数学	20/102	0.2	排名进入前20%或前三位	19/61	0.31		↓1位	↑0.11
软件工程	23/106	0.22	排名进入前30%	—	—		—	—
化学	20/82	0.24	排名进入前30%	29/50	0.58		↑9位	↑0.34
光学工程	10/38	0.26	排名进入前30%	12/26	0.46		↑2位	↑0.2
基础医学	13/44	0.3	排名进入前30%	18/26	0.69		↑5位	↑0.39
政治学	11/34	0.32		18/33	0.55		↑7位	↑0.23
教育学	20/59	0.34		17/34	0.5		↓3位	↑0.16
材料科学与工程	33/98	0.34		37/69	0.54		↑4位	↑0.2
药学	17/48	0.35		17/26	0.65		持平	↑0.3

续表

学科名称	2012年学科排名情况			2007—2009年学科排名情况			排名对比	位置百分数对比
	排名	位置百分数	备注	排名	位置百分数	备注		
哲学	21/57	0.37		19/49	0.39		↓2位	↑0.02
统计学	32/87	0.37		—	—		—	—
工商管理	42/115	0.37		42/59	0.71		持平	↑0.34
中国史	22/58	0.38						
计算机科学与技术	46/120	0.38		44/70	0.62		↓2位	↑0.24
公共卫生与预防医学	13/33	0.39		15/21	0.71		↑2位	↑0.32
应用经济学	36/88	0.41		47/68	0.69		↑11位	↑0.28
护理学	17/39	0.44		—	—		—	—
心理学	17/32	0.53		14/23	0.61		↑3位	↑0.08
艺术学理论	18/34	0.53						
信息与通信工程	41/74	0.55		—	—		—	—
临床医学	28/50	0.56		18/26	0.69		↓10位	↑0.13
美术学	27/48	0.56						
图书情报与档案管理	16/28	0.57		13/16	0.81		↓3位	↑0.24
机械工程	65/102	0.64		51/70	0.73		↓14位	↑0.09
世界史	32/48	0.67						
社会学	27/39	0.69		26/30	0.87		↑1位	↑0.18

二、研究生院成立

1. 研究生院组织机构

近一些年来，学校学科建设和研究生教育事业蓬勃发展，为更好地适应这一发展趋势，2011年7月8日，苏州大学召开党委常委会，经研究、讨论，决定成立苏州大学研究生院（苏大委〔2011〕第24号）。决定如下：

第一，将研究生部、学科建设办公室、"211工程"办公室、学位评定委员会办公室合并，成立研究生院；撤销研究生党工委，成立党委研究生工作部，与研究生院合署办公。研究生院、党委研究生工作部均为正处级建制，人员编制为 26 人。

第二，研究生院院长由学校主管研究生工作的副校长兼任。设常务副院长 1 名，副院长 1 名。党委研究生工作部设部长 1 名。

第三，研究生院下设综合办公室、招生办公室、培养办公室、学位评定委员会办公室、学科建设办公室、"211 工程"办公室和研究生管理办公室。

2011 年 12 月 15 日，苏州大学党委常委会研究决定，聘任熊思东同志为研究生院院长（兼），王家宏同志为研究生院常务副院长（苏大人〔2011〕第 188 号）。

2. 研究生院挂牌成立

2012 年 4 月 7 日上午，苏州大学研究生院成立大会在校本部敬贤堂举行。国务院学位办常务副主任、教育部学位管理与研究生教育司司长郭新立，江苏省教育厅副厅长殷翔文，江苏省学位办主任、江苏省教育厅研究生教育处处长杨晓江，南京大学副校长、研究生院院长吕建，苏州大学校领导王卓君、朱秀林、殷爱荪、路建美、江涌、田晓明、陈一星、熊思东，以及省内其他兄弟院校研究生院、研究生处、科技处的领导，苏州大学研究生教育质量工程指导委员全体委员，相关职能部门、各学院部负责人、导师代表和研究生代表出席了大会。会议由殷爱荪主持。

表 6-7 研究生院历任领导

研究生院院长、常务副院长		研究生院副院长	党委研究生工作部部长	学科办、211 办	
院长	常务副院长			主任	副主任
熊思东（兼）(2011—2016)	王家宏(2011—2013)	曹 健(2013—2014)	袁勇志(2012—2013)	吴雪梅(2011—2013)	邱 鸣(2011—2013)
郎建平(2016—2017)	郎建平(2013—2016)	钱振明(2015—)	曹 健(2013—2014)	沈明荣(2013—)	刘 京(2013—)
曹 健(2017—)		李超德(2016—2017)	宁正法(2014—2018)		
		张进平(2018—)	吴雪梅(2018—)		

三、导师学院成立

1. 导师学院的成立

为了进一步提高研究生培养质量，建设一支适应当前研究生教育发展需要的导师队伍，不断探索和完善研究生培养管理的新机制，2010 年 11 月 5 日，校务会议讨论通过，决定成立苏州大学导师学院（苏大学位〔2010〕第 23 号）。这是苏州大学在全省乃至全国范围内的创新举措。同时聘任熊思东同志为苏州大学导师学院院长，王家宏同志为常务副院长，吴雪梅、邱鸣、俞伟清同志为副院长。当天学校发文，正式印发《苏州大学导师学院暂行工作条例》（苏大学位〔2010〕第 24 号）。该条例分为五章十四条，从宗旨、工作职责、培训内容、机构设置、日常管理等方面规范和加强导师学院工作，以促进导师学院工作的科学化、规范化、制度化，建设一支适应苏州大学研究生教育发展需要的导师队伍。

2. 导师培训

2010年11月12日上午，苏州大学导师学院成立仪式暨首期导师培训班开学典礼在学校敬贤堂隆重举行。教育部学位管理研究生教育司、国务院学位办文理医学科处处长黄宝印，江苏省教育厅副厅长殷翔文教授，苏州大学校长朱秀林教授，血液研究所所长阮长耿教授，研究生部主任王家宏教授，以及省内14所兄弟院校的研究生院负责人等出席了开学典礼。苏州大学相关职能部门负责人，2010年增列和特聘的338名研究生指导教师也参加了开学典礼。开学典礼由副校长熊思东教授主持。朱秀林校长指出，在研究生规模稳步扩大的同时，高水平的导师队伍是培养高素质创新型人才最重要的保证。苏州大学导师学院成立后，要以服务教师成长为宗旨，以提高研究生培养质量为目标，借鉴学习国内外大学教师培训与管理的先进经验，努力将学院建设成为传播新思想、介绍新知识、探讨新问题、交流新成果、弘扬新文化的"学术家园"。黄宝印处长希望导师们能在学院成立后，多一份担当精神与责任意识，立足学科前沿的同时带领自己的学生成为拥有历史责任感与使命感的有用之人。殷翔文副厅长高度赞扬导师学院的成立是一项创新举措，对于建设高素质、高水平的师资队伍和进一步提高研究生教育质量具有重要意义。他希望苏州大学导师学院要围绕研究生导师建设的需要，办出品牌与特色，培训出道德高尚、业务精湛和具有研究生指导能力的专业化水平的教师，为培养拔尖创新人才探索新的途径。

导师学院首期导师培训班的培训工作于2010年11月12日上午开始，11月13日结束，共安排了六讲内容。12日上午，省教育厅殷翔文副厅长和苏州大学阮长耿院士分别做了主旨演讲。当天下午，国务院学位办黄宝印处长为学员做了主题报告，研究生部王家宏主任解读了有关研究生培养和管理的规章制度。13日，熊思东副校长和周川教授分别为学员做了精彩的主题报告。学员们一致反映，通过这次培训大家获益匪浅，并表示一定要

图6-1 国务院学位办文理医学科处处长黄宝印（右），江苏省教育厅副厅长殷翔文（中），校长朱秀林（左）为导师学院揭牌

继续努力学习，完善自己各方面的素质，努力成为一名合格的研究生导师。本次培训班参加培训导师337人。

首期长三角研究生教育管理干部研修班开班。2011年11月22日—23日，结合2011

年首期长三角研究生教育管理干部研修班开班,苏州大学导师学院第二期导师培训班顺利举办。学校140名新上岗导师经考核顺利结业。成立导师学院的目标很明确,即通过这个平台,在首期培训的基础上,尽快整合资源,完善规章制度和课程体系,全方位开展导师培训,组织研究生教育发展研究,开展多种形式的合作和交流,提高研究生导师的学术素养和综合素质与能力,致力将导师学院打造成江苏省研究生导师培训基地。截至2012年年底,苏州大学导师学院先后共培训导师630名。

3. 导师队伍建设

2010年学校适时推出了苏州大学博导、硕导上岗招生办法,大家称之为"职岗分离"。导师必须具备"有一定的学术活跃度,有一定的科研经费,有和谐的师生关系"这三个基本条件才有招生资格。具备招生资格后,导师提出申请,学校招生领导小组审核,通过后才能上学校招生简章。而且,每年都必须重新申请。"职岗分离"制度,改变了单独评定研究生导师资格的做法,强化了导师资格与招生培养紧密衔接的岗位意识,在一定程度上打破了导师终身制的流弊,同时也保证了研究生培养所需的基本条件,对导师质量和研究生培养质量的提升起到了促进作用。2010—2013年,苏州大学累计增列和认定研究生指导教师1 370人,其中,博士生导师303人,硕士生导师1 067人。

四、规范过程管理和初步改革阶段(2009—2013年)

苏州大学研究生教育内涵发展的10年可分成两个阶段,第一是规范过程管理和初步改革阶段(2009—2013年),第二是深化改革阶段(2013年至今)。

苏州大学和其他高校一样,经过1999—2008年的10年高速增长后,在校研究生人数从587人增加到12 429人,增长约21倍。数量的剧烈扩张对新时代的研究生教育和管理提出了新的要求,在此背景下,学校制定了以过程管理为主、目标管理为辅的应对策略,主要措施为梳理、修订和制定相适应的规章制度,对研究生的招生、培养过程、培养目标加强宏观管理,明确培养目标,规范培养过程,建立监控体系,同时进行一系列改革。

(一)明确培养目标,提高质量标准

2008—2012年,苏州大学先后两次修订研究生培养方案、三次修订研究生学位授予标准,用目标管理的手段,引导基层培养单位在规范化的同时不断提高研究生毕业质量标准。

主要举措:

2008年11月,出台《苏州大学全日制硕士专业学位研究生培养方案》。

2012年9月,出台《苏州大学博士、硕士研究生培养方案》。

2008年2月、2009年9月、2012年8月,先后三次修订《苏州大学硕士、博士学位授予工作细则》,不断提高学位授予标准,严把"出口"关。

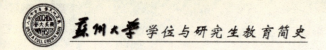

（二）规范培养过程，强化过程管理，加强培养环节的监控

针对研究生培养过程中培养环节控制存在不规范、导师负责制有效性不足的问题，从2009年起，学校以"培养手册"为抓手，过程管理为路径，通过实施"研究生开题"和"研究生中期考核"及"预答辩"的管理办法，强化和规范研究生培养过程，逐步建立分流和淘汰机制，向管理要质量。

主要举措：

2009年9月，推行研究生"培养手册"。梳理和优化培养流程，将研究生培养目标、培养计划、开题报告、中期考核、学术活动、文献阅读、专业实践、科研成果、毕业论文答辩等，结合学术型博士、学术型硕士、专业学位硕士和博士这三类研究生的不同培养目标，整合形成能反映培养全过程、各环节考核要求和实际达成状况的研究生"培养手册"，并放入研究生档案，在一本手册上全景式反映一个研究生的培养情况。

2008年2月、2009年9月、2012年8月，先后三次修订《苏州大学硕士、博士学位论文盲审暂行实施办法》。

2008年3月、2009年9月，先后两次修订《苏州大学关于博士、硕士学位论文抽检评议结果的处理办法》。

2009年5月，成立苏州大学研究生教育质量工程指导委员会。

2013年1月，修订出台《苏州大学研究生学位论文研究课题开题管理暂行办法》。

2013年1月，修订出台《苏州大学研究生中期考核管理暂行办法》。

进一步明确研究生开题、中期考核、预答辩的管理制度，细化流程管理，强化分流淘汰，强化对学位论文的盲审和抽检，同时成立研究生教育督导队伍，加强培养环节规范化管理和监控。在加强规范化管理的同时也初步建立和完善了苏州大学研究生培养质量监控体系的建设。

（三）改革的初步尝试期

在做好研究生教育规范化建设的同时，为适应新时代研究生教育的新要求，打破制约研究生培养质量的桎梏，释放研究生教育活力，针对生源质量不高、导师队伍活力不够、研究生待遇低、国际化水平偏低等问题，苏州大学在研究生招生制度、导师队伍、研究生教育国际化、研究生培养成本分担机制领域进行了改革尝试，力求通过改革，最大限度地释放导师队伍积极性，提高研究生参与科学研究的动力，打破僵化的体制机制制约，促进研究生培养质量的不断提升。

1. 招生领域

改革千年不变的统一考试和招生、选拔方式，硕士生增加推免预录取渠道，提高推免比例，博士生增加硕博连读和申请—考核渠道，选择优质生源，增强导师的招生自主性，通过开放不同的生源渠道，促进生源质量的提高。

主要举措：

2010年11月，出台《苏州大学关于硕博连读实施办法》。

2012年12月，出台《苏州大学硕士研究生预录取工作办法（试行）》。

2012年12月，出台《苏州大学"申请—考核"制攻读博士学位研究生招生选拔办法》。

2. 导师队伍建设领域

通过改革导师上岗招生办法，实施导师职岗分离，打破导师终身制，引入招生竞争机制，建立以科学研究为主导的导师负责制，增强导师积极性，激发研究生创新活力，促进研究生培养质量提高。

主要举措：

2010年10月，出台《苏州大学关于博士生导师上岗招生的实施办法》。

2010年11月，成立导师学院，加强导师队伍指导能力建设。

3. 成本分担领域

通过改革，导师和学校共同承担研究生培养成本。同时，学校对研究生科研成果等同教师标准进行同等奖励，恢复研究生"三助"，结合研究生培养过程按照不同标准发放奖励和津贴，激发研究生学习动力，促进研究生生活待遇的提高。

主要举措：

2008年、2011年、2013年，修订或制定《苏州大学科研奖励办法（人文社科类）（自然科学类）》和《苏州大学科研成果奖励条例（人文社科类）（自然科学类）》（修订稿）。

2011年9月，出台《苏州大学研究生普通奖学金调整方案》。

2013年12月，出台《苏州大学助教工作实施细则》。

4. 国际化领域

2008年，学校召开战略研讨会，将国际化战略作为强校"四大战略"之一。在研究生教育国际化领域，学校出台多项政策，通过政策引导、经费扶持的举措，逐步构建以国家公派出国留学、海外研修、国际会议、国际联合培养和国际合作培养为抓手，以国家平台、学科平台、导师科研项目平台、学校资助平台为基础的"四位一体"的研究生教育国际化体系，促进研究生教育国际化水平的提高。

主要举措：

2009年10月，成立国家公派留学工作小组和评审委员会，同时，出台《苏州大学推进实施"国家建设高水平大学公派研究生项目"的工作方案》和《2010年苏州大学国家公派研究生候选人推荐、选派细则》。

2011年，正式成为国家留学基金委"国家建设高水平大学公派留学生项目"签约高校。

2011年1月，出台《苏州大学关于外国来华留学研究生培养和管理工作的暂行规定》。

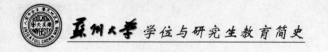

2013年8月，出台《苏州大学国（境）外博士研究生联合培养管理办法（试行）》。

五、第八届学位评定委员会成立

为了适应学校学科发展和院（部、所、中心、室）建制调整的需要，2008年，第八届苏州大学学位评定委员会及有关学部成员经各院（部、所、中心、室）推荐，校务会议审定通过。苏州大学第八届学位评定委员会由53位委员组成，朱秀林教授任主席，殷爱荪、张学光、路建美教授任副主席。

※ 附：苏州大学第八届学位评定委员会及有关学部成员名单（53人）（2008年12月18日）

一、校学位评定委员会（53人）

主　席：朱秀林

副主席：殷爱荪　张学光　路建美

委　员：万解秋　马亚中　王卫平　王　尧　王卓君　王家宏　王腊宝　兰　青
　　　　冯　星　田晓明　刘电芝　刘春风　朱士群　朱巧明　阮长耿　何小舟
　　　　李兰芬　李超德　杨世林　杨季文　杨惠林　汪一鸣　沈卫德　沈百荣
　　　　沈明荣　芮延年　邵名望　陈卫昌　陈国强　陈林森　周　川　周肖兴
　　　　郎建平　金太军　胡玉鸿　赵增耀　赵鹤鸣　唐忠明　夏超明　晁福林
　　　　袁勇志　曹永罗　曹建平　黄　瑞　童　建　葛建一　蒋星红　廖　军
　　　　魏福祥

二、有关学部

1. 人文社会科学学部（19人）

召集人：殷爱荪

委　员：万解秋　马亚中　王卫平　王　尧　王卓君　王家宏　王腊宝　田晓明
　　　　刘电芝　李兰芬　李超德　周　川　金太军　胡玉鸿　赵增耀　晁福林
　　　　袁勇志　廖　军

2. 理工学部（15人）

召集人：路建美

委　员：朱士群　朱巧明　朱秀林　杨季文　汪一鸣　沈明荣　芮延年　邵名望
　　　　陈国强　陈林森　郎建平　赵鹤鸣　唐忠明　曹永罗

3. 医学与生命科学学部（19人）

召集人：张学光

委　员：兰　青　冯　星　刘春风　阮长耿　何小舟　杨世林　杨惠林　沈卫德
　　　　沈百荣　陈卫昌　周肖兴　夏超明　曹建平　黄　瑞　童　建　葛建一
　　　　蒋星红　魏福祥

4. 综合学部（31人）

召集人：朱秀林

委　员：万解秋　王　尧　王卓君　王家宏　王腊宝　冯　星　田晓明　刘春风
　　　　朱士群　朱巧明　阮长耿　张学光　李兰芬　杨世林　杨惠林　沈明荣
　　　　邵名望　陈国强　陈林森　周　川　郎建平　金太军　赵鹤鸣　唐忠明
　　　　晁福林　殷爱荪　曹永罗　童　建　路建美　廖　军

2009年，为适应学位与研究生教育发展需要，根据学校人事调整情况，苏州大学校务会议研究，决定对第八届校学位评定委员会及有关学部组成人员进行调整。校学位评定委员会由55位委员组成，朱秀林教授任主席，熊思东、殷爱荪、张学光、路建美教授任副主席。

※ 附：第八届校学位评定委员会主席、副主席简介

朱秀林（1955— ），男，汉族，1955年10月出生，江苏泰州人。1982年毕业于浙江大学化学系，1988年获浙江大学博士学位。教授、博士生导师。2006年任苏州大学校长。主要研究方向为：活性自由基聚合（包括ATRP、RAFT、TEMPO等）、微波辐射聚合、等离子体引发聚合和功能高分子材料的研究。近年来在Macromolecules, Langmuir, J. Polym. Sci. Part A: Polym. Chem., Polymer等国际主流期刊上发表SCI源期刊论文近150篇，发表的文章他引500多次。1999年和2002年度分别获江苏省科技进步二等奖及苏州市科技进步一等奖。

殷爱荪（1953— ），男，汉族，1953年2月出生，上海市人。1982年西南政法大学本科毕业，获法学学士。教授。时任苏州大学副校长，兼苏州大学王健法学院院长和作为独立学院的苏州大学文正学院院长。中国国际私法学会常务理事，教育部本科教学工作水平评估专家委员会委员，主要从事法学（国际私法）教学和高等教育管理研究。曾独立获得教育部下达的研究项目：《教育立法》《教育立法（续）》《学校章程》《文科学生素质教育的培养目标、规格要求、培养模式及评价方法研究》等，发表研究成果十多项。

张学光（1951— ），男，1951年11月出生，时任苏州大学副校长，兼医学生物技术研究所所长，教授、博士生导师。主要研究方向：肿瘤免疫、血液免疫、分子免疫、辐射免疫。主要科研成果包括省部级科技一等奖1项，二等奖4项，三等奖7项等，以通讯作者名义在国内外发表论文140余篇。2000年获江苏省优秀博士生导师称号。

路建美（1960— ），女，1960年10月出生，教授、博士生导师，2006年任苏州大学副校长。享受国务院特殊津贴专家，已获"十一五"国家环境保护科技工作先进个人、全国石油和化工优秀科技工作者、江苏省"333高层次人才培养工程"

首批中青年科技领军人才、江苏省中青年突出贡献专家、江苏省高校新世纪学术带头人、江苏省优秀中青年骨干教师等省级以上荣誉称号共 12 项。

第三节 研究生教育进入质量时代：深化研究生教育改革时期（2013 年至今）

一、2013 年：研究生教育进入质量时代的标志

研究生教育迈进新时代的一个显著特征就是深化改革，提升内涵。2013 年 7 月，教育部、国家发展改革委、财政部先后印发《关于完善研究生教育投入机制的意见》《关于深化研究生教育改革的意见》（教研〔2013〕第 1 号），并召开全国研究生教育工作会议，这标志着我国研究生教育事业发展进入内涵式发展新的历史阶段。这一阶段以全面深化研究生教育改革为标志，以"服务需求，提高质量"为改革的首要任务。

2013 年 11 月，教育部人力资源社会保障部印发《关于深入推进专业学位研究生培养模式改革的意见》，进一步加快专业学位研究生教育改革。同时明确了 3 个省的 12 所高校先行试点。

2014 年 3 月，国务院学位委员会、教育部正式发布了《关于加强学位与研究生教育质量保证和监督体系建设的意见》《学位授权点合格评估办法》《博士硕士学位论文抽检办法》3 个文件。这是自 1978 年恢复研究生教育以来，国务院学位委员会、教育部首次印发关于学位与研究生教育质量保证和监督体系建设的文件。

教育部、国家发展改革委、财政部 2013 年 1 号文件《关于深化研究生教育改革的意见》下发后，教育部、地方教育行政部门、各高校全面启动了以服务经济社会发展需求，提升研究生培养质量为核心内容的研究生教育改革。

二、苏州大学研究生教育深化改革的主要举措（2013 年至今）

在经历过改革初期的探索之后，苏州大学立足现实，着眼未来，将研究生培养与社会发展相结合，不断深化招生制度改革，吸引优质生源，优化管理流程，强化过程监督，加强课程建设，拓宽实践平台，创新培养模式，提升论文质量，构建与国际接轨的高层次人才培养体系。

（一）深化招生制度改革，提高生源质量

研究生生源质量已经成为研究生培养质量的一个标杆。这一时期，苏州大学把强化招生宣传和改革招生选拔方式作为改革的突破口，不断提升学校研究生生源质量。"主动

出击,加强宣传"和"政策优惠,鼓励推免"成为学校研究生招生工作的重要举措。与此同时,学校进一步深化和巩固"硕博连读"和"申请—考核"的研究生选拔机制,2018年4月,学校又出台《苏州大学"博士研究生候选人"培养计划实施办法(试行)》文件,及时推出了"博士研究生候选人"制度。通过一系列的深化改革举措,苏州大学研究生生源质量得到稳步提升。

表6-8 2014—2018年报考苏州大学研究生人数 (单位:人)

时间	2014年	2015年	2016年	2017年	2018年
报考人数	15 773	14 826	16 733	21 274	25 007

表6-9 2013—2018年苏州大学接受推免生人数 (单位:人)

时间	2013年	2014年	2015年	2016年	2017年	2018年
推免生人数	507	534	462	587	605	601

表6-10 2014—2018年苏州大学"申请—考核"制录取博士生人数 (单位:人)

时间	2014年	2015年	2016年	2017年	2018年
申请考核制录取人数	6	21	25	43	64

表6-11 苏州大学"985"或"211"高校生源比例

年份	2014年	2015年	2016年	2017年	2018年
硕士	32.9%	31.5%	32.2%	29.3%	28.9%
博士	68.4%	70.1%	69.5%	66.7%	68.5%

(二)创新培养模式,强化质量监控体系建设

研究生招生数量急剧增长给研究生教育管理带来了许多问题,无论是导师还是管理人员都面临很大挑战。在前一阶段工作的基础上,苏州大学从制度入手,强化过程监督,把握细节管理,完善课程建设,提高科研要求,通过规范的制度化管理和电子化办公手段来提高工作效率。

1. 强化过程监督与管理

研究生培养是一项系统而复杂的工程,涉及学科建设、导师队伍、科研实力、教学质量等多个方面。而研究生从学籍注册开始,包括制订培养计划、开题、中期考核、预答辩、答辩等多个环节,每一环节都离不开严格的监督与管理,加强过程监督才能有效提高研究生培养质量。

主要举措:

2014年7月,苏州大学研究生院第三次修订研究生培养手册,细化各类别的培养要求,强化专业学位研究生实践能力考核,手册由原来的三类变成四类:学术型博士、学

术型硕士、专业学位型硕士、专业学位型博士，并将研究生答辩环节纳入其中，同时增加了科研培养计划、二次开题、二次中期等内容，使手册内容更为完整。

2014年9月，出台《苏州大学研究生学籍管理条例（试行）》，进一步规范研究生培养过程。

2015年初，启动研究生培养手册电子版建设工作，并于2015年7月试运行。电子版培养手册将研究生各培养环节纳入其中，研究生根据各环节要求积极主动地投入学习中，在规定时间内完成考核内容并录入系统，导师、学院和管理部门可通过电子手册实时监管研究生的培养进度，及时发现问题并加以改进，保证研究生过程培养有质有序地进行。

2015年5月，出台《苏州大学研究生教育督查与指导委员会工作条例》，坚持督查与指导并重，以先督查再指导的方式运行研究生教育质量监督机制。

2015年7月，成立苏州大学首届研究生教育督查与指导委员会，从研究生培养工作一线选出25名具有丰富研究生培养经验和较高学术威望的委员。

2016年3月，启动超最长年限研究生学籍清理工作，共清退超最长年限研究生110人。

2016年9月，开通研究生延长学年与休（复）学线上办理通道。

2016年11月，成立苏州大学第二届研究生教育督查与指导委员会，对原委员会部分成员进行了调整。

2017年1月，出台《苏州大学研究生学籍管理补充规定》，针对研究生延长学年、退学、取消学籍、注销学籍等流程进行补充修订。

2017年3月，再次启动超最长年限研究生学籍清理工作，共清退超最长年限研究生464人。

2017年4月，出台《苏州大学临床医学长学制学生"＋3"研究生教育阶段培养管理办法》。

2017年6月，出台《苏州大学研究生学籍管理办法》，积极贯彻落实教育部令第41号文件精神。

2017年9月，开通研究生请假、转导师、免缓考等线上办理通道。

2018年5月，出台《苏州大学研究生教育督查与指导委员会工作条例（2018年修订）》。

2. 课程改革与科研创新

苏州大学在研究生培养过程中始终坚持知识、思维、素质的辩证统一，注重素质教育和创新能力的培养，集合优质资源，打破专业壁垒，打通硕博课程，鼓励学科交叉，将课程改革与科研创新双管齐下。

主要举措：

2014年4月，出台《苏州大学研究生思想政治课教学改革方案》，将思想政治课程分为"思想政治理论课"和"学术诚信教育"两部分。

2015年6月，启动研究生课程建设改革试点工作，出台了课程建设试点方案。

2015年9月，成立临床医学硕士专业学位研究生培养指导委员会，出台《苏州大学临床医学硕士专业学位研究生培养方案实施细则》，全面深化临床医学硕士专业学位研究生教育改革，建立与住院医师规范化培训衔接的课程体系，改革课程教学方式和方法，推进临床医学专业学位研究生教育与住院医师规范化培训制度有机衔接。

2016年6月，启动新一轮研究生培养方案修订工作，新方案于2017年9月正式启用。

2017年4月，出台《苏州大学研究生课程成绩及学分认定办法》。

2017年4月，出台《苏州大学关于研究生申请硕士、博士学位科研成果的规定》和《苏州大学关于授予具有研究生毕业同等学力人员硕士学位实施细则》。

2018年4月，出台《苏州大学研究生交叉创新研究院建设方案》。

2018年5月，出台《苏州大学博士研究生思想政治理论课教学改革实施方案》。

3. 深化研究生教育成本分担机制改革

2014年起，国家全面取消公费读研政策。苏州大学为完善研究生奖助政策体系，鼓励研究生潜心学习、全面发展，做了以下工作：

2014年9月，出台《苏州大学研究生奖助学金管理条例（试行）》。

2014年11月，出台《苏州大学研究生学业奖学金评定细则》和《苏州大学研究生国家助学金管理细则》。

4. 深入实施研究生教育创新计划

认真贯彻落实上级文件精神，积极组织开展学校各类项目申报工作，多措并举选拔优秀人才，调动学院、导师、研究生的科研创新积极性，培育优质教学成果，整合校企优势资源，探索产学研合作新模式，开辟研究生人才培养新渠道。

主要举措与成效：

2011—2014年，实施苏州大学研究生"卓越人才培养计划"。全面提高学校研究生教育质量、提升科学研究水平、加强国际交流与合作、提高交流合作水平，着力培养品德优良、知识丰富、具有国际视野的卓越研究生，并推进学校研究生人才培养模式改革，加强拔尖创新人才培养。

2016年，苏州大学《导师学院加强培训供给侧改革的实践探索》课题获得中国学位与研究生教育学会教育成果奖一等奖。

2017年，苏州大学《导师学院为载体，一流导师队伍为支撑，培养高层次拔尖创新人才的探索与实践》课题获得江苏省教学成果奖二等奖。

2010年10月开始，从江苏省内企业选聘一批科技企业家到苏州大学担任第二导师，与校内导师联合指导培养研究生。截至2018年年底，苏州大学已申报江苏省产业教授72名，既拓宽了企业人才和创新资源进入高校的新通道，同时也使研究生专业能力得到提升。

2010年，苏州大学根据江苏省企业研究生工作站选拔办法制定了《苏州大学企业研究生工作站管理办法（试行）》，开展苏州大学研究生工作站遴选工作。在2009—2018年的工作站申报过程中，苏州大学与企业联合共成功申请302家江苏省企业研究生工作站，建设了228家苏州大学研究生工作站。

5. 深入推进研究生教育国际化进程

在研究生教育国际化领域，苏州大学逐步构建了以国家公派出国留学、海外研修、国际会议、国际联合培养和国际合作培养为抓手，以国家平台、学科平台、导师科研项目平台、学校资助平台为基础的"四位一体"的研究生教育国际化体系。在此基础上，为进一步推进学校研究生教育国际化进程，学校又出台多项政策举措，统一思想认识，通过政策引导，经费扶持，不断促进研究生教育国际化水平的提高。

2014年11月18日，学校召开研究生教育国际化专题研讨会。会议主题为"加大力度，推进研究生教育国际化进程"。时任副校长兼研究生院院长熊思东出席会议并做主旨报告。本次研讨会进一步统一了思想，进一步明确了推进研究生教育国际化进程是苏州大学研究生教育深化改革的重点工作之一。

2015年4月7日，学校召开推进教育国际化工作会议。时任研究生院常务副院长郎建平做了《研究生国际交流与联合培养》的报告，在会上介绍了当前研究生国际交流与联合培养工作的进展情况，提出了今后的发展思路和目标，并详细解读了学校为推进研究生教育国际化工作已经出台的政策、措施及项目等。

2017年4月28日，学校召开国际化工作推进会。校长熊思东做了题为《国际化：苏州大学的战略与选择》的主题报告，副校长蒋星红做了题为《凝共识、聚合力，深入推进国际化发展战略》的报告。时任研究生院院长郎建平也做了研究生教育国际化的报告，阐述了目前学校研究生国际化工作的现状，以及对未来进一步加强和推进研究生教育国际化战略的具体措施。

在定期召开全校国际化推进会，统一思想，提高认识的同时，学校在政策层面和经费保障上也对研究生教育国际化加大了扶持力度。主要举措：

2013年8月，印发《苏州大学国（境）外博士研究生联合培养管理办法（试行）》（苏大研〔2013〕第31号）文件。

2014年5月，印发《苏州大学研究生参加国际学术会议资助办法》（苏大研〔2014〕第11号）文件。

2014年9月，印发《苏州大学研究生奖助学金管理条例（试行）》（苏大研〔2014〕30号）文件，开始启动实施研究生国际交流奖学金。

2017年1月，印发《苏州大学关于推进研究生国际交流和海外研修的实施办法》（苏大研〔2017〕第3号）文件。按照不同学科，进行分类推进。

2018年4月，印发《苏州大学关于推进研究生国际交流和海外研修的实施办法（2018年修订）》（苏大研〔2018〕第17号）文件。

表 6-12　苏州大学国家公派出国留学项目研究生人数　　　　　　　　（单位：人）

时间	国家公派出国留学项目研究生人数			
	攻读博士研究生	联合培养博士研究生	其他类别	总人数
2010 年	5	4	0	9
2011 年	6	5	0	11
2012 年	2	16	0	18
2013 年	1	16	1	18
2014 年	6	23	0	29
2015 年	9	28	0	37
2016 年	14	25	0	39
2017 年	17	48	0	65
2018 年	25	35	2	62

表 6-13　苏州大学出国（境）参加国际学术会议研究生人数　　　　　（单位：人）

时间	2013 年	2014 年	2015 年	2016 年	2017 年
出国（境）参加国际学术会议人数	36	78	115	149	192

表 6-14　苏州大学出国（境）参加学习或参加学术活动研究生人数　　（单位：人）

时间	2013 年	2014 年	2015 年	2016 年	2017 年
出国（境）研究生人数	143	233	300	355	426

表 6-15　2013—2018 年度加入苏州大学联合培养博士生项目清单

序号	联合培养单位	姓名	学籍所在学校	苏大导师	进入项目时间
1	材料与化学化工学部	朱亚勤	屯特大学	钟志远	2013 年 9 月
2	物理与光电·能源学部	周 萌	新墨西哥州立大学	邹贵付	2014 年 4 月
3	材料与化学化工学部	黄 松	法国农业研究院	陈晓东	2014 年 6 月
4	材料与化学化工学部	张 露	瓦格宁根大学	陈晓东	2014 年 6 月
5	纺织与服装工程学院	王思然	塔夫斯大学	王晓沁	2014 年 9 月
6	物理与光电·能源学部	鄢澧涛	新墨西哥州立大学	邹贵付	2015 年 3 月
7	文学院	陶奕骏	台湾"国立中央大学"	王 尧	2015 年 9 月
8	功能纳米与软物质研究院	陈 晨	滑铁卢大学	孙旭辉	2015 年 9 月

续表

序号	联合培养单位	姓名	学籍所在学校	苏大导师	进入项目时间
9	功能纳米与软物质研究院	孙 飞	西安大略大学	孙旭辉	2015年9月
10	材料与化学化工学部	栾亚菲	格罗宁根大学	陈 红	2015年10月
11	功能纳米与软物质研究院	王继伟	西安大略大学	孙旭辉	2015年9月
12	功能纳米与软物质研究院	向 恒	西安大略大学	孙旭辉	2015年9月
13	功能纳米与软物质研究院	王荣斌	德国洪堡大学	Steffen Duhm	2015年9月
14	功能纳米与软物质研究院	李攀登	魁北克大学国立科学研究院	孙宝全	2015年11月

三、积极参与江苏省博士研究生教育五项改革

（一）博士研究生教育五项改革背景简介

研究生教育是高等教育的重要组成部分，承担着培养高层次人才、创造高水平科研成果、提供高水平社会服务的重任，但总体上看，目前我国的研究生教育还不能完全适应经济社会发展的多样化需求，研究生培养质量与国际先进水平相比还有较大差距。我国研究生教育投入机制方面仍存在一些不容忽视的问题，如培养经费供需矛盾突出、成本分担机制不够健全、奖助政策体系不尽完善等。为贯彻落实党的十八大精神和《国家中长期教育改革和发展规划纲要（2010—2020年）》有关部署，教育部、国家发展改革委、财政部从投入机制和深化改革两个方面入手，努力实现研究生教育四个转变：一是发展方式转变，即从注重规模发展切实转变为注重质量提升；二是类型结构转变，即从以学术学位为主切实转变为学术学位与专业学位协调发展；三是培养模式转变，即从注重知识学习切实转变为知识学习和能力培养并重；四是质量评价转变，即从注重在学培养质量切实转变为在学培养质量与职业发展质量并重。到2020年，基本建成规模结构适应需要、培养模式各具特色、整体质量不断提升、拔尖创新人才不断涌现的研究生教育体系。

改革开放以来，江苏省研究生教育规模逐步扩大，培养能力不断增强，投入机制逐步健全，在培养高层次人才、创造高水平科研成果、提供高水平社会服务方面发挥了突出作用。但与教育改革发展的新形势、新要求相比，江苏省在研究生教育与培养方面还存在培养经费供需矛盾突出、成本分担机制不健全、奖助政策体系不完善等问题。为此，完善研究生教育投入机制是当前深化研究生教育改革的重中之重。不断完善国家宏观调控机制和资源配置机制、加大对研究生教育的财政投入，是推进高校研究生培养机制改革，构建研究生教育质量保证机制、规模调控机制和结构调整机制的重要基础，对于江苏省建设创新型省份和实现教育现代化、促进研究生教育与经济社会协调发展具有十分重要的意义。为贯彻落实教育部、国家发展改革委、财政部《关于深化研究生教育改革

第六章 研究生教育的内涵发展时期（2009年至今）

的意见》（教研〔2013〕第1号）和财政部、国家发展改革委、教育部印发的《关于完善研究生教育投入机制的意见》（财教〔2013〕第19号）有关要求，进一步完善研究生培养成本分担机制和学生资助政策体系，提高研究生培养质量，促进研究生教育持续健康发展，2014年1月，江苏省财政厅、江苏省发展改革委员会、江苏省物价局、江苏省教育厅发布了《关于完善研究生教育投入机制的意见》（苏财教〔2014〕第2号）。

2014年12月，为全面贯彻落实党的十八大精神和教育部、国家发展改革委、财政部《关于深化研究生教育改革的意见》（教研〔2013〕第1号），将江苏省建设成为研究生教育强省、人才强省和创新型省份，加快缩小江苏省研究生教育质量与国际先进水平的差距，为实现中华民族伟大复兴中国梦与谱写江苏篇章提供强有力的高层次人才支撑，在新形势下进一步深化研究生教育改革，提高研究生培养质量，江苏省学位委员会、江苏省教育厅、江苏省发展改革委员会、江苏省财政厅发布了《关于进一步深化研究生教育改革提高研究生培养质量的意见》（苏教研〔2014〕第5号）。

2015年12月，江苏省学位办出台"以改革求支持行动计划"意见稿，江苏省教育厅印发《关于深化博士研究生培养模式改革提高博士研究生培养质量的通知》，正式启动博士研究生培养"五项改革"。

2015年12月，江苏省教育厅召开专业学位工作专门会议，印发《关于下达江苏省深化专业学位研究生教育综合改革任务书的通知》，明确了34所高校专业学位研究生培养模式改革任务。

2016—2017年，江苏省教育厅进入加强对博士研究生教育五项改革和专业学位研究生教育改革任务的全面督查阶段。

（二）我们的举措

2013年至今，和全国、全省一样，苏州大学研究生教育进入了深化改革阶段，以积极参与江苏省博士研究生培养模式"五项改革"和入选教育部博士研究生教育综合改革试点单位为标志，在继续强化研究生教育规范化建设的同时，改革的重心落在了博士研究生教育上。

2014年起，江苏省教育厅在全省高校重点推进博士研究生培养模式综合改革，以"五项内容"改革为核心：落实奖学助学经费、开展寓教于研、国际联合培养、导师招生配置、建立考核淘汰机制。苏州大学紧紧围绕江苏省博士研究生培养模式"五项改革"任务，结合学校实际情况，在前期招生、奖助、导师上岗等改革举措的基础上，进一步细化深化，确立了以"提高生活待遇，提升科学研究条件，增强导师指导能力，加强国际培养，强化分流淘汰"为基本内容，以提升研究生教育国际化水平为重点的改革思路，目标是实现博士研究生培养"生活有体面、研究有平台、学习有视野、指导有要求、管理有规章"，激发博士研究生的创新动力和创新潜力，提升博士研究生的创新能力和学术水平。

具体深化改革的举措。学校结合博士生教育综合改革的重要意义、试点要求和学校当前博士生教育所面临的问题，就落实国家规定政策和综合改革试点要求、进一步加大博士生教育经费投入、提高人才培养质量广泛征求了意见建议。学校以此次纳入国家博士研究生教育综合改革试点为契机，进一步贯彻以师生为中心的发展理念，全面落实国家规定的博士、硕士研究生培养政策，逐年加大博士生教育经费投入；同时，苏州大学研究生院根据改革试点要求和经费预算，进一步细化了试点方案，出台了相应的配套政策、举措和评定标准；积极争取上级有关方面对改革试点的政策和经费支持，加强经费预算管理，专款专用，精打细算，确保将有限的经费切实用于博士生培养上，不断提高学校博士生培养质量，推动改革试点工作取得了积极成效。

1. 落实奖学助学经费方面

2014年9月，出台《苏州大学研究生奖助学金管理条例（试行）》。

2014年11月，出台《苏州大学研究生国家助学金管理细则》。

2014年11月，出台《苏州大学研究生学业奖学金评定细则》。

2016年12月，出台《苏州大学自然科学类科研奖励办法》。

2017年3月，出台《苏州大学科研成果奖励办法（人文社会科学类）》。

2017年4月，出台《苏州大学学科经费管理细则（2017年修订）》。

2. 寓教于研方面

2016年，启动和修订新一轮研究生培养方案。2017级研究生正式适用。

2016年10月，出台《苏州大学博士生导师上岗招生及指标配置办法》。

2016年11月，出台《苏州大学临床医学博士专业学位研究生培养方案总则》。

2017年4月，出台《苏州大学关于研究生申请硕士、博士学位科研成果的规定》。

3. 导师招生方面

2016年10月，出台《苏州大学博士生导师上岗招生及指标配置办法》。

2016年10月，修订并出台《苏州大学"申请—考核"制攻读博士学位研究生招生选拔办法》。

4. 建立考核淘汰机制方面

2014年9月，出台《苏州大学研究生学籍管理条例（试行）》。

2016年11月，修订出台《苏州大学博士、硕士学位论文抽检评议结果处理办法》。

2017年1月，出台《苏州大学研究生学籍管理补充规定》。

2017年8月，修订并出台《苏州大学研究生学籍管理办法》。

5. 国际化方面

2013年9月，制定《苏州大学国（境）外博士研究生联合培养管理办法（试行）》。

2014年5月，制定《苏州大学研究生参加国际会议资助办法》。

2015年1月，设立苏州大学国际交流奖学金项目，每年奖励总额为600万元。

2015年3月，出台《苏州大学外国留学生管理规定》。

2017年1月，出台《苏州大学关于推进研究生国际交流和海外研修的实施办法》。

2017年4月，出台《苏州大学外国留学生奖学金实施办法（暂行）》。

（三）改革成效

为全面了解各校在博士研究生培养模式改革进展和成效，深入推进博士研究生培养模式改革，江苏省教育厅对26所有博士研究生培养资质的高校（含服务国家特需3所）开展了专项调研督查。调研督查采取高校自查、在线问卷调查、专家评议、现场考察相结合的方式。督查结果作为省教育厅安排博士研究生招生计划和研究生培养创新工程、博士研究生教育综合改革项目、专项经费奖补的重要参考依据。督查结果也将编入《江苏省研究生教育质量年度报告》有关章节。

根据《2016—2017年苏州大学博士研究生培养模式改革自查报告》，2016年12月、2018年1月省教育厅以学校汇报、专家打分的方式对博士研究生培养模式改革分别开展了专项督查，并向各博士研究生培养高校反馈了督查结果。

苏州大学在培养经费保障、寓教于研的落实、开展国际联合培养、导师招生配置、考核淘汰机制的建立五个方面进行了自查，绝大部分改革项目完全到位，个别项目部分到位。我校专家评价分数总分超过江苏省属高校的平均得分，基本完成改革任务，初步实现博士研究生培养模式改革目标。

1. 2016年督查反馈意见及评分表

苏州大学博士研究生培养达到了一个比较高的水平。博士研究生在校期间各方面都得到长足进步。如参加国际交流、参与科研课题及发表高质量学术论文方面。但也存在一些问题，如需进一步提高研究生待遇；要加大分流淘汰力度；要进一步降低在职研究生比例。建议：学校应研究设立定向奖学金制度，保证文科类博士研究生待遇达到规定要求；出台更加明确的规定，加大分流及淘汰力度，保证培养质量的提高。

表6-16　2016年苏州大学博士研究生培养模式改革专家评分　（单位：分）

评价项目	奖学助学经费（20分）	寓教于研（20分）	国际联合培养（20分）	导师招生配置（20分）	考核淘汰机制（20分）	总分（100分）
苏州大学	17.3	18.4	16.5	18.6	16.3	87.1
省属高校平均分	17.7	17.0	16.0	17.1	16.2	84.0

2. 2017年督查反馈意见及评分表

苏州大学博士研究生培养还存在一些薄弱环节，奖助经费落实略显不足，学生满意度偏低，博士研究生参与科研积极性有待加强，考核分流机制尚未显现成效。建议：完善奖助体系，加大落实力度，提高满意度。积极组织博士生独立申报科研项目，加强师生沟通，提高科研满意度。进一步落实考核分流举措。

表6-17 2017年苏州大学博士研究生培养模式改革专家评分　　（单位：分）

评价项目	奖学助学经费（20分）	寓教于研（20分）	国际联合培养（20分）	导师招生配置（20分）	考核淘汰机制（20分）	总分（100分）
苏州大学	16.0	17.0	17.5	20.0	14	84.5
省属高校平均分	16.53	14.88	18.09	19.41	15.03	83.94

四、积极参与江苏省深化专业学位研究生教育改革

（一）深化专业学位研究生教育改革的背景

我国自1990年开始实行专业学位教育制度以来，经过十几年的努力和建设，专业学位教育发展迅速，取得了显著成绩。

随着我国研究生教育类型结构不断调整，专业学位研究生教育实现了跨越式发展，与国民经济社会发展的联系日益紧密。在新的历史时期，重视应用型人才培养，已成为国际研究生教育的重要趋势。随着"创新驱动发展战略""一带一路""中国制造2025"等一系列国家重大战略或倡议的实施，我国对高层次应用型人才的需求更加突出、更加迫切。

专业学位研究生教育作为我国培养高层次应用型人才的重要途径，肩负着为社会经济建设输出高质量人才和一流技术的重要使命。目前，我国已基本形成了以硕士学位为主，博士、硕士、学士三个学位层次并存的专业学位教育体系。硕士层次专业学位有金融硕士等39种，博士层次专业学位有口腔医学等5种，学士层次专业学位有建筑学1种。专业学位培养单位现共有509家，其中普通高校495家。可以说，我国已经初步建立了具有中国特色的专业学位教育制度，为社会主义现代化建设培养了大量高层次、应用型专门人才。

但从实践来看，专业学位研究生教育的规模结构与经济产业之间、培养模式与社会需求之间、体制机制与市场体系之间还存在着供需不匹配的问题，制约了专业学位研究生教育重要使命的实现。

为贯彻落实党的十八大和十八届五中全会精神，全面推进专业学位研究生教育综合改革，提高专业学位研究生培养质量，2015年11月25日，深化专业学位研究生教育综合改革推进会在北京召开。教育部党组成员、副部长杜占元指出，二十多年来，我国专业学位研究生教育稳步发展，类型不断丰富，规模不断扩大，质量不断提高；特别是《教育规划纲要》实施以来，专业学位研究生培养模式改革取得重大进展，授权体系逐渐完善，社会认可度大幅提高，多部门联合培养机制初步形成，已成为研究生教育综合改革的重要突破口。

推进会上，杜占元强调，深化专业学位研究生教育综合改革，就是要紧紧围绕"服务需求、提高质量"这一核心，在六个方面实现突破：一是树立正确的教育教学理念；

二是根据需求加大结构调整力度；三是创新专业学位研究生培养模式；四是改革评价监督机制；五是着力构建高水平师资队伍；六是积极探索符合专业学位研究生教育规律的管理体制机制。

2015年12月16日，为全面落实《省政府关于深化教育领域综合改革的实施意见》（苏政发〔2014〕第56号）和《教育部关于做好深化专业学位研究生教育综合改革试点工作的通知》（教研函〔2015〕第2号）精神，启动实施教育部"深化专业学位研究生教育综合改革"项目，根据江苏省教育厅办公室《关于召开全省深化专业学位研究生教育综合改革视频会议的通知》精神，江苏省深化专业学位研究生教育综合改革视频会议在南京召开。

视频会上，江苏省教育厅厅长沈健做了重要讲话，进一步明确了综合改革的目标、任务和重点，将综合改革的任务落到实处——要重点抓好九大改革任务。一是对江苏省属高校进行分类调整，明确不同类型高校学术型与应用型硕士的培养比例；二是优化专业学位研究生培养方案，选择若干所高校对专业学位和学术学位两类研究生的培养方案进行对比研制与实验改革；三是加强导师队伍建设，选择若干高校进行专业学位研究生教育导师队伍建设试点，在导师遴选、职称评审、人事考核、招生指标分配、吸纳行业实践导师、团队指导等方面进行探索，形成经验；四是政府加大政策支持，探索出台更多有利于专业学位研究生教育的政策文件，继续开展研究生工作站评选、产业教授选聘、青年教师到行业挂职锻炼、优势学科建设等工作；五是专业学位研究生教育与国际接轨，通过设立国际联合培养基地、海外研修等途径，提高专业学位研究生培养的国际化程度；六是完善研究生培养质量保障体系，研制专业学位授权点建设标准、专业学位研究生论文质量标准和产学研联合培养实践基地选优标准；七是争取在教育部支持下，自主有限增列专业学位授权点；八是扩大研究生招生规模，解决高校发展重大而急切的需求；九是推动教育硕士与教师职业资格证书有机衔接，加强其他专业学位类别与职业资格的有机衔接，不断扩大对接成果。在高度重视改革的前提下，要明确发展定位。本次改革拟在江苏省属高校中明确6所左右高水平特色学校，其学术型与应用型研究生之比为6:4；10所左右具有博士学位授予权高校，其学术型与应用型研究生之比为3:7；还有10所左右仅具有硕士学位授予权高校（含3所省设特殊需求硕士研究生培养项目单位），以培养专业硕士研究生为主。通过调整，形成江苏省地方高校以应用型人才培养为主体、应用型与学术型人才培养有机结合的基本结构。要在"深化"二字上做文章，从零星、碎片化改革向系统性、整体性改革深化，从学校自我改革向对接国家、江苏省改革任务相结合深化，从教学改革向体制机制改革深化。各有关高校要严格按照各校《任务书》要求，提高项目任务的执行力，争取早出成果，早见成效。要协同推进改革、创造新鲜经验、形成改革合力。苏州大学在江苏省深化专业学位研究生教育改革中承担"充分发挥导师学院作用，培养专业学位研究生指导教师"的任务。

（二）苏州大学深化专业学位研究生教育的改革与任务

一是修订专业研究生培养方案，提升核心课程内涵，加大实践性课程的比重，体现以术为主的培养目标。"学"与"术"的关系趋于和谐，培养目标更加清晰，课程体系更加符合专业学位的特点，实习实践环节更有据可依。

2016年3月，学校全面启动研究生培养方案修订意见征集及调研工作。通过走访学院、开展学科负责人及学生、导师专题座谈会和书面意见征集的形式，为研究生培养方案修订及课程建设与改革工作做好充分论证。2016年6月，全面启动专业学位研究生培养方案的修订工作，完善以提升职业能力为导向的专业学位研究生培养模式，提出方案修订的五大原则：①分类培养原则。按照分类培养的总体要求，以提升职业能力为主线，明确专业学位研究生培养目标和要求。②专业特色原则。专业学位研究生教育在培养目标、课程设置、教学理念、培养模式、质量标准和师资队伍建设等方面，与学术型研究生教育不同，要充分体现专业学位研究生教育的特点。③职业资格衔接原则。课程设置、教学内容、考核标准等要与相应职业的人才评价要求和标准有机衔接，要有助于获得专业学位的毕业生在毕业前后获得相应的职业资格。④体系优化原则。要构建符合专业学位培养需要的课程体系，把培养目标和学位要求作为课程体系设计的基本依据，重视课程体系的系统设计和整体优化。课程设置要注重理论联系实际，体现基础性、实践性和前沿性。要以实际应用为导向，以职业需求为目标，以综合素养和应用知识与能力的提高为核心。要充分结合行业需求，反映最新学术和行业动态。要重视开设行业知识讲座、职业道德等与职业发展相关的课程，重视案例教学和实践教学课程。⑤优化培养过程原则。要优化和规范专业学位研究生培养过程，完善以提升职业能力为导向的专业学位研究生培养模式。要重视行业企业专家和联合培养基地在专业学位研究生培养特别是课程建设中的作用。要强化专业学位研究生的实践能力和创业能力培养。要明确实践教学内容和基本要求，加强实践考核评价。2016年12月，苏州大学各研究生培养单位根据以上原则，完成1个临床医学博士专业点、24个硕士专业学位点的研究生培养方案的修订工作。2017年3月，经苏州大学学术委员会审议、校学位委员会审定，方案已于公布之日起实施。

二是深化专业学位研究生培养模式改革，"二个课堂"、多方协同，共同助力研究生解决实际问题的能力和水平的培养，凸显专业学位培养特色。

实施"苏州大学专业学位案例教材建设项目"，深化"第一课堂"教学改革。在课程教学第一课堂，突出课程实用性和综合性，创新教学方法，加强案例教学、模拟训练等教学方法的运用。学校在"十二五"期间，启动"苏州大学专业学位案例教材建设项目"，推进专业学位课程建设，引导和鼓励原创案例教材的编写。从"十二五"期间至今，学校共支持建设案例教材项目54项。实施"苏州大学研究生工作站建设"项目，夯实实习基地"第二课堂"的基础。学校目前建有省级工作站273家、校级工作站228家。

所有的工作站均是学生科研实践创新的平台。激励、引导学生参加各类专业案例、学科技能大赛，充分发挥创新实践大赛"第二课堂"的引领作用。近几年，学校培养的专业学位研究生在相关领域的案例大赛和技能大赛中取得佳绩。"十三五"期间，学校的研究生教育模式改革逐渐由"立项支持"向"绩效评价"转型。出台《苏州大学研究生工作考评方案》，设立专业学位教育评估评价指标体系，鼓励引导教生在专业学位教育改革中进行教育大胆创新。

三是多方联动，建立健全专业学位论文的盲审和抽检制度，强化专业学位论文质量管理。

（1）建章立制，完善专业学位论文盲审制度

根据《苏州大学硕士、博士学位授予工作细则》，学校硕士专业学位论文采用随机抽取和重点抽取相结合的方式进行盲审，盲审采取"单盲"方式评审，并对新增列或培养人数多的专业学位点的学位论文、新增列或指导人数多的导师所指导的学位论文进行重点抽检。《苏州大学硕士、博士学位授予工作细则》中规定：硕士学位论文抽检中凡评阅结果有"不合格"者，其导师所指导的学位论文在两年内必须全部参加盲审。

（2）有的放矢、多方联动，优化专业学位论文抽检评议制度

从2015、2016年度江苏省论文抽检数据结果看，苏州大学硕士专业学位论文的优秀率和良好率逐年提升，2016年优秀率超过江苏省平均优秀率，但与此同时，不合格论文有显著增加，2016年不合格率高于省平均不合格率，出现两极分化现象。为此，2016年11月，学校出台《苏州大学博士、硕士学位论文抽检评议结果处理办法》，提出一系列举措来提高学位论文质量。

四是发挥研究生教育督查与指导委员会的督查与指导两大职能，全面督导专业学位研究生培养过程，及时发现、诊断和矫正培养过程中存在的问题，并为学校专业学位研究生教育发展提出咨询建议报告。

为贯彻《教育部关于改进和加强研究生课程建设的意见》，深化研究生培养机制改革、完善研究生教育督导体系，苏州大学于2015年5月成立苏州大学研究生教育督查与指导委员会。从组织机构上来讲，研究生院院长负责组建该督导委员会，督导委员会设置人文社科部、理工部、医学和生命科学部。督导委员会设置委员15～20名。设主任委员1名，副主任委员3名。督导委员会由具有较高学术威望、教学经验丰富、在一线工作的研究生导师组成。其工作职责是在校范围内，开展研究生教育监督和指导工作。

苏州大学研究生教育督查与指导委员会作为研究生教育质量监控体系的一部分，在专业学位研究生教育中发挥着重要的作用。特别是近两年，督导委员会的年度工作任务重点是督查和指导专业学位研究生的培养过程。2017年6月完成了全校专业学位研究生培养质量问卷调查，完成了苏州大学专业学位研究生教育发展报告。为学校的专业学位教育改革与发展提供了科学依据。与此同时，作为督导委员会，在此过程中真正起到了督与导的双重功能，建立了良好有效的信息沟通机制。

五是扎实推进"充分发挥导师学院作用，培养专业学位研究生导师"试点任务。

2015年苏州大学导师学院加强顶层设计，创新培训模式，举办专业学位研究生导师第六期导师培训班。熊思东教授在《临床医学专业学位研究生培养的过程与规范》专题报告中，阐述了我国专业学位研究生教育的发展历程，并结合临床研究生培养的实际，从培养目标、培养过程、培养环境三个层面分析了医学专业学位和学术学位的区别。同时对国家新颁布的三个临床医学专业学位研究生培养改革文件，从操作层面进行具体解读，而且从指导思想层面进行高屋建瓴的解读，有助于推动苏州大学临床医学专业研究生教育改革的深化。导师培训针对专业学位研究生导师，培训除采用讲授式、案例式、研究式等教学方法外，还组织学员去常州第一人民医院对住院医师规范化培训基地进行现场考察和学习，这既加深了学员对规培基地的感性认识，又激发了学员的浓厚兴趣。本次培训针对专业学位导师增设必修环节《导师学院课程设置与培训方式·临床医学专业学位研究生培养模式改革》问卷调查环节，还就导师学院课程设置、培训方式以及临床医学专业学位研究生培养模式改革等问题进行调研，以了解学员的培训需求和对专业学位研究生教育改革的建设性意见。

2016年1月，苏州大学举办"深化专业学位研究生教育综合改革"专题研究班。时任学校党委书记王卓君、苏州大学导师学院副院长郎建平、党委研究生工作部部长宁正法、研究生院副院长钱振明、校学位评定委员会办公室副主任金薇吟，以及淮阴师范学院研究生处处长吴克力、副处长范新阳等参加研讨。研究生院及其各有关部门负责人，学校对口支援高校淮阴师范学院各二级学院院长、分管研究生教育副院长等30余人也参加集中学习和研讨。研究班全体学员赴江苏省苏州中学、苏州中学园区校、苏州幼儿师范高等专科学校（筹）等进行专题调研。全体学员就基础教育的教学理念及其实践、教育国际化与多元文化教育、实践教学体系建设、基础教育对高校教师教育专业人才培养的需求等问题一起进行了研讨交流。苏州大学导师学院以这次启动专题研究活动为起点，认真贯彻落实省教育厅关于深化专业学位研究生教育综合改革的专项任务，在发挥自身特色和优势，完善体制与机制，加强导师队伍建设，加强与地方的合作，与政府、社会、用人单位协同推进教育硕士及其他学科专业硕士培养改革等方面推出一系列新举措，切实保障和提高专业学位研究生培养质量。

2016年5月13日苏州大学导师学院在充分先期调研的基础上，召开深化专业学位研究生导师评聘制度改革研讨会。在先期充分调研的基础上，再次统一思想，强调了专业学位研究生导师需有一定的实践指导能力，并在相应领域需具有相对应的职业资格。2016年11月7日发布《苏州大学专业学位研究生指导教师评聘办法》（苏大学位〔2016〕第16号文）。

2016年7月苏州大学导师学院举办2016年江苏省骨干研究生导师高级研修班。江苏省原教育厅厅长、党组书记，江苏省委教育工委书记沈健，江苏省教育厅副厅长洪流，时任苏州大学党委书记王卓君、副校长兼苏州大学导师学院院长蒋星红，江苏省教育厅、苏州大学有关职能部门负责人,江苏省高校研究生管理干部和研究生导师代表共350余人参加了本次开班仪式。校长熊思东、原党委书记王卓君、苏州大学导师学院副院长郎建平,清华大学研究生院副院长刘惠琴,复旦大学研究生院院长助理廖文武,南京大学研究生院副院长朱俊杰,南京工业大学研究生院常务副院长、学科建设处处长管国锋等专家学者分别做专题报告。学员分为人文、理工、医学三个组在集中学习的基础上,围绕进一步深化专业学位研究生教育改革的若干问题和专业学位研究生创新能力的培养进行深入的多次分组交流。三个组的学员还针对专业学位研究生实践能力培养问题进行研究生企业工作站进行实地调研、学习。

2017年7月苏州大学成功举办第四期江苏省骨干研究生导师(管理干部)高级研修班。国务院学位委员会办公室、教育部学位管理与研究生教育司副巡视员唐继卫,江苏省学位委员会副主任、江苏省教育厅副厅长洪流,我校校长熊思东、副校长兼苏州大学导师学院院长蒋星红,江苏省学位委员会办公室主任、江苏省教育厅研究生教育处处长杨树兵,苏州大学学位评定委员会办公室、研究生院、党委研究生工作部、学科建设办公室负责人及相关人员出席了会议。江苏全省33家研究生培养单位的59位研究生导师和管理干部参加了为期六天的研修。研修班从宏观的政策层面,以研究生培养为切入点,围绕如何培养合格的专业学位研究生,深入分析了现阶段我国专业学位研究生教育发展的基本特征、机遇和挑战,阐述了专业学位人才培养目标及其实现路径。

(三)督查反馈意见

2016年12月,江苏省教育厅组织专家组通过现场查阅资料、听取情况介绍、师生座谈会等形式,对苏州大学专业学位改革任务进行了督查,并于2017年2月反馈了督查意见。专家评定意见为A级,主要意见如下:苏州大学在导师队伍建设方面形成了遴选机制、上岗机制、能力提升机制,针对学术型和专业学位型硕士的不同要求修订了培养方案,并成立了专业学位硕士教育指导委员会,形成一系列完整、有效的做法和制度。就承担的项目而言,做到了学术型、专业学位型导师分类,按需培养,研究生课程分类,按需建设,导师学院影响力进一步增强,校内覆盖面、校外辐射面进一步扩大。但也存在一些问题,主要表现在校内导师大部分不具有相关行业的职业资格。建议进一步增强导师学院的培训能力,扩大规模,提高培训的针对性,条件允许时可以开展导师海外培训。

五、承担教育部博士研究生教育综合改革试点任务

(一)背景

2017年7月,根据教育部在京召开的全国博士研究生教育综合改革试点工作座谈会精神,在学校主要负责同志的领导下,分管领导的具体组织下,苏州大学研究生院组建的专门工作团队,广泛听取专家意见,起草形成了《苏州大学博士研究生教育综合改革

试点计划书》并报送教育部研究评议。之后，根据教育部在京组织召开的专家咨询会意见，学校领导会同研究生院工作团队修改完成《苏州大学博士研究生教育综合改革试点任务书》报教育部复审和确认。2017年11月，教育部正式发布《关于做好博士研究生教育综合改革试点工作的通知》（教研函〔2017〕第3号），确认苏州大学开展博士研究生教育综合改革试点工作。

教育部正式确认的苏州大学博士研究生教育综合改革试点工作，旨在全面贯彻十九大精神，按照落实立德树人根本任务，加快一流大学和一流学科建设及《国家创新驱动发展战略纲要》的要求，全面推进博士研究生教育创新，切实把科学精神、创新思维、创造能力和社会责任感的培养贯穿博士研究生教育教学全过程，建立健全主动适应时代特点、有效满足社会需求的博士研究生教育教学管理体制机制，形成结构更趋合理、质量显著提升、国际影响力大幅增强的博士研究生教育新体系，培养造就适应时代要求的创新人才、高端人才、领军人才。主要任务是在全面探索、分步实施包括招生、培养、导师队伍建设、国际合作、质量保障体系建设、管理体制机制优化在内的博士研究生教育综合改革过程中，重点立足既有博士研究生培养模式"五项改革"基础及地方大学发展与地方经济社会发展紧密结合的实际，力争在招生、导师选聘和上岗、思想政治教育三个方面实现重点突破，着力构建"333"招生录取模式、"3+1"导师选聘与上岗模式，以及博士研究生思想政治教育"1+3"机制，探索实践符合国际趋势、具有中国特色、立足地方实际、可复制推广的地方高水平综合性大学博士研究生教育发展新路。

开展全国博士研究生教育综合改革试点工作的14所高校分别是：北京大学、清华大学、浙江大学、复旦大学、上海交通大学、南京大学、中国科技大学、哈尔滨工业大学、西安交通大学、中国人民大学、厦门大学、北京航空航天大学、天津大学和苏州大学。

（二）政策举措

教育部要求入选高校在思想政治教育、招生方式、导师评聘、培养模式、课程建设、监控体系、国际化、管理机制等11个领域进行先试先行，积累经验，探索可复制可推广的改革方案。苏州大学结合博士研究生教育的实际情况，立足当前江苏省开展的博士研究生培养模式"五项"改革基础，在全面探索、分步实施博士研究生教育综合改革的过程中，及时总结相关改革经验，循序渐进，突出地方高校的特色，重点在三个方面实现突破：构建"333"招生录取模式，在有效解决学生"真学"问题上实现重点突破；构建"3+1"导师选聘与上岗模式，在有效解决导师"真教"问题上实现重点突破；构建博士研究生思想政治教育"1+3"机制，在有效解决政策及管理"真行"问题上实现重点突破。

1. 构建"333"招生录取模式

改革理念：在招生领域引入竞争机制，通过竞争、选拔的方式实现学生竞争入学，提高生源质量，创新培养模式，改善培养条件。吸收和借鉴世界著名大学通行的博士研究生招录方式，以优秀应届本科毕业生推荐免试攻读硕士学位研究生的招收录取改革为起点，有序建立"博士研究生候选人"制度，开设优秀应届本科毕业生直接攻读博士学位通道，全面施行博士研究生招生"申请—考核"制，加强"普通招考"考生学术水平综合评价制度建设，构建"333"招生录取模式。

举措一：出台《苏州大学"博士研究生候选人"培养计划实施办法（试行）》。

每年遴选150名左右获得"推免生"资格的特优应届本科毕业生，以"博士研究生候选人"身份直接进入"绿色通道"实行连续培养的方式，打通优秀应届本科毕业生攻读博士学位的通道。"博士研究生候选人"入学后前1~2年享受"硕士研究生+"待遇，修读硕士和博士一体化的研究生课程，经"课程考核"和"综合水平考核"两轮博士资格考核，考核合格，遴选其中80%左右、不超过当年博士研究生招生计划数的三分之一的硕士，直接转入攻读博士研究生阶段，开展科学研究和学位论文工作。滚动淘汰分流其中20%左右准予在第三年至第四年完成硕士研究生科研和学位论文，通过答辩，获得硕士学位。进入博士研究生阶段享受"博士研究生+"待遇。

举措二：出台《苏州大学研究生交叉创新研究院建设方案》（苏大研〔2018〕第16号）。成立和运行苏州大学研究生交叉创新研究院，与苏州大学研究生院两块牌子、一个机构，试行未来领军人才跨学科培养计划，按照交叉学科的要求培养跨学科人才。

举措三：修订出台《苏州大学博士研究生招生"申请—考核"制实施办法》，在原有头衔导师可以招收"申请—考核"制博士研究生基础上，向所有上岗招生博士研究生指导教师和考生全面开放博士研究生"申请—考核"制，竞争入学。"申请—考核"制入学人数约占当年博士研究生招生人数的三分之一。

举措四：优化"普通招考"方式，强化考生学术水平综合评价。每年更新的《苏州大学博士研究生招生录取办法》，着力简化笔试内容，强化复试要求，重本科阶段学习基础和条件、硕士研究生阶段学习能力和研究潜质，加强学术道德、研究兴趣、研究能力、研究成果的考核，遴选优质生源。

2. 构建"3+1"导师选聘与上岗模式

改革理念：向所有符合上岗招生条件的具有副教授（含副教授）以上教师全面开放博士研究生招生资格，打破导师终身制，释放竞争活力，取消导师评聘，实现导师竞争上岗。

举措：制定出台《苏州大学关于实行学术学位研究生指导教师上岗招生申请制的规定（试行）》。

规定"科研活跃度、学术贡献度、师生关系和谐度"三方面具有突出成绩，并经导师学院培训考核合格，即具备"3+1"规定要求的，均可申请上岗招生。但能不能招生，须在本领域内通过教书育人、学术水平、科研条件、科研平台、项目经费等方面考核竞争上岗。

3. 构建博士研究生思想政治教育"1+3"机制

改革理念：新增"1"主体——"德政导师"，强化博士研究生培养思想政治教育"全员化、全程化、全维化"机制，优化培养政策及管理过程，全面落实"立德树人"根本要求。

举措一：出台《苏州大学关于实行博士研究生德政导师制的指导意见》。建立"德政导师"。研究聘请一批优秀科学家、优秀管理者担任本学科或跨学科专业博士研究生的"科学道德（师德、医德）教育和思想政治教育导师"（简称"德政导师"），加强博士研究生思想政治教育日常管理，同时进一步明确、完善和落实既有的导师责任制，实现思想政治教育全员化。

举措二：出台《苏州大学博士研究生思想政治理论课教学改革实施方案》。改革博士研究生思想政治理论课教学模式，实现思想政治理论教学"全程化"。

举措三：出台《苏州大学研究生社会实践管理办法》《苏州大学研究生助教管理实施办法》《苏州大学研究生担任科研助理的实施办法》等规章制度。实施博士研究生社会实践制度，完善博士研究生助教助研助管制度，推进多样化、立体化考核，实现博士研究生思想政治教育"全维化"。要求从2018年起，全体博士生必须担任助教、科研助理，作为考核研究生能否毕业的一个重要条件。

举措四：出台新的《苏州大学研究生奖助学金管理条例（修订）》。优化奖助体系，强化对博士研究生思想政治、道德、诚信以及志愿服务工作的考核评价。

4. 完善资助体系，提升博士研究生国际化视野

改革理念：在现有"四位一体"的研究生教育国际化体系基础上，完善资助体系，把工作要求上升为制度要求，把博士研究生的海外研修经历作为毕业的一个重要条件，促进苏州大学研究生不断提升国际化交流水平。

举措：修订《苏州大学关于推进研究生国际交流和海外研修的实施办法》（苏大研〔2018〕第17号），要求2018年起，所招生的学术型博士研究生举要在读期间有海外访学3个月以上的经历，作为研究生毕业的一个重要条件，经费由"双一流学科"、省级优势学科、协同中心支付，对于不在此系列的由学校建立专业和导师的科研经费共同支付。

除了以上改革领域，下一阶段，学校还将致力于以下领域的改革探索，比如，高质量的研究生课程（案例库）体系建设、强制性的考核淘汰制度、完备的质量监控体系、基层培养单位满意的研究生培养投入机制等，力争到2020年基本完善苏州大学研究生教育的体制机制，探索出一条地方高校可供借鉴、行之有效的改革路径。

总之，此次博士研究生教育综合改革，用以下几句话可以概括：

导师制度：竞争上岗

招生制度：竞争入学（四种选拔方式）

立德树人：德政导师，全员全程全方位育人

招生制度推动培养模式变革：硕博课程一体化

提升综合能力：全员助教制度、全员科研助理制度、社会实践

拓宽国际视野：海外访学作为毕业重要条件

激发科研创新能力：科研奖励制度

六、江苏省研究生培养创新工程建设

（一）研究生培养创新工程政策调整

江苏省研究生培养创新工程自 2002 年实施以来对研究生教育工作的推进与发展具有重要意义，研究生培养创新工程政策也是随着时代的进步以及社会对高层次人才需求的变化而不断调整，这种调整主要反映在两个方面。

（1）申报项目内容的调整

研究生培养创新工程在最初申报时，主要包括研究生优秀学位论文评优奖励项目、研究生学位论文抽检评价项目、产学研联合培养研究生示范基地建设项目、研究生开放课程建设项目、研究生创新计划项目、江苏省博士研究生学术论坛几个方面，而后增加了研究生教育教学改革课题、研究生工作站、创新与学术交流中心特色活动项目及长三角合作项目，2015 年增加了培养模式改革成果申报，2017 年增加了研究生暑期学校和研究生学术创新论坛，同年资助有关高校承办江苏省科研实践创新大赛，2018 年在优秀研究生工作站选拔基础上遴选"江苏省优秀研究生工作站示范基地"。

与此同时，将优秀硕士、博士论文评选与课程建设项目从研究生培养创新工程中去除，单独开展这两类选拔工作。

（2）资助范围与力度的调整

随着研究生招生规模的扩大与社会对高素质人才需求的递增，研究生培养创新工程项目逐步拓宽了覆盖范围，而随着管理过程中一些问题的显现，研究生培养创新工程项目选拔政策和激励机制也在不断完善，这其中包括研究生科研与实践创新计划。为充分发掘研究生的创新潜能，提高研究生的科研创新能力与实践能力，该项目申报数从 2010 年到 2011 年成倍增加，但到 2017 年，为了更为规范地监督管理项目执行情况，取消立项不资助项目，所有立项项目必须有经费资助（省助或校助）。

研究生工作站随着建站数的扩增，后期的遴选从量变逐渐过渡到质变，选拔与考核都更为严谨，除了一年一度的年报制度之外，还有 5 年一次的考评考核，考核不合格的工作站将被撤站。与此同时，增设优秀研究生工作站和优秀研究生工作站示范基地，其中优秀研究生工作站每个资助 5 万，优秀研究生工作站示范基地每个资助 30 万。

（二）苏州大学"江苏省研究生培养创新工程"实施情况

1. 立项情况

自江苏省研究生培养创新工程实施以来，苏州大学以此为抓手，建立研究生科研创新激励机制，营造创新氛围，强化创新意识、创业精神和创新能力的培养。2010—2018

年，学校入选2个产学研联合培养研究生优秀基地，1项学术型、应用型、复合型研究生培养模式改革试点，2项研究生创新与学术交流中心特色活动项目及长三角合作项目，4项双语授课教学试点项目，12门优秀研究生课程，优秀博士论文28篇，优秀硕士论文79篇（含10篇专业学位），研究生教育改革成果1项，研究生暑期学校2项，学术创新论坛2项，教育教学改革课题68项，研究生科研实践创新计划1 437项。

2. 经费支持力度

为保证研究生培养创新工程项目的顺利实施，激发广大师生的参与积极性，苏州大学设立研究生培养创新工程专项经费，对获批项目给予一定的配套支持。其中，教育教学改革课题每项资助1万，研究生科研实践创新计划共拨款150万，对于其他项目也有相应的校内选拔制度来予以立项资助。

（三）苏州大学培育创新工程项目的举措

为贯彻落实《国家中长期教育改革和发展规划纲要（2010—2020年）》，苏州大学以江苏省研究生培养创新工程为契机，探索研究生教育改革创新途径，推出对应的政策来培育学校的创新工程项目，加强拔尖创新人才的培养。

1. 苏州大学研究生"卓越人才培养计划"

2011—2014年，实施苏州大学研究生"卓越人才培养计划"。研究生"卓越人才培养计划"项目包括六个子项目："高水平新课程"建设项目，本项目旨在支持课程建设，为申报"江苏省创新工程"精品课程做好储备；"高水平学术交流中心"学术活动项目，本项目旨在支持高水平学术活动项目，为申报江苏省学术交流中心做好储备；"全英文人才培养"项目，本项目旨在配合学校研究生教育国际化战略；"博士研究生学术新人奖"项目，本项目旨在加快提高博士研究生培养质量，加强拔尖创新人才培养，对学业成绩优异、科研创新潜力较大的优秀博士研究生新生进行资助；"卓越研究生访问交流"项目，本项目旨在支持导师选派卓越博士研究生到国外（或境外）交流访学，提高学术影响力；"研究生工作站评优"项目，本项目旨在深化研究生工作站内涵建设，逐步完善研究生工作站工作机制，在前期已建设研究生工作站的基础上，设立评优奖励专项资金，用于组织评选优秀研究生工作站，稳定推进"以奖代拨"制度的实施。

2. 苏州大学研究生课程建设

2015年，根据教育部学位管理与研究生教育管理司《关于组织研究生课程建设试点工作的通知》和江苏省学位委员会《关于做好研究生课程建设试点工作的通知》，苏州大学启动研究生课程建设试点工作，出台了苏州大学研究生课程建设试点方案，立项资助苏州大学研究生课程建设研究课题23项。其中，重点课题每个资助3万，一般课题每个资助2万。

3. 苏州大学研究生暑期学校和学术创新论坛

2017年，江苏省教育厅研究生培养创新工程新增"暑期学校"与"学术创新论坛"

两项申报类别,为做好该项目的培育工作,苏州大学开展了研究生暑期学校和研究生学术创新论坛项目的申报工作。其中,暑期学校立项资助2项,每项15万元;学术论坛立项资助6项,每项10万元。

4. 研究生工作站建设

2010年,苏州大学根据江苏省企业研究生工作站选拔办法制订了《苏州大学企业研究生工作站管理办法(试行)》,开展苏州大学研究生工作站遴选工作。

在2009—2018年的工作站申报过程中,苏州大学与企业联合共成功申请302家江苏省企业研究生工作站,建设了228家苏州大学研究生工作站,工作站申报单位的增加进一步拓宽了设站领域。一是学科领域,从最初的电子信息、现代制造、新材料、生物医药等高新技术产业拓展到所有需要设立并适合设立研究生工作站的学科领域和经济发展领域,加大人文社科工作站的建站比例,丰富建站学科门类;二是社会组织类别,与苏州大学联合建站的社会组织类别不仅仅局限于企业,更有国家政府、机关、事业单位、科研机构、中小学校及高等院校参与其中;三是设站地域,设站单位突破地域限制,以苏南地区为中心向全省、全国扩展。

(四)苏州大学项目建设情况一览

1. 2010—2018年校内项目立项情况

表6-18 2011—2014年苏州大学卓越工程立项资助情况 (单位:个)

	高水平新课程项目数	高水平学术交流中心活动项目数	全英文人才培养项目数	博士研究生学术新人奖项目数	卓越研究生访问交流项目数	优秀研究生工作站项目数	资助总额
2011年	16	16	2	17	13		119.2万
2012年	10	16		12	12		69.2万
2013年	15	17		32	23	8	193.4万
2014年	12		2			7	60万

表6-19 2015年苏州大学研究生课程建设研究课题立项名单

序号	负责人	项目名称	项目类型
1	张 颖	研究生课程考核机制探索与实践	试点学科
2	潘志娟	纺织类研究生课程的改革与实践	试点学科
3	刘 庄 陈兰芬	跨学科协同创新课程建设的实践研究	试点学科
4	陶玉流	体育硕士专业学位研究生实习实践课程改革实践与研究	试点学科
5	胡育新	法学研究生课程质量研究	试点学科
6	丁治民	中国语言文学研究生国学修炼的实践研究	试点学科

续表

序号	负责人	项目名称	项目类型
7	高 雷	物理学专业研究生课程国际化建设	试点学科
8	李孝峰	光学工程专业研究生课程模式改革实践与研究	试点学科
9	李 旸	美术与设计专业学位课程改革实践与研究	试点学科
10	金太军	政治学专业研究生课程质量的控制研究	试点学科
11	倪祥保	戏剧与影视专业硕士研究生课程结构体系改革研究	一般
12	蒋敬庭	课程嵌入产学研合作教育模式的研究	一般
13	刘江岳	苏州大学研究生课程网络平台建设研究	一般
14	刘 文	法律硕士专业学位《刑事诉讼法》课程建设问题研究	一般
15	张永红	基于网络教育的混合式教学在专业学位研究生课程教学中的实践与探索	一般
16	袁建新	专业学位课程改革实践与研究	重点
17	李凡长	李群机器学习课程改革实践与研究	重点
18	须 萍	研究生专业课程教学和模式改革研究	重点
19	张增利	基于微课的翻转课堂教学在研究生创新培养中的应用研究	重点
20	王国卿	研究生课程考核机制研究	重点
21	李海明	中外联合开发艺术设计学研究生国际课程改革实践与研究	重点
22	姚建林	学科交叉融合背景下研究生综合技能课程的建设与实践研究	重点+试点
23	曹建平	特种医学研究生课程建设研究	重点+试点

表6-20 2017年苏州大学研究生暑期学校和学术创新论坛项目立项名单

序号	类别	项目名称	负责人
1	学术创新论坛	"先进功能纤维与应用"研究生学术创新论坛	张克勤
2	学术创新论坛	"波动功能材料"研究生学术创新论坛	高 雷
3	学术创新论坛	"药物探索与发现"研究生学术创新论坛	镇学初
4	学术创新论坛	"江苏省神经外科"研究生学术创新论坛	陈 刚
5	学术创新论坛	"辐射流行病学发展"研究生学术创新论坛	涂 彧
6	学术创新论坛	"长三角法学"研究生学术创新论坛	胡玉鸿
7	暑期学校	"分子材料与能源、环境及健康"研究生暑期学校	张文华
8	暑期学校	"材料科学中的数学与计算"研究生暑期学校	陈景润

2. 苏州大学产业教授名单

表6-21 苏州大学产业教授名单（截至2018年9月30日）

遴选批次	序号	姓 名	所在企业名称
第一批	1	黄学祥	江苏联冠科技发展有限公司
第一批	2	阎 超	苏州环球色谱有限责任公司
第一批	3	费 扬	江苏奇能电池有限公司
第一批	4	许晓毅	无锡六月智能软件有限公司
第一批	5	席文杰	张家港龙杰特种化纤有限公司
第一批	6	郁霞秋	长江润发集团有限公司
第二批	7	江必旺	苏州纳微生物科技有限公司
第二批	8	谭耀龙	创达特（苏州）科技有限责任公司
第二批	9	郭射宇	苏州羿日新能源有限公司
第二批	10	朱田中	张家港保税区灿勤科技有限公司
第二批	11	杨晓明	苏州斯迪克新材料科技股份有限公司
第二批	12	钱向平	苏州润新生物科技有限公司
第二批	13	陈敏华	苏州晶云药物科技有限公司
第二批	14	蔡海军	南通福伦利新材料有限公司
第二批	15	章登义	博视联（苏州）信息科技有限公司
第三批	16	戴建平	吴江新民化纤有限公司
第三批	17	顾仁发	江苏长顺集团有限公司
第三批	18	刘现军	苏州楚凯药业有限公司
第三批	19	彭学东	江苏斯威森生物医药工程研究中心有限公司
第三批	20	张 梅	江苏斯威森生物医药工程研究中心有限公司
第三批	21	吴生文	凯瑞斯德生化（苏州）有限公司
第三批	22	余 强	盛世泰科生物医药技术（苏州）有限公司
第三批	23	卫宏远	苏州欧拉工程技术有限公司
第三批	24	扈罗全	苏州出入境检验检疫局苏州信息产品检测中心
第三批	25	张剑锋	苏州富欣智能交通控制有限公司
第三批	26	周 俊	常州信誉集团有限公司技术研究院
第三批	27	刘燕明	爱博诺德（苏州）医疗器械有限公司
第三批	28	席文杰	苏州龙杰特种纤维股份有限公司
第三批	29	徐 蓉	江苏东渡纺织集团有限公司

续表

遴选批次	序号	姓名	所在企业名称
第三批	30	马晓辉	江苏大生集团
第三批	31	解江冰	爱博诺德（苏州）医疗器械有限公司
第三批	32	俞青	爱博诺德（苏州）医疗器械有限公司
第三批	33	戴欢欢	东吴证券股份有限公司
第三批	34	戴雅萍	苏州设计研究院股份有限公司
第三批	35	蒋文蓓	苏州工业园区设计研究院股份有限公司
第三批	36	孔庆庆	上海乔盈酒店管理有限公司 & 苏州中茵皇冠假日酒店
第三批	37	钱涛	星弧涂层新材料科技（苏州）股份有限公司
第三批	38	黄双武	苏州科阳光电科技有限公司
第三批	39	杨培强	苏州纽迈电子科技有限公司
第三批	40	王栩生	苏州阿特斯阳光电力科技有限公司
第三批	41	邢国强	苏州阿特斯阳光电力科技有限公司
第三批	42	毛根兴	苏州市福斯特光伏材料有限公司
第三批	43	余宁乐	江苏省疾病预防控制中心
第三批	44	潘武宾	苏州康乃德生物医药有限公司
第三批	45	周胜	利穗科技（苏州）有限公司
第三批	46	韩蓝青	赛业（苏州）生物科技优先公司
第三批	47	王弢	苏州为真生物医药科技有限公司
第四批	48	滕大勇	贝内克—长顺汽车内饰材料（张家港）有限公司
第四批	49	邹伟民	贝内克—长顺汽车内饰材料（张家港）有限公司
第四批	50	唐新亮	苏州科环环保科技有限公司
第四批	51	沈惠	苏州丝绸博物馆
第四批	52	全潇	太仓荣文合成纤维有限公司
第四批	53	杭志伟	国家丝绸及服装产品质量监督检验中心
第四批	54	谢东颖	江苏雅克科技股份有限公司
第四批	55	汪明星	紫罗兰家纺科技股份有限公司
第四批	56	高强	江苏建院营造股份有限公司
第四批	57	程月红	中亿丰建设集团股份有限公司
第四批	58	梁旻	中亿丰建设集团股份有限公司
第四批	59	吕强	基石药业（苏州）有限公司

续表

遴选批次	序号	姓名	所在企业名称
第四批	60	顾震天	苏州立生医药有限公司新药研发部
第四批	61	杨 平	苏州泓迅生物科技有限公司
第四批	62	蒋学明	苏州燃气集团有限责任公司
第四批	63	王振明	苏州捷美电子有限公司
第四批	64	黄碧英	苏州捷美电子有限公司
第四批	65	李 鹏	苏州微木智能系统有限公司
第五批	66	陈 伟	江苏亨通光纤科技有限公司
第五批	67	雷向东	江苏楚天生物科技有限公司
第五批	68	孙道权	鑫缘茧丝绸集团股份有限公司
第五批	69	邓明宇	昆山京昆油田化学科技开发公司
第五批	70	俞德超	信达生物制药（苏州）有限公司
第五批	71	阙 红	信达生物制药（苏州）有限公司
第五批	72	周志颖	苏州梦想人软件科技有限公司

3. 2010—2018年江苏省创新工程获资助数目与金额

表6-22 2010—2018年苏州大学获江苏省创新工程资助情况

年份	产学研联合培养研究生优秀基地/个	学术型、应用型、复合型培养研究生模式改革试点/项	创新与学术交流中心特色活动项目及长三角合作项目/项	暑期学校/所	学术创新论坛/项	科研实践大赛/场	双语授课教学项目/项	优秀研究生课程门	科研实践创新计划/项	教育教学改革课题/项	优秀博士论文/篇	优秀硕士论文/篇	研究生教育改革成果/项
2010年	2	1							47	3			
2011年							4		118	3	5	13	
2012年								2	206	9	4	12	
2013年									184	11	6	14	
2014年								2	180	12	6	16	
2015年			1	1					213	6	7	24	
2016年			1	1				4	218	8			
2017年				1	1				132	7			1
2018年					1				139	9			

4. 2010—2018年研究生工作站建站情况

表6-23 苏州大学2010—2018年研究生工作站建站数 （单位：个）

建站类别	年度								
	2010年	2011年	2012年	2013年	2014年	2015年	2016年	2017年	2018年
省研究生工作站建站数	16	13	53	35	50	49	19	30	29
校研究生工作站建站数		34	32	72	28	33		29	

表6-24 苏州大学优秀研究生工作站名单

序号	设站单位名称	建站时间	获得优秀研究生工作站时间
1	常熟阿特斯阳光电力科技有限公司	2010年	2015年
2	苏州信息产品检测中心	2012年	2015年
3	苏州工业园区疾病防治中心	2013年	2017年
4	苏州美山子制衣有限公司	2012年	2018年

七、学位点调整与第四轮学科评估

1. 学位点调整与第十二批学位点申报

2014年，根据国务院学位委员会《关于下达2014年审核增列的硕士专业学位授权点及撤销的硕士学位授权点名单的通知》（学位〔2014〕第14号）以及《江苏省学位委员会关于下达2014年审核增列的硕士专业学位授权点及撤销的硕士学位授权点名单的通知》（苏学位字〔2014〕第8号），经江苏省学位委员会审核、国务院学位委员会批准，苏州大学申报的出版、风景园林和护理被增列为硕士专业学位授权点。

2015年，根据国务院学位委员会《关于开展博士、硕士学位授权学科和专业学位授权类别动态调整试点工作的意见》（学位〔2014〕第1号）、《博士、硕士学位授权学科和专业学位授权类别动态调整办法》（学位〔2014〕第2号），江苏省学位委员会制定了《江苏省博士、硕士学位授权点动态调整实施方法（暂行）》（苏学位字〔2015〕第5号），提出学位授予单位自主调整学位授权点可以有两种方式，撤一增一和先撤后增。撤一增一是指学位授予单位每主动撤销一个国务院学位委员会批准的学位授权点，可以等额自主增列一个其他学位授权点。增列数量不得超过主动撤销数量。先撤后增是指学位授予单位主动撤销某一学位授权点后，暂不拟同时增列另一学位授权点的，可延至今后自主调整中增列。延续时间自本单位自主撤销当年起三年内有效。根据办法，苏州大学当年撤销硕士专业学位授权二级学科"农业经济管理"，新增硕士学位授权一级学科"建筑学"。

2016年，苏州大学经对有关学位授权点建设情况进行评估并结合学位授权点专项评估与合格评估工作实际，撤销了硕士学位授权一级学科"生态学"和硕士学位授权二级学科"农业经济管理"，新增2个硕士学位授权一级学科，分别是冶金工程和交通运输工程。

根据国务院学位委员会第三十三次会议决议和《国务院学位委员会关于印发〈博士硕士学位授权审核办法〉的通知》（学位〔2017〕第9号），2017年博士、硕士学位授权审核工作启动。苏州大学共组织申报马克思主义理论、心理学、生物学、机械工程、化学工程与技术、畜牧学、工商管理、公共管理8个博士一级学科学位授权点，教育、工程2个博士专业学位授权点，控制科学与工程硕士一级学科学位授权点。经江苏省学位办推荐、国务院学位委员会审核，2018年5月，国务院学位委员会正式下达《2017年审核增列的博士、硕士学位授予单位及其学位授权点名单的通知》（学位〔2018〕第19号），苏州大学成功增列马克思主义理论、化学工程与技术、畜牧学、工商管理4个博士一级学科学位授权点，控制科学与工程硕士一级学科学位授权点。

2018年6月，根据国务院学位委员会《博士硕士学位授权审核办法》（学位〔2017〕第9号）、《博士、硕士学位授权学科和专业学位授权类别动态调整办法》和《学位授权点合格评估办法》（学位〔2014〕第4号），在相关学院（部）提交撤销学位授权点申请的基础上，苏州大学召开了拟主动撤销学位授权点专家评议会。经专家评议、校学位评定委员会表决，决定自主撤销仪器科学与技术一级学科硕士学位授权点，政治经济学、世界经济、水产养殖二级学科硕士学位授权点，教育硕士专业学位类别中的学科教学（生物）领域、工程硕士学位类别中的工业设计工程学位授权点。

2. 第四轮学科评估过程、结果

第四轮学科评估于2016年4月启动，按照"自愿申请、免费参评"原则，采用"客观评价与主观评价相结合"的方式进行。评估体系在前三轮的基础上进行诸多创新；评估数据以"公共数据和单位填报相结合"的方式获取；评估结果按"分档"方式呈现，具体方法是按"学科整体水平得分"的位次百分位，将前70%的学科分9档公布：前2%（或前2名）为A^+，2%～5%为A（不含2%，下同），5%～10%为A^-，10%～20%为B^+，20%～30%为B，30%～40%为B^-，40%～50%为C^+，50%～60%为C，60%～70%为C^-。苏州大学共有45个学科参评，根据学科评估结果，苏州大学获评A^-学科2个，B^+学科12个，B^+以上学科数由上一轮评估的6个增加到14个；软件工程、材料科学与工程、药学、临床医学、信息与通信工程、美术学6个学科排名上升20%，化学等12个学科排名上升10%。

表6-25　2016年苏州大学研究生第四轮学科评估结果

序号	学科名称	授权级别	百分位	2016评估结果	相对2012排名变化
1	软件工程	博士一级	5%～10%	A^-	↑20%
2	设计学	博士一级	5%～10%	A^-	↑10%
3	法学	博士一级	10%～20%	B^+	=
4	马克思主义理论	博士二级	10%～20%	B^+	

续表

序号	学科名称	授权级别	百分位	2016评估结果	相对2012排名变化
5	体育学	博士一级	10%~20%	B+	=
6	中国语言文学	博士一级	10%~20%	B+	=
7	外国语言文学	博士一级	10%~20%	B+	=
8	数学	博士一级	10%~20%	B+	=
9	化学	博士一级	10%~20%	B+	↑10%
10	光学工程	博士一级	10%~20%	B+	↑10%
11	材料科学与工程	博士一级	10%~20%	B+	↑20%
12	纺织科学与工程	博士一级	10%~20%	B+	↑10%
13	基础医学	博士一级	10%~20%	B+	↑10%
14	药学	博士一级	10%~20%	B+	↑20%
15	政治学	博士一级	20%~30%	B	↑10%
16	物理学	博士一级	20%~30%	B	
17	计算机科学与技术	博士一级	20%~30%	B	↑10%
18	化学工程与技术	博士二级	20%~30%	B	—
19	工商管理	博士二级	20%~30%	B	↑10%
20	哲学	博士一级	30%~40%	B-	=
21	应用经济学	博士一级	30%~40%	B-	↑10%
22	教育学	博士二级	30%~40%	B-	=
23	新闻传播学	硕士一级	30%~40%	B-	—
24	统计学	博士一级	30%~40%	B-	
25	信息与通信工程	博士二级	30%~40%	B-	↑20%
26	临床医学	博士一级	30%~40%	B-	↑20%
27	美术学	硕士一级	30%~40%	B-	↑20%
28	心理学	硕士一级	40%~50%	C+	↑10%
29	中国史	博士一级	40%~50%	C+	↓10%
30	风景园林学	硕士一级	40%~50%	C+	—
31	公共卫生与预防医学	博士一级	40%~50%	C+	↓10%
32	护理学	博士一级	40%~50%	C+	=
33	社会学	硕士一级	50%~60%	C	↑10%
34	生物学	硕士一级	50%~60%	C	

续表

序号	学科名称	授权级别	百分位	2016 评估结果	相对 2012 排名变化
35	机械工程	硕士一级	50%~60%	C	↑10%
36	生物医学工程	硕士一级	50%~60%	C	—
37	公共管理	硕士一级	50%~60%	C	—
38	图书情报与档案管理	硕士一级	50%~60%	C	=
39	电子科学与技术	硕士一级	60%~70%	C⁻	—
40	艺术学理论	硕士一级	60%~70%	C⁻	↓10%
41	戏剧与影视学	硕士一级	60%~70%	C⁻	—
42	世界史	硕士一级	>70%	NA	↓10%
43	仪器科学与技术	硕士一级	>70%	NA	—
44	管理科学与工程	硕士一级	>70%	NA	—
45	音乐与舞蹈学	硕士一级	>70%	NA	—

八、导师学院建设成效

1. 培训情况

截至 2018 年 8 月 31 日，苏州大学导师学院共举行 8 次校级导师培训、首期长三角研究生教育管理干部研修班培训、4 次江苏省骨干研究生导师（管理干部）培训，参加培训学员先后超过两千人次。

表 6-26　2010—2018 年苏州大学导师学院培训统计　　　　（单位：人）

导师培训	培训时间	培训人数
第一期（学校）	2010 年 11 月	257
第二期（学校）	2011 年 11 月	128
第三期（学校）	2012 年 9 月	344
第四期（学校）	2013 年 11 月	193
第五期（学校）	2014 年 11 月	272
第六期（学校）	2015 年 11 月	90
第七期（学校）	2018 年 1 月	323
第八期（学校）	2018 年 5 月	281
第一期江苏省骨干研究生导师研修班	2014 年 7 月	50
第三期江苏省骨干研究生导师研修班	2016 年 7 月	51

续表

导师培训	培训时间	培训人数
第四期江苏省骨干研究生导师（管理干部）研修班	2017 年 7 月	59
第五期江苏省骨干研究生导师（管理干部）研修班	2018 年 7 月	52
合计		2 100

通过在导师学院的学习和交流，参训导师进一步认识了当前研究生教育现状，了解了研究生培养过程中的政策及规章制度，明确了研究生培养环节和要求，更重要的是，对提高研究生培养质量、创新研究生教育教学模式和方法以及如何成为一名合格的、优秀的研究生指导教师有了清醒的认识。这对苏州大学建设高素质、高水平的导师队伍和进一步提升研究生培养质量具有重要意义。

2. 获得的成绩及影响

苏州大学导师学院建设成果在江苏省内外得到推广。2012 年，江苏省教育厅简报以《苏州大学以导师学院为载体，探索全面提高研究生培养质量新路子》为题，向全省高校推介苏州大学导师学院；2014 年，苏州大学成为"江苏省学位与研究生教育研修培训中心"，并先后承担江苏省内 33 所高校、江苏省外 18 所高校 393 名导师的培训任务；2016 年在国务院学位委员会召开的"2016 年省级学位委员会工作会议"上，江苏省教育厅的大会交流报告《推进综合改革，完善保障体系，全面提升江苏省研究生培养质量》推介了苏州大学导师学院的办学经验。

《中国科学报》《人民政协报》《中国教育报》《学位与研究生教育》等报刊先后登载苏州大学《研究生教育应服务需求、提升质量》《导师学院：六年探索，打造"导师之家"》《导师学院：生成因·功能质·机制群——以哲学视角观照苏州大学的实践探索》等有关项目成果，产生了重要影响，清华大学研究生院原常务副院长等业界人士署名评价苏州大学"导师学院是非常重要的尝试"。

拔尖创新人才培养成效产生广泛影响。2015 年，时任苏州大学副校长兼研究生院院长熊思东、研究生院常务副院长郎建平等先后在东南大学、南京大学举办的两次全省研讨会上交流介绍学校拔尖创新人才培养的经验，引起关注。江苏省内淮阴师范学院、常州大学、苏州科技大学、江苏理工大学、淮海工学院等高校先后来学校学习调研或派管理干部进行短期研修，将苏州大学拔尖创新人才培养理念、管理制度、相关政策措施等在其各自的研究生教育培养中部分或全部采行。2013 年以来，贵州医科大学、安徽中医药大学、杭州电子科技大学先后派出多名研究生教育管理干部来学校研究生院挂职学习拔尖创新人才培养经验。复旦大学、华中科技大学、西北农林科技大学、武汉理工大学、西北大学、华南师范大学、西南大学、广西大学、三峡大学、济南大学、辽宁大学、江西财经大学、湖南科技大学、浙江工业大学等国内数十家高校的研究生院先后来学校交流学习拔尖创新人才培养经验。

苏州大学导师学院加强培训供给侧改革的实践探索获得2016年中国学位与研究生教育学会研究生教育成果一等奖；苏州大学以导师学院为载体，其地方高校培养拔尖创新人才的探索与实践获得2016年苏州大学教学成果一等奖和2017年江苏省教学成果奖二等奖。

3. 导师队伍建设情况

2018年4月，729人具有苏州大学学术学位博士生导师任职资格，162人具有苏州大学专业学位博士生导师任职资格；1 810人具有苏州大学学术学位硕士生导师任职资格，953人具有苏州大学专业学位硕士生导师任职资格。2014—2018年，苏州大学累计增列和认定的研究生指导教师1 441人，其中，博士生导师376人，硕士生导师1 065人。

表6-27 苏州大学导师情况统计表（按年度统计） （单位：人）

截止年份	2013年	2014年	2015年	2016年	2017年
学术学位博导	585	645	660	683	729
专业学位博导	73	73	73	121	162
学术学位硕导	1 367	1 655	1 702	1 720	1 810
专业学位型硕导	604	604	604	662	953
导师合计	2 629	2 977	3 039	3 186	3 654

九、第九届学位评定委员会成立

2016年，苏州大学校长办公会议审议通过，决定成立苏州大学第九届校学位评定委员会。苏州大学学位评定委员会由25位委员组成，熊思东教授任主席，蒋星红教授任副主席。2018年1月，经校长办公会研究决定，同意蒋星红同志辞去副主席职务，任命郎建平同志为苏州大学学位评定委员会副主席。

※附：苏州大学第九届校学位评定委员会成员名单（2016年4月19日）

一、校学位评定委员会（25人）

主　席：熊思东

副主席：蒋星红　郎建平（2018接任）

委　员：王　尧　王钦华　王家宏　田晓明　刘春凤　阮长耿　孙立宁　李凡长
　　　　杨惠林　沈明荣　陈卫昌　陈国强　金太军　周　毅　郎建平　胡玉鸿
　　　　袁银男　钱振明　高祖林　高晓明　黄　瑞　曹建平　路建美

秘书长：郎建平（兼）

副秘书长：周　毅（兼）

二、有关学部

1. 人文社会科学学部（17人）

主　席：田晓明

副主席：王家宏

委　员：王卫平　王　尧　王腊宝　方世南　母小勇　许庆豫　孙文基　吴和坤
　　　　陆阿明　陈　龙　金太军　周　毅　胡玉鸿　钱振明　高祖林

秘　书：钱振明（兼）

2. 理工学部（19人）

主　席：袁银男

副主席：陈国强

委　员：王过京　王钦华　朱巧明　朱秀林　朱忠奎　刘　庄　孙立宁　李凡长
　　　　吴永发　沈明荣　郎建平　赵鹤鸣　姚建林　曹永罗　董元篪　路建美
　　　　潘志娟

秘　书：郎建平（兼）

3. 医学与生命科学学部（21人）

主　席：蒋星红

副主席：杨惠林

委　员：冯　星　朱　力　刘春风　阮长耿　杨建平　时玉舫　吴德沛　何小舟
　　　　沈振亚　张永红　张惠敏　陈卫昌　侯建全　徐　璎　高晓明　黄　瑞
　　　　曹建平　熊思东　镇学初

秘　书：曹建平（兼）

※ 附：第九届校学位评定委员会主席、副主席简介

熊思东（1962—　），男，汉族，江西新建人，上海医科大学微生物学专业博士研究生毕业，国务院第六届学位委员会学科评议组、国家自然科学基金委员会第十三届生命科学部免疫学评审组成员，2016年任苏州大学校长。承担了国家重大基础研究计划"973"课题、国家"863"课题、国家自然科学基金重大项目、国家"十一五""十二五"传染病重大专项、上海市重大项目及江苏省重点项目等多项课题研究，在 Nature，Biotech，PNAS，Hepatol，J Immunology，J Virol 等国内外学术期刊上发表学术论文近300篇，出版专著12部（任主编或副主编），申请国家发明专利26项。

蒋星红（1960—　），女，教授，博士生导师，现任苏州大学副校长。主要研究方向是神经内分泌免疫调制和神经干细胞生物学，发表论文50余篇，其中SCI论文20多篇，参编或主编教材、论著6部，获省部级科技进步三等奖4项。已担任教育部高等学校医药学科（专业）教学指导委员会委员、江苏省高等学校医学学科教

学指导委员会副主任委员、江苏省生理科学学会副理事长、中国生理学会理事。

郎建平（1964— ），男，江苏太仓人，教授，博士生导师，国家杰出青年科学基金获得者，"新世纪百千万人才工程"国家级人选，教育部全国优秀教师，享受国务院政府特殊津贴。历任苏州大学化学化工学院院长、材料与化学化工学部主任、研究生院院长。现为苏州大学无机化学学科带头人、教育部长江学者奖励计划特聘教授、欧洲科学院院士、英国皇家化学会会士（FRSC）、中国化学会无机化学学科委员会委员、中国化学会晶体化学专业委员会委员、江苏省化学化工学会第十届理事会理事。

第四节 专业学位研究生教育的改革与发展

一、我国专业学位研究生教育发展概况

自2010年以来，我国专业学位研究生教育得到了快速增长，学位类别大幅增加，招生规模迅速扩大，培养模式改革不断深入，质量不断提高，社会认可度不断增强。专业学位教育的改革与发展主要有以下几个方面[①]。

1. 专业学位研究生纳入全日制硕士研究生招生渠道

2009年，教育部决定将增招的硕士研究生招生计划全部用于招收应届本科毕业生全日制攻读硕士专业学位，并逐年减少学术学位硕士研究生招生计划。这一政策调整改变了过去硕士专业学位研究生教育一般不招收应届毕业生并以在职攻读学位为主的局面，专业学位进入研究生招生的主渠道，成为研究生教育的重要组成部分，进一步确立了专业学位研究生教育在整个研究生教育中的重要地位。

2. 下发《专业学位教育发展总体方案》

这是专业学位研究生教育第一个10年发展总体设想。2010年，国务院学位委员会第27次会议审议通过了《专业学位教育发展总体方案》，指出要高度重视专业学位教育工作，充分认识专业学位人才培养与学术型学位人才培养是高层次人才培养的两个重要方面，具有同等重要的地位和作用。到2020年，实现我国研究生教育从以培养学术型人才为主转变为学术型人才和应用型人才培养并重，专业学位教育体系基本完善，研究生教育结构和布局进一步优化，培养质量明显提高，研究生教育能够更好地适应经济社会发

---

① 黄宝印，等. 中国教育报［EB/OL］. （2017-01-20）［2018-09-08］. http：//www. jyb. cn/zggdjy/tjyd/201701/t20170120_ 694283. html

展需要和满足人民群众接受研究生教育的需求。

3. 制定《专业学位设置与授权审核办法》

这是对1996年《专业学位设置审批暂行办法》的修改与完善。2010年，国务院学位委员会第27次会议明确了增设硕士、博士专业学位类别的条件与程序，进一步规范硕士、博士专业学位授权点的审核条件与办法，第一次制定硕士、博士专业学位目录，作为专业学位授权审核、学位授予、人才培养和教育统计分类等工作的依据。此次会议审议新增19种硕士研究生专业学位类别，是国务院学位委员会历史上审议专业学位文件最多、新增专业学位类别最多、讨论专业学位研究生教育最深入的一次重要会议，对我国专业学位研究生教育的发展有重要影响。

4. 开展专业学位研究生教育综合改革试点

2010年，教育部下发《关于开展专业学位研究生教育综合改革试点工作的通知》，批准64所高校开展试点，鼓励和推进专业学位研究生培养单位积极探索和创新符合专业学位研究生教育特点、具有鲜明特色的专业学位研究生培养模式和管理机制，促进专业学位研究生教育更好地适应经济社会发展和满足人民群众的多样化需要，逐步健全具有中国特色的专业学位研究生教育制度。2015年，在此基础上，又选择工程、法律、会计3个教指委，上海、江苏、北京、辽宁4个省市，北京大学、清华大学等12个部属高校，进一步深化专业学位研究生教育综合改革，努力探索可借鉴、可推广的成功经验。

5. 开展学士学位授予单位申请硕士专业学位授予权试点

2011年，国务院学位委员会第28次会议审议通过了《关于开展"服务国家特殊需求人才培养项目"试点工作的意见》，针对有关行业领域特殊需求的高层次专门人才，通过择需、择优、择急、择重，批准64所学士学位授予单位招收培养硕士专业学位研究生。这一做法是学位授权审核工作的一次重大突破。以往的做法是，学士学位授予单位在符合条件的情况下，首次申请硕士学位授予单位，并首次招收学术型硕士研究生；这一次，是直接申请硕士专业学位类别，意在引导本科高等学校紧密结合区域、行业经济社会发展需要，合理定位、办出特色、办出水平，将科研和教学与高层次应用型人才培养紧密结合。同时，批准5所民办高校开展培养硕士专业学位研究生试点工作，民办高校开展研究生教育，这也是一次重大突破。

6. 改革硕士专业学位授权点审核办法

2013年，国务院学位委员会下发《关于开展增列硕士专业学位授权点审核工作的通知》，积极推进学位授权审核办法改革，突出专业学位人才培养要求，首次明确不以学术学位授权点作为增列专业学位授权点的必要条件。同时，鼓励各学位授予单位根据自身的办学特色及人才培养的实际需要，在硕士学位授权点（含学术学位和专业学位）总量不变的前提下自主调整硕士专业学位授权点。将学位授权审核与人才培养及后期质量评估相结合，将培养模式改革作为学位授权审核的重要依据。

7. 推动临床医学专业学位与住院医师规范化培训制度紧密结合

2014年，教育部会同国家卫计委等六部门，联合下发了《关于医教协同深化临床医学人才培养改革的意见》，明确加快构建以"5＋3"为主体的标准化、规范化临床医学人才培养体系。从2015年起，所有新招收的临床医学硕士专业学位研究生，培养方式按照国家统一制定的住院医师规范化培训要求进行，毕业研究生可以同时获得执业医师证、住院医师证、硕士学历证和硕士学位证，实现了临床医学人才培养机制的重大突破。这是临床医学专业学位研究生教育多年实践探索的结果，完全实现了临床医学研究生教育、学位学历、临床医师培养的全面对接。

8. 加强案例教学和联合培养基地建设

2015年，教育部下发《关于加强专业学位研究生案例教学和联合培养基地建设的意见》，推动各培养单位高度重视案例教学和基地建设，科学规划、创造条件，加大经费和政策支持力度，设立案例教学和基地建设专项经费，为案例教学和基地建设提供必要的条件保障，通过人才培养项目、实验室建设、联合科研攻关等途径加大对案例教学和基地建设等方面的投入。进一步明确了案例教学和联合培养基地在专业学位教育中的重要作用。

总的来说，这十年，是我国专业学位研究生教育的快速发展阶段。国家在这期间先后设立了21种新的专业学位，使专业学位类别达到40种（各专业学位类别设置情况见表6-27），专业学位授权点由2008年的3 200多个增加到2017年的7 200多个，硕士专业学位研究生招生人数由2008年的17.4万人增加到2017年的近40万人①。

表6-28 各专业学位类别设置情况

专业学位类别	设置时间	专业学位类别	设置时间
工商管理硕士	1990年	应用统计硕士	2010年
建筑学学士、硕士	1992年	税务硕士	2010年
法律硕士	1995年	国际商务硕士	2010年
教育硕士、博士	1996年、2008年	保险硕士	2010年
工程硕士、博士	1997年、2011年	资产评估硕士	2010年
临床医学硕士、博士	1998年	警务硕士	2010年
兽医硕士、博士	1999年	应用心理硕士	2010年
农业硕士	1999年	新闻与传播硕士	2010年

---

① 2017年全国教育事业发展统计公报［EB/OL］.（2018－07－19）［2018－09－08］.教育部网站. http：//www. moe. edu. cn/jyb_ sjzl/sjzl_ fztjgb/201807/t20180719_ 343508. html

续表

专业学位类别	设置时间	专业学位类别	设置时间
公共管理硕士	1999年	出版硕士	2010年
口腔医学硕士、博士	1999年	文物与博物馆硕士	2010年
公共卫生硕士	2001年	城市规划硕士	2010年
军事硕士	2002年	林业硕士	2010年
会计硕士	2003年	护理硕士	2010年
体育硕士	2005年	药学硕士	2010年
艺术硕士	2005年	中药学硕士	2010年
风景园林硕士	2005年	旅游管理硕士	2010年
汉语国际教育硕士	2007年	图书情报硕士	2010年
翻译硕士	2007年	工程管理硕士	2010年
社会工作硕士	2008年	审计硕士	2011年
金融硕士	2010年	中医硕士、博士	2014年

二、苏州大学专业学位研究生教育的改革与发展

（一）苏州大学专业学位授权点数量大幅增加

近十年来，苏州大学专业学位研究生教育也得到了快速的发展，学校门类齐全的学科及数目众多的学位点为专业学位教育提供了强有力的学科支撑平台，专业学位授权点数据得到大幅增加。苏州大学于2009年新增翻译硕士、汉语国际教育硕士和社会工作硕士3个专业学位授权点。于2010年新增金融硕士、应用统计硕士、税务硕士、国际商务硕士、应用心理硕士、新闻与传播硕士、控制工程（工程硕士）、制药工程（工程硕士）、渔业（农业硕士）、药学硕士、会计硕士11个专业学位类别及领域的授权点。于2014年新增音乐（艺术硕士）、出版硕士、风景园林硕士、护理硕士4个专业学位类别与领域的授权点。2015年新增了职业技术教育（教育硕士）专业学位类别与领域的授权点（具体授权点情况见表6-29）。

表6-29 苏州大学2010年以来新增硕士专业学位授权点统计表

学位类别代码	学位类别名称	专业领域名称	批准时间
085210	工程硕士	控制工程	2010.03.04
085235	工程硕士	制药工程	2010.03.04
095108	农业硕士	渔业	2010.04.20
0251	金融硕士	无	2010.10.19

续表

学位类别代码	学位类别名称	专业领域名称	批准时间
0252	应用统计硕士	无	2010.10.19
0253	税务硕士	无	2010.10.19
0254	国际商务硕士	无	2010.10.19
0454	应用心理硕士	无	2010.10.19
0552	新闻与传播硕士	无	2010.10.19
1055	药学硕士	无	2010.10.19
1253	会计硕士	无	2010.10.19
135101	艺术硕士	音乐	2014.05.20
0553	出版硕士	无	2014.08.08
0953	风景园林硕士	无	2014.08.08
1054	护理硕士	无	2014.08.08
045120	教育硕士	职业技术教育	2015.07.28

(二) 苏州大学各专业学位研究生招生人数及学位授予人数快速增长

近年来，随着国家政策的调整以及学校专业学位类别和领域的增加，苏州大学专业学位研究生招生人数也快速增长。

1. 在职人员攻读硕士专业学位（单证，专业学位教育）

2009—2015 年的招生人数和招生类别基本保持稳定，具体各学位类别招生人数见表 6-29。自 2016 年起，在职人员攻读硕士专业学位并入全国研究生招生统一考试，不再单独组织在职人员攻读硕士专业学位招生考试。

表 6-30 2010—2015 年在职攻读硕士专业学位招生汇总表（单证班）　　（单位：人）

学位类别	2010 年	2011 年	2012 年	2013 年	2014 年	2015 年
工程硕士	171	210	339	422	288	280
法律硕士	139	125	138	113	119	96
公共卫生硕士	66	60	87	76	81	75
教育硕士	280	250	260	226	253	201
农业硕士	5	11	9	16	2	4
公共管理硕士	116	99	101	69	41	33
工商管理硕士	64	75	60	51	69	43
体育硕士	95	94	100	100	21	9
艺术硕士	50	50	66	58	74	73

2. 参加全国硕士研究生统一考试的专业学位研究生招生人数迅速增加

从 2010 年起，苏州大学新增的硕士研究生招生计划全部用于专业学位研究生招生，学术学位研究生招生规模基本保持稳定。特别从 2017 年起，国家将原来的在职攻读硕士专业学位的招生计划调整到全国统一考试的招生计划中，以非全日制的形式开始招收专业学位研究生，此类考生毕业时可取得硕士毕业证书和学位证书。截至 2018 年年底，苏州大学专业学位硕士研究生招生人数占全校硕士研究生招生数的 62.3%，专业学位研究生招生数远远超过学术学位研究生招生数。

表 6-31　2009—2018 年硕士专业学位研究生招生汇总表（双证班）　　（单位：人）

学位类别	年 份									
	2009 年	2010 年	2011 年	2012 年	2013 年	2014 年	2015 年	2016 年	2017 年	2018 年
金融硕士			27	32	31	35	40	52	64	67
应用统计硕士			6	7	9	11	12	14	14	22
税务硕士			3	3	5	2	4	5	7	10
国际商务硕士			3	3	2	2	1	1	3	1
法律硕士	155	135	117	139	114	110	111	118	200	225
社会工作硕士		47	44	42	40	38	28	26	28	30
教育硕士	134	71	64	60	66	84	73	96	171	204
体育硕士	21	21	31	31	29	32	38	51	82	91
汉语国际教育硕士		67	51	57	58	45	44	42	42	40
应用心理硕士			16	37	37	44	42	42	54	50
翻译硕士		42	58	40	42	45	46	43	52	51
新闻与传播硕士			40	24	30	35	28	34	47	60
出版硕士							11	6	12	12
工程硕士	80	84	94	135	141	168	187	224	505	488
农业硕士	2			2	7		5	6	10	8
风景园林硕士							13	13	32	35
临床医学硕士	85	147	194	312	341	358	398	495	490	495
公共卫生硕士		1	5	6	11	10	8	8	22	43
护理硕士							8	13	32	48
药学硕士			12	8	18	17	19	21	42	49
工商管理硕士	78	176	220	220	217	209	198	166	326	310

续表

学位类别	2009年	2010年	2011年	2012年	2013年	2014年	2015年	2016年	2017年	2018年
公共管理硕士		24	65	106	127	142	156	139	257	331
会计硕士			13	29	48	65	54	68	117	137
艺术硕士		64	15	52	65	63	59	71	143	130

3. 近十年苏州大学各专业学位授予人数大量增加

随着专业学位研究生招生人数的快速增长，苏州大学专业学位研究生授予人数也大量增加，为地方经济的发展提供了强有力的人才保障。各专业学位近十年的授予人数见表6-31。

表6-32　2009—2018年苏州大学硕士专业学位研究生授予学位人数汇总表　（单位：人）

学位类别	临床医学博士	出版硕士	工程硕士	法律硕士	翻译硕士	工商管理硕士	公共管理硕士	汉语国际教育硕士
人数	490	11	2 465	2 339	248	1 751	1 180	398
学位类别	国际商务硕士	农业硕士	教育硕士	新闻与传播硕士	临床医学硕士	会计硕士	艺术硕士	应用统计硕士
人数	38	82	3 419	128	2132	198	762	45
学位类别	药学硕士	金融硕士	社会工作硕士	税务硕士	体育硕士	公共卫生硕士	应用心理硕士	
人数	55	163	234	18	971	501	166	

（三）苏州大学专业学位研究生教育改革的不断推进与深化

2013年，教育部、人力资源和社会保障部印发《关于深入推进专业学位研究生培养模式改革的意见》，明确要以职业需求为导向，以实践能力培养为重点，以产学结合为途径，建立与经济社会发展相适应、具有中国特色的专业学位研究生培养模式。这些规划纲要、政策机制，有力地促进了专业学位研究生教育的积极发展，为专业学位研究生教育提供了质量保障，为进一步深化苏州大学专业学位研究生教育改革指明了方向。

1. 充分认识和准确把握专业学位研究生教育规律，加快苏州大学企业研究生工作站建设，进一步推动学校专业学位研究生教育改革

专业学位不是原有学术型研究生教育的简单改变，而是具有特殊规律的研究生教育类型。苏州大学借鉴国外有益经验，深入研究地方社会需求和教育实际，不断加深对专业学位研究生教育的认识，不断加强对专业学位教育规律的把握。专业学位作为具有职业背景的一种学位，是为了培养经济建设和社会发展所需要的高层次应用型专业人才，其与学术型学位相比，两者处于同一层次，只是两者类型不同、规格不同，各有侧重，在培养目标、招收对象、课程设置、培养方式以及知识结构、能力结构等方面有特定要求和质量标准，区别于教学、科研型人才的培养要求。专业学位研究生教育以职业需求为导向，以实践能力培养为重点，以产学结合为途径。根据专业学位这一特点，苏州大学于2010年印发了《苏州大学企业研究生工作站管理办法》（苏大研〔2010〕第29号），并从2011年起共建设了8批苏州大学研究生工作站（苏大研〔2011〕第17号、苏大研〔2011〕第42号、苏大研〔2012〕第17号、苏大研〔2013〕第8号、苏大研〔2013〕第51号、苏大研〔2014〕第48号、苏大研〔2015〕第43号、苏大研〔2017〕第5号）。截至2017年年底，苏州大学企业研究生工作站共建有228个。

2. 健全完善专业学位研究生教育导师队伍建设，深化专业学位研究生教育招生改革与资助政策

专业学位教育涉及专业学位类别论证与设置、授权点的标准与审核、招生考试与计划、实践教学、质量保障、财政支持与就业指导等若干环节，必须环环相扣，构建完善的制度环境和政策保障，才能不断推进专业学位教育的持续健康发展。近些年来，苏州大学专业学位研究生教育的有关政策不断完善，制度环境不断优化。

（1）加强专业学位导师队伍建设

2010年3月印发了《苏州大学专业学位研究生指导教师评聘办法》（苏大学位〔2010〕第4号），2010年增列了157位硕士专业学位研究生指导教师（苏大学位〔2010〕第22号）。

2011年，学校对《苏州大学专业学位研究生指导教师评聘办法》进行了修订（苏大学位〔2011〕第18号），增补了金融、应用统计、税务、国际商务、应用心理、新闻与传播、药学、会计8个硕士专业学位点的研究生导师评聘基本条件。

2012年，学校增列了10位博士专业学位研究生指导教师（苏大学位〔2012〕第3号），增列了167位硕士专业学位研究生指导教师（苏大学位〔2012〕第12号、苏大学位〔2012〕第15号）。

2013年，学校增列了63位博士专业学位研究生指导教师（苏大学位〔2013〕第1号、苏大学位〔2013〕第21号），增列了155位硕士专业学位研究生指导教师（苏大学位〔2013〕第12号）。

2015年学校为加强临床医学专业学位研究生导师队伍建设，提升临床医学专业学位研究生导师的指导能力，顺应临床医学专业学位研究生教育发展的时代需求，对《苏州大学专业学位研究生指导教师评聘办法》进行了再次修订（苏大学位〔2015〕第1号）。同年，增列了82位博士专业学位研究生指导教师（苏大学位〔2015〕第8号、苏大学位〔2015〕第10号），增列了143位硕士专业学位研究生指导教师（苏大学位〔2015〕第9号、苏大学位〔2015〕第11号）。

2016年，学校增列了2位博士专业学位研究生指导教师（苏大学位〔2016〕第14号）。同年，学校再次对《苏州大学专业学位研究生指导教师评聘办法》进行了修订

（苏大学位〔2016〕第16号）。

2017年，学校增列了39位博士专业学位研究生指导教师（苏大学位〔2017〕第32号、苏大学位〔2017〕第33号），增列了293位硕士专业学位研究生指导教师（苏大学位〔2017〕第25号、苏大学位〔2017〕第28号、苏大学位〔2017〕第29号）。

（2）改革专业学位研究生招生政策及资助政策

近年来，苏州大学相继出台了一些政策，改革了硕士研究生招生考试方式和资助政策。自2010年起，学术学位硕士研究生和专业学位硕士研究生招生采取"分列招生计划、分类报名考试、分别标准录取"的方式进行。学校建立了专业学位研究生就业指导制度，根据国家下发的《关于构建全日制专业学位硕士研究生就业服务体系有关工作的通知》，将全日制专业学位研究生就业工作纳入普通高校毕业生就业总体工作。建立完善专业学位研究生资助制度，国家下发《关于切实做好普通高校全日制硕士专业学位研究生资助工作的通知》，将家庭经济困难全日制专业学位研究生的资助纳入全校资助工作范围，在政策措施、经费投入、条件保障等方面与学术学位硕士研究生一视同仁。

3. 以目标为导向，着力构建专业学位研究生培养模式，提升苏州大学专业学位研究生教育培养质量

培养模式，对于实现专业学位研究生教育培养目标至关重要。《关于深化研究生教育改革的意见》指出，要建立以提升职业能力为导向的专业学位研究生培养模式。苏州大学制定了一系列文件和办法，深化专业学位研究生教育改革，2011年度公布了苏州大学专业学位案例教材建设立项名单（苏大研〔2011〕第45号），共有12个项目立项。2013年公布了苏州大学专业学位建设项目名单（苏大研〔2013〕第54号），共有13个项目立项。2014年公布了苏州大学专业学位建设项目名单（苏大研〔2014〕第49号），共有16个项目立项。2015年公布了苏州大学专业学位建设项目名单（苏大研〔2015〕第39号），共有14个项目立项。

从2015年起，苏州大学所有新招收的临床医学硕士专业学位研究生，既是研究生，又是住院医师规范化培训人员，其临床能力培养按照国家统一制定的住院医师规范化培训要求进行，毕业研究生可以同时获得执业医师证、住院医师证、硕士学历证和硕士学位证，推进了专业学位授予与获得相应职业资格有效衔接。学校于2015年成立了《苏州大学临床医学硕士专业学位研究生培养指导委员会》（苏大研〔2015〕第24号）。2016年学校印发了《苏州大学临床医学博士专业学位研究生培养方案总则》（苏大学位〔2016〕第21号）和《关于临床医学硕士专业学位研究生培养与住院医师规范化培训衔接问题若干意见》（苏大研〔2016〕第33号）。这些文件的出台，在推进医教协同发展的同时，为苏州大学临床医学专业学位研究生的培养质量提供了制度上的保障。

4. 规范专业学位研究生教育的过程管理，强化质量意识

为了进一步保障苏州大学专业学位研究生教育质量，学校于2016年6月对所有专业学位研究生培养方案进行了修订，发布《关于开展研究生培养方案修订工作的通知》

（苏大研字〔2016〕第48号），并提出了专业学位研究生培养方案修订工作的指导意见。确保每个专业学位类别研究生都有规定的培养方案，都有基本规范要求。各专业学位研究生培养方案的制订，遵循了分类培养、专业特色、职业资格衔接、体系优化、优化培养过程5大原则。各专业学位类别研究生培养方案对课程的设置也进行了规定，课程设置含公共课（学位课程）、专业核心课（学位课程）、选修课（非学位课程）、必修环节（包括专业实践、开题报告、中期考核等）4大部分。

学校在专业学位研究生教育的培养过程中，以提升职业能力为主线，明确专业学位研究生培养目标和要求。专业学位研究生教育在课程设置、教学理念、培养模式、质量标准和师资队伍建设等方面，与学术学位研究生教育不同，充分体现专业学位研究生教育的特点，与相应职业的人才评价要求和标准有机衔接，有助于获得专业学位的毕业研究生在毕业前后获得相应的职业资格。

学校构建了符合专业学位培养需要的课程体系，把培养目标和学位要求作为课程体系设计的基本依据，重视课程体系的系统设计和整体优化。注重理论联系实际，体现基础性、实践性和前沿性；以实际应用为导向，以职业需求为目标，以综合素养和应用知识与能力的提高为核心；充分结合行业需求，反映最新学术和行业动态；开设行业知识讲座、职业道德等与职业发展相关课程，重视案例教学和实践教学课程；重视行业企业专家和联合培养基地在专业学位研究生培养特别是课程建设中的作用。强化专业学位研究生的实践能力和创业能力培养；明确实践教学内容和基本要求，加强实践考核评价。

5. 高度重视专业学位授权点的评估工作

（1）专项评估

2014年，国务院学位委员会、教育部印发了《学位授权点合格评估办法》，对获得学位授权满3年的新增学位授权点开展专项评估，根据国务院学位委员会、教育部《关于开展2014年学位授权点专项评估工作的通知》（学位〔2014〕第17号）文件精神，苏州大学在2015年有11个专业学位点参加评估，分别是翻译硕士、国际商务硕士、汉语国际教育硕士、会计硕士、金融硕士、社会工作硕士、税务硕士、新闻与传播硕士、药学硕士、应用统计硕士、应用心理硕士。根据《国务院学位委员会关于下达2014年学位授权点专项评估结果及处理意见的通知》（学位〔2016〕第5号）文件，苏州大学参评的11个专业学位授权点全部合格。

（2）水平评估

专业学位水平评估是受国务院教育督导委员会办公室委托，由教育部学位与研究生教育发展中心组织实施，按专业学位类别进行的水平评估项目。全国专业学位水平评估试点工作于2016年4月启动，苏州大学共有法律硕士、工商管理硕士、公共管理硕士、教育硕士、临床医学硕士、会计硕士6个硕士专业学位授权点参加评估。2018年7月，教育部学位与研究生教育发展中心公布了评估结果，苏州大学参评的各硕士专业学位授权点评估结果如下：

表 6-33　2018 年苏州大学参评的研究生各专业学位点评估结果

学位类别	评估结果	排名百分比
法律硕士	B^+	15%~25%
工商管理硕士	B	25%~35%
公共管理硕士	B	25%~35%
教育硕士	B	25%~35%
临床医学硕士	B^-	35%~45%
会计硕士	C	55%~65%

后 记

《苏州大学学位与研究生教育简史》开始编写于2004年，2012年年底全书前五章的编写工作完成。为纪念苏州大学恢复学位与研究生教育40周年，2018年4月我们开始编写本书的第六章，并于同年11月完成全书的编写工作。

本书在编写过程中参考了吴镇柔等主编的《中华人民共和国研究生教育和学位制度史》、顾钢等著的《苏州医学院简史》、舒广平主编的《江苏高等学校研究生教育20年》、张圻福主编的《苏州大学校史》、王国平著的《东吴大学简史》等。本书在编写过程中得到了历任校领导和研究生院院领导的关心、指导与帮助，在此一并表示感谢。

本书将苏州大学学位与研究生教育发展历程分为两个历史时期，四个发展阶段，共六章二十二节。从资料中可以清楚地看出苏州大学学位与研究生教育近年来所取得的成绩和走过的历程。苏州大学有今天这样的局面，凝聚了建校以来全体教职员工辛勤工作的汗水。虽然我们已经力所能及地将我校自东吴大学时期以来的学位与研究生教育发展的情况进行了收集整理，但由于种种原因，难免挂一漏万，还请领导及师生们提出宝贵的意见及补充建议。今后，我们还将不定期地搜集整理有关苏州大学学位与研究生教育的基本资料，以期能向全校师生们做一真实而全面的汇报，也为学校的学位与研究生教育留下较为翔实的参考资料。

本书各章节的主要编写人员分工如下：第一章，李喆；第二章、第三章、第四章第一节，王杰祥；第四章第二节，徐晓明；第四章第三节，高正亮、王杰祥；第五章第一至第四节，王杰祥；第五章第五节，董晓惠；第六章第一至第三节，王杰祥、赵一强、卢玮、李文骏、和天旭、刘洋、刘遥、严明、丁妮妮、杨牧、钟慎斌；第六章第四节，曹光龙、徐昕宜。